INFIDELIDADE CONJUGAL & PROCESSOS DE APEGO

Daniela Bertoncello
Analuíza S. Antunes Cunha
Thelma Zugman Mazer

ORGS.

Artesã

Infidelidade Conjugal &
Processos de Apego

1ª edição - 3ª reimpressão dezembro de 2025

DIRETOR
Alcebino Santana

CAPA
Artesã Editora

DIREÇÃO DE ARTE
Tiago Rabello

REVISÃO
José Maria Campos Lima e Bookstation

DIAGRAMAÇÃO
Luís Otávio Ferreira

I43
Infidelidade conjugal & processos de apego / Organizadoras: Daniela Bertoncello, Analuíza S. Antunes Cunha, Thelma Zugman Mazer. – Belo Horizonte : Artesã, 2021.
238 p. ; 23 cm.
ISBN: 978-65-86140-34-7

1. Vínculo conjugal. 2. Infidelidade. 3. Comportamento de apego. 4. Terapia de casal. I. Bertoncello, Daniela. II. Cunha, Analuíza S. Antunes. III. Mazer, Thelma Zugman.

CDU 159.9.018

Catalogação: Aline M. Sima CRB-6/2645

IMPRESSO NO BRASIL
Printed in Brazil

(31)2511-2040 (31)99403-2227
www.artesaeditora.com.br
Rua Rio Pomba 455, Carlos Prates - Cep: 30720-290 I Belo Horizonte - MG
/artesaeditora

Dedicamos esse livro a todas as pessoas que
nos ensinaram e compartilharam conosco
sobre o valor da confiança, do compromisso
e da segurança em uma relação.

APRESENTAÇÃO

Daniela Bertoncello

Esse livro é fruto de diálogos curiosos, dinâmicos, profundos e comprometidos. Seu rascunho inicial foi desenvolvido em 2013, quando percebi que faltava-nos, como terapeutas, um espaço sistematizado de estudo, troca, discussão e produção científica, em que pudéssemos compartilhar nossa prática clínica e ampliar nossa compreensão teórica sobre determinados temas. Afinal, de modo geral, o trabalho clínico do profissional acontece solitariamente, mesmo quando surgem inquietações, incertezas do caminho a seguir e emoções de maior impacto.

Foi ficando clara a ideia de desenvolver um grupo de estudos para tentar sanar algumas dessas lacunas na formação continuada do terapeuta, constituindo importante trajeto para o seu desenvolvimento. E assim, frente ao oceano temático conjugal existente, passei a observar que alguns assuntos necessitavam de atenção especial, por se tratarem de demandas clínicas atuais, recorrentes, complexas e com tecituras culturais, sociais e intergeracionais, sobrepostas por aspectos relacionados à individualidade e à conjugalidade dos cônjuges que chegavam à terapia.

Casais com contratos de confiança rompidos, vínculos conjugais traumatizados, amor esmorecido, segurança relacional comprometida, emoções e pensamentos desorganizados, redes pessoais implicadas e muitas triangulações... Cenários conjugais de sofrimento, paralisia e desmoronamento. Como se tornar um terapeuta mais apto a lidar com casos clínicos de tamanha multiplicidade?

Tomada pela vontade de estudar e compreender melhor um desses fenômenos, convidei duas grandes amigas e colegas, Thelma Zugman Mazer e Analuíza Antunes Cunha, para compor um dinâmico triângulo de estudos, e para que juntas pudéssemos desenvolver alguns pilares de entendimento sobre uma complexa temática na clínica com casais. Propus a elas que dialogássemos sobre a infidelidade conjugal e suas vicissitudes. Iniciamos nossos estudos como coordenação em 2014 e alavancamos todas as referências que estavam ao nosso alcance, naquele momento de exploração do tema. Essa lista, muito subsidiou nossos primeiros estudos, fazendo com que chegássemos a um tripé temático interatuante: Vínculo Conjugal, Processos de Apego e Infidelidade Conjugal. Com isso, estava pontilhado nosso tema central, sendo que a partir dele, muitos subtemas complementares surgiram como cascata, para que pudéssemos compreender melhor e de modo mais amplo tudo que se associava e ajudava a compor o fenômeno da infidelidade conjugal. Foram momentos de reflexões, inquietações e discussões, pois realmente constatávamos ser esse tema, bastante multifacetado.

Desenvolvemos uma estruturação científica e didática que permitisse o funcionamento de um grupo de estudos com mais participantes, pois nossas considerações mostravam que deveríamos compartilhar com outros terapeutas aquilo que estávamos adentrando de maneira segura e sedimentada. Estruturamos, portanto, um formato e abrimos inscrições à comunidade profissional da rede da Associação Paranaense de Terapia Familiar (APRTF), que acolheu nosso projeto de estudos através de sua Comissão de Desenvolvimento Científico, da qual participei em anos anteriores.

Em 2016, nascia o DIÁLOGOS CIENTÍFICOS da APRTF, modelo que se fortaleceu e se estruturou bravamente, em quatro anos contínuos de estudos sistematizados e aprofundados do tema desse livro. Encontros mensais foram distribuídos em manhãs de sexta-feira, repletas de amorosidade, dedicação, compromisso e produção. Formamos o grupo inicial com dezoito participantes e em seu 4º ano de funcionamento, etapa da produção desse livro, somávamos um total de dez participantes mais sua coordenação tripla. Além dos estudos, diálogos científicos e articulação com casos clínicos, sabíamos que era preciso compartilhar em congressos e eventos científicos nossas ponderações e desenvolvimentos. E assim, levamos ao 13º Congresso Brasileiro de Terapia Familiar, realizado no Rio de Janeiro, em 2018, um total de quatro trabalhos científicos distribuídos em uma mesa redonda especial sobre o nosso tema acerca da infidelidade conjugal. Lotamos uma pequena sala e tivemos que ser reconduzidas rapidamente pela coordenação do evento, para um auditório com capacidade para 200 pessoas, frente ao interesse dos profissionais, por esse tema e sua discussão. Tivemos um resultado considerado positivo dessa exposição e entendemos após esse momento, que deveríamos nos lançar no desafio de produzir um livro sobre esse assunto. Esse objetivo estava sinalizado lá na formatação inicial do projeto desse grupo de estudos. Tínhamos a certeza de que havia campo, capacidade, entendimento e dedicação suficientes para produzir esse material científico.

No último encontro de 2018, o grupo de estudos se reuniu na chácara da Thelma, e lá propus a ideia do livro através de um sumário preliminar, formado por doze capítulos, distribuídos a partir de uma linha mestra de entendimento sobre o tema central, e que havia sido parte dos três primeiros anos de existência do DIÁLOGOS CIENTÍFICOS – Grupo de Estudos N° 01. Apesar de ter sido um momento de difícil decisão, o desafio foi aceito por praticamente todo o grupo e, em fevereiro de 2019, já tínhamos algumas laudas escritas sobre grande parte dos capítulos do livro. Ao longo de todo o ano de 2019, o grupo do livro se reuniu praticamente todas as quinzenas, para produzir, discutir, apresentar, contribuir, revisar, mudar, acrescentar e transformar o projeto em realidade. Os meses transcorreram com muita energia, determinação, leitura, produção e aprendizado. Juntamos foco, força, fé e confiança e tudo se tornou possível. Assim, no final de novembro de 2019, o livro estava praticamente pronto, com a felicidade de ter Luiz Carlos Prado como nosso convidado de honra para escrever o Prefácio, completando nossa realização como grupo, que iniciou seus estudos a partir da obra "As Múltiplas Faces da Infidelidade Conjugal", de autoria de Prado, sendo esse nosso material de cabeceira nos primeiros encontros de estudo. Seu livro, escrito em 2012, foi o disparador e a inspiração para nosso trajeto de desenvolvimento profissional no tema da Infidelidade Conjugal. Prado, como ninguém dentro do cenário nacional, soube retratar, com objetividade, delicadeza e sensibilidade, muitas *nuances* desse assunto, instrumentando-nos na prática clínica e no entendimento mais amplo desse fenômeno. Foi o autor que apresentou esse tema em diversos Congressos, onde tivemos a oportunidade de assistir, mostrando a importância de se olhar para os casais, seus triângulos, a terapia e o terapeuta. Ele foi nosso mestre, mesmo à distância, e não teríamos outra pessoa a convidar para ser nosso homenageado e dono do prefácio desse livro.

O sumário divide-se basicamente em 4 grandes partes:

Parte I – Que Triângulo é esse?

1. A Terapia.
2. O Terapeuta.
3. Conceitos de Fidelidade e Infidelidade.

Parte II – Que teorias são essas?

4. O Amor.
5. O Apego.
6. As Neurociências.

Parte III – Tipos de Infidelidade

7. Infidelidade e Família de Origem.
8. Infidelidade Financeira.
9. Infidelidade Virtual.

Parte IV – Trânsitos e Consequências

10. Trauma.
11. Reparação e Perdão.
12. Novas concepções sobre o Amor, Fidelidade e Infidelidade.

Sabemos que todos os conteúdos abordados não esgotam os tópicos entrelaçados ao fenômeno da infidelidade conjugal. Nossa pretensão foi trazer para esse livro os temas pelos quais tínhamos circulado cientificamente, para compreender melhor esses processos em termos teóricos, técnicos, clínicos e vivenciais como profissionais. Formamos um grupo de Terapeutas Sistêmicos, por isso nossa abordagem não está descrita em um único capítulo, mas reveste todos os nossos capítulos, pela visão ampliada que essa teoria possibilita, realçando seus aspectos relacionais e compreendendo de modo circular a importância de se olhar, sob todos os ângulos, as situações e os envolvidos.

Nesse momento, faço uma grata referência aos clientes que todas nós atendemos durante décadas de experiência clínica, que chegaram até nós, guiados pela sua dor, raiva, ciúme, decepção, tristeza e ameaça do sentido de amor e confiança. Sabemos, como terapeutas, que muitas vezes será somente por meio da terapia que esses casais terão a oportunidade de olhar para suas facetas quebradas e machucadas. Será por meio da terapia com esses casais nesse tipo de crise, que os terapeutas se tornarão profissionais mais abertos para compreender todos os elementos alinhados a esse sistema 'solar e polar', em que algumas crenças inevitavelmente, serão questionadas e transformadas, para que haja maior chance de reconstrução do contrato do casal e concomitante formação do contrato terapêutico baseado em um vínculo de confiança.

Todos os exemplos clínicos, utilizados para fins didáticos ao longo do livro, foram modificados e unidos a elementos clínicos semelhantes, de modo a garantir a privacidade, o anonimato e o compromisso com a confidencialidade de nossos clientes, retratando nosso profundo respeito e consideração por suas histórias de vida.

Agradeço a confiança e o compromisso de toda a Equipe Diálogos Científicos, principalmente às autoras desse trabalho, às demais coordenadoras que formaram comigo a Organização de todo esse livro, bem como às Diretorias da APRTF, colegas, familiares e amigos. Em 2019, com muita alegria nasceu o Grupo de Estudos N° 02, que renovou a forma de olhar esse fenômeno, mostrando que depois de algum tempo, mesmo aquilo que já se conhece, pode oferecer outras lentes de observação e aprofundamento. Seguimos para essa nova etapa porque construímos também relações seguras e afetuosas no percurso. Assim, Ana Beatriz Pedriali Guimarães, uma das integrantes do primeiro grupo, veio somar experiência e comprometimento, juntando-se a nós na coordenação do novo grupo, que também segue seu trajeto de construção do conhecimento, inspirado pelo trabalho do grupo primogênito.

Sem Thelma, nada disso teria sido possível, das mais variadas formas e pelos seus diferentes papéis junto a nós. Sem Analuiza, esse trabalho não teria caminhado tanto, em tão pouco tempo e de forma tão rica. Somos um triângulo afetivo e funcional, pois soubemos pensar, sentir, ouvir, dizer e construir, justamente porque tínhamos confiança, compromisso e respeito circulando sempre entre nós. Às nossas autoras, nosso profundo respeito e consideração, pelo aceite desse desafio e por abraçarem esse sonho conosco. Esse livro retrata o nosso caminho de crescimento e amadurecimento: lado a lado e encontro a encontro. Essa caminhada foi feliz e realizadora.

Foi um prazer para nós, poder transformar esse projeto em realidade junto a vocês, leitores desse livro. Com certeza, tivemos oportunidade de aprender muito com tantos estudos e agora podemos compartilhar essas aprendizagens, de forma segura, através de nosso aperfeiçoamento como terapeutas para atender esse tipo de caso em nossa prática clínica. Esperamos que possam refletir sobre seu conteúdo com disposição e confiança.

Curitiba, 06 de janeiro de 2020.

PREFÁCIO

Luiz Carlos Prado

Escrever um livro é um desafio tão instigante e complexo que poucos se atrevem a enfrentá-lo. Durante vários anos escrevi artigos, fiz palestras e *workshops*, apresentei mesas redondas em Congressos e dei aulas sobre o tema infidelidade conjugal. Somente em 2012 me senti encorajado a reunir vários desses trabalhos e a escrever alguns outros para comporem um livro sobre o assunto, que denominei "As múltiplas faces da infidelidade conjugal". Foi uma experiência gratificante e enriquecedora, me senti orgulhoso e pleno de satisfação por realizar essa síntese de tantos anos de trabalho sobre o tema. Um livro é como um filho, que gestamos com todo o cuidado e depois seguimos acompanhando para que seja distribuído e possa atingir seu objetivo, que é levar sua mensagem a outros profissionais, educadores ou simplesmente pessoas comuns que se envolvem nessas complexas relações, ou simplesmente se interessam pelo assunto.

Sendo assim, imaginem minha satisfação quando recebi o convite das queridas colegas Daniela, Analuíza e Thelma para escrever o Prefácio desse novo livro que estão lançando: "Infidelidade Conjugal & Processos de Apego". Além disso, saber que meu trabalho foi um ponto de partida e de inspiração para essa obra é motivo de muito orgulho. Sinto como se esse livro fosse de certa forma um neto, em um momento em que, em meu ciclo de vida, vivo as alegrias e preocupações que meus dois netos acrescentam à minha vida. Esse processo da vida se desdobrando em novas vidas, de um livro se multiplicando em novos trabalhos, dos conhecimentos sendo aprofundados e multiplicados, é simplesmente fascinante.

As infidelidades conjugais não resultam, na maior parte das vezes, no final dos casamentos, mas são sempre fontes de muito sofrimento para as pessoas envolvidas nessas complicadas triangulações e para seus familiares e amigos. Além disso, sendo uma questão permeada por diferentes visões e muitos preconceitos, costumam ser de difícil abordagem por parte dos terapeutas em geral, eles mesmos envolvidos em crenças muitas vezes disfuncionais sobre o tema. Talvez exatamente por esses desafios ideológicos que as infidelidades conjugais propõem, somente em anos mais recentes têm surgido em nosso meio publicações sobre o tema, com diferentes matizes na forma de abordá-lo. Por essa razão é tão relevante que esse assunto tenha sido escolhido pelas autoras para objeto de seus estudos, que resultaram nesse interessante trabalho, realizado com grande seriedade e competência.

Thelma Mazer inicia esse novo livro fazendo reflexões sobre a prática clínica em situações de infidelidade. Percorre a obra de diversos autores que trabalham esse tema, tece considerações interessantes e ilustra com variados casos clínicos esse primeiro capítulo. Entre outras intervenções, apresenta enriquecedoras metáforas que podem ser utilizadas no trabalho com esses pacientes. Dando um toque de leveza e sensibilidade na abordagem do tema, cita obras de arte, como óperas e poemas, de um dos quais extraio essa frase encantadora: "Há um olhar que desnuda, que não hesita em afirmar que existem fidelidades perversas e traições de grande lealdade. Esse olhar é o da alma".

Na sequência, Daniela Bertoncello enfrenta a complexa questão dos valores e crenças que cercam o tema da infidelidade conjugal, visitando diversos autores e trazendo várias ilustrações clínicas. Examina o sistema de crenças pessoais sobre infidelidade e convida também os terapeutas a uma reflexão sobre as suas próprias. Em seu capítulo apresenta um quadro de crenças conjugais sobre diversos aspectos do casamento e da infidelidade, como o contrato social e o individual, questões de gênero e patologia, amor e religião. Revisa também a visão sistêmica sobre a infidelidade, trazendo autores dessa área que escreveram sobre ela. Conclui essa parte de sua contribuição com um belo texto de sua autoria, onde diz que terapeutas "são seres de luz, abrindo frestas onde parece haver neblina e escuridão". Lindo e verdadeiro!

Andréa Toledo escreve o terceiro capítulo abordando os desafios que a infidelidade conjugal traz para pacientes e terapeutas. Examina o assunto a partir do contrato conjugal, buscando definir o que realmente seja infidelidade ou não, concluindo com versos da canção Novo Tempo: "No novo tempo, apesar dos perigos, de todos enganos, estamos marcados para sobreviver..." Na sequência, Josiane Leal enfrenta o tema do amor e suas vicissitudes. Abordando-o desde a perspectiva de Bowlby, tece considerações sobre as questões de apego nos relacionamentos amorosos. Sintetizando sua visão sobre o tema, afirma que somente "no amor podemos nos sentir vistos e, então, nos permitimos mostrar nossa vulnerabilidade e saber que seremos acolhidos".

Analuíza Cunha, em seu capítulo, examina os vínculos conjugais também partindo dos conceitos de Bowlby, mas avança um pouco mais ao incluir uma visão cognitivista sobre o tema, destacando que "não são as vivências reais o maior determinante de dificuldades futuras, mas sim a interpretação dessas". Esse é o princípio básico das terapias cognitivas, que podem ser de grande utilidade no trabalho com casais em geral. Utilizando interessantes exemplos clínicos, Analuiza nos traz os diferentes modelos de apego e a questão dos modelos internos de funcionamento, que nos ajudam muito a compreender os constantes encaixes e desencaixes dos casais em conflito.

Já no capítulo sobre as lições que a neurociência nos traz para a compreensão dos relacionamentos amorosos e suas vicissitudes, Ana Beatriz Guimarães faz correlações entre cérebro e alma ou entre corpo e alma, buscando mostrar a unicidade desses dois aspectos dos seres humanos. Seu trabalho busca evidenciar a relevância das relações que integram cérebro e alma e também as implicações da Neurociência na prática clínica com casais, reforçando a importância de conhecermos nossos "monstrinhos" interiores para melhor nos relacionarmos com os parceiros.

No sétimo capítulo Vera Lucia Sicuro aborda os aspectos transgeracionais da infidelidade, apresentando cinco casos bastante detalhados para ilustrar essa questão. Mesmo identificando as profundas implicações da história de cada cônjuge na relação, afirma que os seres humanos podem libertar-se de suas amarras do passado e alcançar sua autonomia. Mas "é importante que se faça isso sem perder o sentido de pertencimento, sem romper afetivamente com a história..." Esse é o crescimento desejável e maduro, que pode levar os indivíduos a estabelecerem com seus parceiros, relações realmente qualificadas.

Elenise Xavier apresenta em seu capítulo as implicações das questões financeiras nos relacionamentos de casal. Trazendo um pouco da história do dinheiro, aborda as complexidades das infidelidades financeiras, tema bastante interessante e pouco discutido em nossa área. Ilustrando com situações clínicas, busca as origens familiares de certos comportamentos e discute a relevância dos contratos financeiros entre os casais, que podem evitar muitas separações decorrentes de infidelidades nessa área.

Juntas, Ana Beatriz, Analuíza e Daniela enfrentam o tema das infidelidades virtuais, um dos maiores desafios de nosso tempo. Buscam definir o que seja infidelidade virtual e examinam alguns aspectos desse assunto, como a relação com a pornografia e as diversas incursões que pessoas em relacionamento podem fazer no mundo virtual, discutindo as possíveis implicações disso nos casais. Examinando diversas situações clínicas que envolvem relacionamentos virtuais, concluem que resta "a certeza de que os vínculos reais precisam ser fortes e resistentes, diante da força que se propaga no cenário virtual do qual não estamos imunes, nem quando estamos fora dele."

O aspecto traumático de certas situações de infidelidade é abordado por Andréa Rodrigues. Nesse capítulo ela examina o conceito de Transtorno de Estresse Pós-Traumático (TEPT) e as situações que podem potencializar o impacto das infidelidades sobre o participante magoado. A autora amplia ainda mais, e de forma muito interessante, as situações que podem agravar as consequências de um caso extraconjugal que propus em capítulo de meu livro sobre o mesmo tema. No final, destaca o valor do perdão para a cicatrização desses difíceis processos traumáticos, afirmando que "o perdão cicatriza a ferida que estava aberta e cicatriz não dói". Mas deixa muitas marcas...

Essa mesma questão é retomada por Liliane Sabbag, que aborda o tema do perdão e da reparação. Nesse trabalho examina as questões da empatia, resiliência, mágoas e o perdão que pode reparar as dores das infidelidades. Enfrenta a difícil questão da retomada da confiança, processo fundamental para casais que viveram situações de infidelidade e querem seguir juntos. Para isso precisam perdoar o parceiro e também a si mesmos.

No capítulo final, Janice Moreira faz um lindo passeio sobre as concepções do amor, da sexualidade e da infidelidade ao longo do tempo. Enfocando o amor como uma construção social, reflete sobre o poema "Amar", de Drummond de Andrade, discutindo suas diferentes dimensões e variados sentidos, focando no amor romântico, base dos relacionamentos em nossos dias. Após fazer uma longa revisão desse tema ao longo da história, debruça-se sobre os desafios das relações amorosas em tempos de modernidade líquida, discutindo questões como a monogamia e o poliamorismo ou mesmo a sologamia, o casar consigo mesmo, diferentes formas de viver em nossos complexos dias. No final de seu denso trabalho sobre esses desafiadores assuntos, afirma: "Talvez para vários psicoterapeutas, ou mesmo profissionais de outras áreas que trabalham com as relações humanas e seus desafios, falar de poliamorismo, sologamia, inúmeras possibilidades de gênero, dentre outras expressões do mundo líquido, seja incômodo, entretanto são essas realidades que estão batendo à porta de nossos consultórios." Nós, psicoterapeutas, "temos no mínimo a obrigação ética de respeitá-las e assumir que vivemos em um mundo de enorme diversidade".

Pois, é essa grande diversidade o maior desafio que se coloca cada vez mais frequentemente em nossas clínicas de psicologia ou psiquiatria. Essa obra que tenho a honra de prefaciar nos conduz de um modo atraente por esse universo de complexidades instigantes, ajudando-nos a melhor compreendê-lo e ficarmos mais preparados para trabalhar com ele. As autoras estendem seu olhar sistêmico para além dos indivíduos e mesmo os casais, examinando todo o contexto que envolve essas diversas formas de viver o amor. Sendo todas as profissionais da mais alta competência e experiência clínica, enriquecem nossa compreensão sobre toda essa temática e nos ensinam novos caminhos para melhor abordá-la com nossos pacientes.

Aproveitem essa viagem na qual estão embarcando nesse momento!

Luiz Carlos Prado

é médico psiquiatra, especialista em Psiquiatria Infantil pela ABP, Terapeuta de Famílias e Casais, e Especialista em Terapias Cognitivo-Comportamentais, atuando como professor e supervisor dos cursos de Terapia Familiar e de Casais, e de Terapias Cognitivo-Comportamentais, do InTCC – Ensino, Pesquisa e Atendimento Individual e Familiar, de Porto Alegre e de vários estados do Brasil. Autor de "O ser terapeuta" (2002), "Amor e violência nos casais e nas famílias" (2004), "Entre a realidade e os sonhos – o desafio das famílias com bebês" (2006), coautor dos livros "Trabalhando com crianças e suas famílias – Casos clínicos ilustrados" (2010), "Trabalhando com crianças e suas famílias: Histórias Terapêuticas" (2012). Autor de "As múltiplas faces da Infidelidade Conjugal" (2012) e coautor de "De minha boca saem cobras e lagartos"; "A menina Aprisionada" (2013). "A Derrota dos Medos" (2016); "Toninho e a poção da falsa felicidade" (2016).

capítulo 1

INFIDELIDADE: IMPASSES E IMPACTOS NA PRÁTICA CLÍNICA – MEMÓRIAS, REFLEXÕES E INTEGRAÇÕES

Thelma Zugman Mazer

> "É fácil julgar sem compreender, é difícil compreender sem julgar"[1]

A grande maioria dos terapeutas de casal e de família, em algum momento de sua trajetória profissional, entra em contato com o tema da infidelidade, que atinge os valores e o padrão relacional dos envolvidos, causando grande impacto no cliente e sua família, assim como no terapeuta. Enquanto terapeutas clínicos, podemos apenas nos referir aos casos de infidelidade que direta ou indiretamente chegam aos nossos consultórios, os quais representam uma amostragem específica. Estes casos se apresentam nas mais diversas formas e momentos, e envolvem diferentes tipos de crises. O casal, ou um de seus membros, pode procurar a terapia frente ao efeito devastador da descoberta, revelação, ou confirmação de uma suspeita recente, ou antiga de infidelidade. Geralmente, o período da descoberta é descrito como um terremoto, que tira tudo do lugar, e os clientes podem chegar à terapia de forma totalmente desorganizada, vivendo intensas emoções, cheios de culpa, mágoas e raiva. São frequentes os desejos ambivalentes de reparação e reconstrução do vínculo, e os de desesperança e insegurança quanto à possibilidade de voltar a recuperar a confiança perdida.

O terapeuta, ao receber o casal nesse momento, precisa considerar o período da crise que seus membros estão passando, e evitar hipóteses precipitadas de patologias pessoais ou de padrão relacional disfuncio-

1 Pensamento traduzido do idioma Idish, da capa do livro "Traduzindo Hannah" de Ronaldo Wrobel, 2010

nal. As sessões iniciais geralmente são muito desgastantes para clientes e terapeutas e, nesta fase, costumam ser longas. Cabe ao terapeuta ter recursos teóricos e técnicos para acolher ambos os cônjuges em sua dor específica, e criar um ambiente de confiança e isento de julgamentos.

A crise e a dor da perda podem ser tão intensas que a analogia das etapas de luto vividas frente à morte, descritas por Elisabeth Kubler Ross (1996), pode oferecer um mapa útil para o terapeuta. O casal pode encontrar-se na fase da negação, da raiva, da acusação e da busca de culpados, da barganha, ou pode estar na fase da aceitação da dor e da perda, da superação e definição de novas metas para si e para a relação. Também, um de seus membros pode se encontrar em uma fase diferente do outro. Estas fases não são estáticas, e podem se alternar dentro do processo.

A revelação ou descoberta da infidelidade, atual ou passada, também pode ocorrer dentro de um processo de terapia em andamento. Neste caso, embora a crise e desestabilização ocorram inevitavelmente, e a terapia precise revisar seu foco, o terapeuta e o casal se beneficiam da possibilidade de poder abordar questões tão difíceis em clima já estabelecido de acolhimento, de confiança e de isenção de julgamento. Isto é muito importante, pois, no contexto da infidelidade, a perda de confiança e a busca de culpados são bastante frequentes. Geralmente a intensidade da dor é proporcional à importância do valor considerado quebrado e desrespeitado.

Não podemos falar de um caso típico de crise do casal, nem de terapia frente ao tema da infidelidade, pois esta só se desenvolverá a partir da avaliação das dimensões envolvidas, da etapa da crise em que o casal se encontra, da etapa do ciclo vital e da história da relação do casal no momento anterior à crise, assim como antecedentes intergeracionais. Assim sendo, quando um casal ou cliente chega em crise, é importante definir um período inicial de avaliação antes do contrato de terapia de casal. Neste período, procuro ouvir ambos os lados, criar um clima de confiança, e avaliar possibilidades, formatos, objetivos e expectativas da terapia. Esta se inicia quando constatado o pré-requisito de compromisso de ambas as partes. Quando os sintomas principais da crise são aplacados é estimulada uma escolha consciente e não mais impulsiva sobre o rumo da relação e da terapia. A crise pode vir a se tornar um conflito crônico, ou levar a uma separação consensual, ou litigiosa. Pode também alavancar uma melhor e mais profunda intimidade. Isto quando, mesmo em meio a todo este tumulto, o casal consegue reconhecer o afeto e os pontos positivos da relação conjugal, e escolhe por uma busca de reparação e reconstrução do vínculo conjugal. Estabelece-se uma diferença entre "não quero mais este casamento, ou quero este casamento de uma nova forma", quando se avaliam os fatos e padrões relacionais que se tornaram terreno fértil para algum envolvimento extraconjugal. Neste momento, o contrato do casal pode ser revisado, explicitado e talvez recontratado (ver capítulo 03). O terapeuta não pode garantir o sucesso desta meta, sendo que muitas vezes o casal opta por se separar, e terapeuta, e clientes avaliam a possível contribuição da terapia para uma separação funcional, que proteja os demais membros da família, cuidando para que os filhos não fiquem aprisionados em um processo de triangulação, que pode acarretar muitas vezes em sofrimentos, irreversíveis para todos os envolvidos (ver capítulo 07).

A crise da infidelidade e outras de acontecimentos inesperados como doenças, mortes, desemprego e descobertas de segredos, interrompe os planos de vida vigentes. É comum o cliente se referir a este período com palavras como: *estou perdido, não sei que rumo seguir*. Nos remete a um momento para parar, "estudar o mapa", ver de onde viemos, onde estamos, como chegamos aqui e para onde gostaríamos de ir.

O tema da infidelidade pode se apresentar também em processos de terapia individual, sob a forma de compartilhar um segredo reprimido, para elaboração da culpa ou da ambiguidade da tomada de decisão sobre o envolvimento em relações extraconjugais, e o impacto destas na relação do casal. Se pensarmos em questões de gênero, embora as forças contextuais e ideias culturais venham sofrendo mudanças neste sentido, a infidelidade feminina ainda parece ser mais encoberta e se apresenta, na minha experiência, mais frequentemente neste formato do que em terapia de casal. De acordo com Scheinkman (2005), homens se divorciam mais por infidelidade de suas parceiras do que as mulheres, sendo que as mulheres sofrem mais as consequências da infidelidade do que os homens.

Embora saibamos do potencial de ajuda que a terapia de casal pode oferecer aos casais em risco, nos Estados Unidos, cerca de 80% dos casais que se divorcia não fez nenhuma busca de auxílio profissional, e também não considera buscar auxílio de um terapeuta ao se casar, mesmo que já esteja manifestando padrões relacionais que prejudicam sua estabilidade emocional e a qualidade de seu vínculo (MARKMAN; HALFORD, 2005).

Quais valores sustentam ou são prioritários para a relação? Qual o significado e interpretação de fidelidade e infidelidade para cada um? Importante o terapeuta ter consciência de seus valores éticos e conhecer sua história, pessoal e familiar, relacionada a temas de confiança e traição, sua tolerância à frustração e seu conhecimento a respeito de seus limites e capacidade de ouvir e respeitar as decisões dos clientes, independentemente de suas próprias (ver capítulo 02).

Lembro de um caso impactante de meus relacionamentos sociais, onde uma amiga descobre inesperadamente que seu marido viajou a "trabalho" com a esposa de um casal amigo, sendo ela sua melhor amiga na época. Em um final de semana, encontrou casualmente com o marido de sua amiga e, quando ambos perguntaram pelos seus respectivos cônjuges, fizeram a descoberta que eles tinham viajado juntos. Ela, Juliana, com cerca de vinte e poucos anos, e uma filha de dois anos, confirmou o fato ao ligar para o hotel onde seu marido estava hospedado, e perguntou o número do quarto do Sr. e Sra. Domingues, confirmando que ele estava acompanhado pela "esposa". Ficou furiosa e, impulsivamente, trocou a chave da porta de sua casa, retirou todos os pertences do marido para fora em malas e se recusou a falar com ele. Os assuntos do divórcio e dos cuidados da filha foram tratados via judicial. Este casal é do tipo que não chega à terapia no momento da crise, embora o trauma sofrido por ambos possa vir a se manifestar em outros contextos ou processos terapêuticos com outros focos, como a dificuldade de confiar em um novo relacionamento. Na ocasião, o ocorrido entre Juliana e Domingues foi muito debatido em seus círculos de amizade, pois eles eram tidos como um casal modelo e bem-sucedido. As opiniões divergiram sobre a atitude de Juliana e eu, bastante jovem na época, recém-casada e uma terapeuta principiante, intimamente concordei com ela. A maturidade, o estudo de pesquisas e publicações, e as experiências vividas me fizeram rever esta postura. Não existe verdade única, nem uma fórmula a ser seguida.

Geralmente, os casais que chegam à terapia encontram-se em um dilema de lealdade, entre ser fiel a si próprios, ouvir sua autoestima ferida ou priorizar a relação. É importante ouvir e empatizar também com o sofrimento do cônjuge envolvido, entender sua compreensão de compromisso conjugal e sua percepção de infidelidade. Neste capítulo, utilizo o termo cônjuge envolvido para me referir àquele diretamente implicado na relação extraconjugal e cônjuge traído para o outro (NABARRO; IVANIR, 2002). Muitas vezes o que é visto como traição por um cônjuge, não é percebido assim pelo outro. Os homens tendem a pensar que sexo sem envolvimento emocional não é traição, e as mulheres podem perceber que envolvimento emocional sem sexo não é traição. Estas diferenças entre gêneros da percepção do que consiste traição está diminuindo, e o importante é saber para cada caso específico quais os limites aceitáveis da individualidade em uma relação, o que poderá ser revisado no contrato conjugal.

O que sou, o que quero, o que posso, o que devo, o que espero e o que a sociedade e meu cônjuge esperam de mim e de uma relação conjugal?

Por sorte, eu não só havia lido, mas estudado o livro "Mentiras Privadas" de Frank Pittman (1994) antes do casal Aurora e Santo solicitarem um horário para terapia de casal. Este livro, hoje visto como moralista e questionado por alguns autores, foi inovador e importante para a época, sendo muito útil para mim. Aumentou minha compreensão sobre os vários tipos de infidelidade, suas razões, suas funções (inclusive a de arranjo conjugal), seus mitos, assim como sobre as insatisfações da monogamia, as mentiras em cascata e os segredos.

O casal chegou. Aurora era uma mulher bonita e elegante, na faixa de quarenta e poucos anos, e Santo, seu marido, expansivo, simples. Após as formalidades iniciais e educadas, quando perguntei o motivo da consulta, (eles preferiram não falar ao telefone), a esposa perdeu totalmente a compostura, começou a gritar e a chorar, contando que o seu marido, após 23 anos de casados e tantas lutas para vencerem obstáculos para sair de uma vida de pobreza e dar uma vida melhor para suas quatro filhas, Santo lhe havia traído, sexual e financeiramente. Ela estava indignada, e ele estava em estado de choque. Ela estava alerta nos últimos tempos, pois percebeu algumas mentiras, dizia que estava em um lugar com determinada pessoa e não estava, e quando ela o questionava, ficava irritado e dizia que ela o controlava e não lhe dava liberdade, que era louca e que isto era insuportável para ele. Ela se sentia perturbada, às vezes duvidava de suas percepções, até que, avaliando com pente fino o extrato bancário de sua conta conjunta, ela descobriu uma despesa diferente, decidiu então investigar, e descobriu que o marido pagava aluguel para uma funcionária de uma empresa colaboradora.

Existia tanta confiança entre eles que ela nunca havia antes questionado as despesas pessoais dele. Ele parecia assustado com o tamanho do sofrimento que havia causado em sua esposa, sempre tão racional, centrada, objetiva e controlada. Disse que aquilo havia iniciado como uma brincadeira que cresceu e que havia tentado romper com a amante, uma moça jovem, humilde e desprotegida, muito sensível e amorosa, que nada cobrava dele, ao contrário da esposa que era muito exigente e crítica, à qual sentia que nunca conseguia satisfazer. Acreditava que se a esposa não viesse a saber, isto não prejudicaria seu casamento e sua família, e estava disposto a qualquer coisa para salvar o casamento. Aliás, esta é uma crença muito frequente, mas questionável, que acalma muitos cônjuges que traem. Mas a primeira traição leva a mentiras, que levam a novas mentiras, e instalam um segredo que traz consequências para o vínculo conjugal e inevitavelmente, em algum momento, vem à tona.

Atualmente, o celular e as redes sociais deixam rastros que, ao serem descobertos, fazem com que o cônjuge envolvido também sinta sua privacidade invadida ao ter seu celular ou computador vasculhados. Percebe-se, ao mesmo tempo, traidor, e se defende, e ataca ao se sentir traído. Após a sessão, Santo, desesperado, rompeu com a amante por telefone, na frente da esposa, e tentou reparar de todas as formas para recuperar a confiança que havia sido perdida. Foi um processo longo e difícil, onde ela chorava muito. Passava por momentos de tranquilidade, de reaproximação e por momentos de fúria, quando então ele começou a questionar se conseguiria suportar estes ataques e estas cobranças de perfeição dela. Ele não conseguiria ser perfeito. O tempo necessário para virar a página e seguir a vida é diferente do membro envolvido e do membro traído que, mesmo escolhendo dar uma chance ao seu casamento, tem crises que podem ser comparáveis ao transtorno de estresse pós-traumático (ver capítulo 10). Aurora tinha pensamentos invasivos e obsessivos, sentia raiva intensa e se descontrolava emocionalmente, atacando e acusando Santo pela situação desesperadora que ambos se encontravam. Sentia-se humilhada, a crise havia se estendido para os filhos, a família e os amigos, e ela sentia que precisava puni-lo e que ele teria que sentir a dor que ela sentiu. Percebia que todos esperavam dela que se separasse dele como único caminho para recuperar seu orgulho ferido. As quatro filhas jovens ficaram com opiniões divididas e, a pedido da família, passaram a participar quinzenalmente das sessões de terapia, que eram longas e barulhentas, mas, aos poucos, foram resultando em avanços para novos estágios da crise. O casal e a família foram, aos poucos, estabelecendo uma nova forma de funcionar, readquirindo o respeito e refletindo sobre as escolhas possíveis. Foi um trabalho intenso, de sessões de casal, intercaladas com sessões individuais e de família. Gradualmente, Aurora se libertou da ideia de que tinha que se separar e percebeu que esse não era o seu desejo, que poderia questionar o politicamente correto e que tomaria a decisão de lutar pelo seu casamento, pois era isso que queria, só não sabia se conseguiria, mas iria tentar. A terapia seguiu seu rumo até o encerramento, quando o casal havia conquistado uma forma de melhor relacionamento. A crise havia se tornado um trampolim para mudanças no padrão relacional do casal. Aurora percebeu que poderia ser mais flexível e expressar mais seus sentimentos, e Santo amadureceu, tornando-se mais responsável e comprometido.

Nem todos os casos seguem este caminho, que foi complexo e difícil, mas com bons resultados dentro das metas do casal. Marcou uma nova fase para mim enquanto terapeuta, e precisei revisar minhas próprias crenças sobre o vínculo conjugal, suas imperfeições e seus limites, sobre a infidelidade, a monogamia e seu impacto em uma sociedade, aparentemente cindida. As piadas, a mídia, as novelas e os intelectuais parecem estimular desejos conflitantes de manter os laços frouxos e substituíveis, fenômeno denominado por Zygmunt Bauman (2004) de amor líquido, para viver intensamente os prazeres da liberdade sexual, enquanto as pessoas parecem buscar vínculos seguros e relações de confiança. O comprometimento do outro é desejado, enquanto cada um teme estar fechando as portas para outras possibilidades românticas, talvez mais emocionantes ou prazerosas.

Constatamos ser bastante frequente a busca, na fantasia, de uma relação ideal, que possa conciliar todos os atributos positivos de várias possibilidades de relacionamento em uma única relação. A comparação entre uma relação ou vida imaginária, ideal, e muitas vezes utópica, compete e sempre perde diante das possibilidades reais de um relacionamento. Este processo se torna cada vez mais frequente quando as pessoas comparam sua rotina de vida com as emocionantes e maravilhosas aventuras, imagens produzidas e postadas no *Facebook*, no *Instagram* ou nos *sites* dos belos e famosos que seguem. Conhecemos as intempéries de nossas vidas, e imaginamos a vida dos demais como perfeitas. Denomino de "armadilha da comparação" este processo, que consiste em comparar o ideal com o real, ou o meu pior defeito com a melhor qualidade do outro, ou o ponto mais fraco de meu relacionamento conjugal com o ponto percebido como o mais forte de outro casal, alvo da comparação.

Individualidade muitas vezes é entendida como liberdade, e relacionamento como aprisionamento. Realmente, toda relação com compromisso implica em limites e ganhos, assim como a determinação de não se comprometer, o compromisso de liberdade pode ser aprisionador. Gosto de usar a imagem de "ser escravo do conceito de liberdade" em casos onde o cliente se percebe comprometido com a liberdade, tem pavor de uma relação de compromisso e não percebe seu aprisionamento a registros intergeracionais de casamentos fracassados ou possessivos. De fato, "o mesmo muro que protege, também pode aprisionar". Existe uma linha tênue entre o amor e a fusão, entre amor, controle e posse, e podemos entender algumas experiências extraconjugais como busca de um espaço privativo para fugir ao controle da relação oficial.

De acordo com Prado (2016) mais de 50% das pessoas casadas têm se envolvido em relações extraconjugais, e este índice pode ser ainda maior devido ao fato que muitas delas se encontram envolvidas na nebulosidade dos segredos, individuais ou familiares. Portanto, enquanto refletimos sobre este tema, provavelmente inúmeras pessoas estão envolvidas em intensas emoções relacionadas a relacionamentos secretos, enquanto outras sofrem ao perceber ameaças, imaginárias ou reais, ao seu vínculo de confiança. Na televisão, nos romances, nas novelas, nas rodas sociais, nas revistas de fofocas, o tema é trazido em enredos dramáticos que envolvem as fantasias e emoções dos espectadores, com naturalidade, leveza e até humor. Dificilmente abordam o desenlace, muitas vezes difícil, que ocorre na realidade e que chegam aos consultórios dos terapeutas. Lembro de um cliente idoso que chegou depressivo, aventando ideias suicidas, com muita culpa e vergonha. Não conseguia ver uma saída para a angustiante situação em que se encontrava. Relatou que era um profissional realizado, casado há mais de 50 anos, tinha uma família que adorava, com filhos, netos e uma esposa que amava e respeitava. Relata que por toda a sua vida tinha tido aventuras extraconjugais efêmeras, com a segurança que sexo e amor eram duas coisas diferentes e que saberia manter as duas situações totalmente separadas. Até então, sempre soube romper essas relações antes que se tornassem sérias, mas que nos últimos anos estava se vendo como apaixonado por sua amante. Ela, que desde o início sabia e aceitou que ele jamais iria se separar da esposa, pois ele deixava isso bem claro em seus casos, disse que a situação havia mudado. Passou a exigir uma escolha dele. Ele temia e não desejava tanto o rompimento do caso quanto o risco de ser desmoralizado perante sua família por um gesto impulsivo da amante, pois não cogitava separar-se. Sentia-se ameaçado de perder qualquer um dos vínculos, ambos eram importantes para ele.

Concordo com Johnson e Wiffen (2012), que uma das necessidades humanas básicas é ter uma conexão emocional segura com aqueles com quem convivemos e com quem contamos em nossas vidas. O conceito de vínculo conjugal seguro varia de acordo com o contexto individual e sociofamiliar, mas geralmente subentende exclusividade afetiva e sexual, exclusividade esta muitas vezes levada como implícita e, a meu ver, pouco aprofundada pelo par conjugal na atualidade (ver capítulo 05).

Concordo com Prado (2016) que

> A fidelidade é uma escolha, não uma imposição da natureza - mantê-la é uma decisão de homens e mulheres que decidem compartilhar uma vida em parceria e companheirismo. Hoje em dia, existe cada vez menos preocupação em ter esse cuidado com a relação, e em conter desejos ou paixões. (p.40).

Quando a infidelidade bate na porta de sua casa, de seu casamento, de sua família, em suas diferentes roupagens, a reação é como a da descoberta do diagnóstico de uma doença grave: sei que isto existe, mas jamais pensei que aconteceria COMIGO.

O que é liberdade em um relacionamento? A chave está na palavra ESCOLHA. É necessário sair da dualidade: individualidade **ou** relação, e passar para a integração: individualidade **e** relação. O conceito de fidelidade e monogamia é relativo, assim como seu compromisso e suas implicações. Hoje, não pode mais ser visto como automático, exige uma reflexão, explicitação e uma escolha consciente de cada participante do casal. Muitas vezes, um dos membros ou ambos, têm medo de expor seus pensamentos a respeito por receio de perder a relação, e as dificuldades surgem quando o entendimento neste sentido é diferente para cada um dos parceiros.

Voltando ao caso de Santo e Aurora, dos quais muitas vezes me lembrava carinhosamente, imaginando como estariam. Vinte anos depois, tive uma surpresa ao encontrá-los em um supermercado na praia! Após um breve silêncio de reconhecimento, uma explosão de alegria recíproca e abraços que falam mais que palavras sobre o significado da terapia passada.

São muitas as óticas pelas quais podemos olhar o tema da infidelidade: suas crises, seus aspectos avassaladores e reconstrutores do vínculo conjugal, assim como seu impacto sobre o terapeuta no sentido de aprimorar sua efetividade clínica e favorecer sua resiliência. Importante falar sobre o estresse secundário destas situações sobre o terapeuta. Ainda no período em que as sessões eram agendadas por minha secretária, aceitei um pedido para um atendimento de emergência para um casal, em uma sexta-feira à tarde, fora de minha agenda usual. O casal chegou pontualmente, estava na faixa dos trinta anos e me chamou a atenção por sua beleza e formalidade. Mal podia imaginar o que me aguardava. Logo nos primeiros minutos da sessão, antes ainda do procedimento inicial de acolhimento, o marido disse que pediu a sessão porque precisava falar com a esposa sobre um assunto muito difícil e delicado, e que temia pela reação dela, mas que teria muito pouco tempo para fazer isso, pois, em seguida, tinha uma viagem internacional de negócios. Seu voo seria em cerca de duas horas, já estava com a mala no carro. Dito isso, fez seca e duramente o comunicado que estava se separando dela, pois tinha surgido outra mulher em sua vida. Já que havia negado muitas vezes as suspeitas da esposa de que estava tendo um caso extraconjugal, havia decidido de uma vez por todas pôr fim àquele suplício e contar a ela a verdade toda. A esposa ficou em estado de choque, chorou desesperadamente, implorou para ele que ficasse, que precisavam conversar; ele alegou que precisava ir, senão perderia o horário, e saiu da sala. Ela chorou desconsoladamente por muito tempo. Fiquei a seu lado, até que enfim pudemos conversar um pouco, e ela se disse exausta, mas que já se sentia em condições para ir para casa. Aceitou que eu solicitasse para sua irmã vir buscá-la no consultório. Esta se dispôs a dormir com Paola naquela noite, e marcamos uma sessão para o dia seguinte. Deixei meu telefone residencial à disposição. Naquela noite recebi o telefonema da irmã desmarcando a sessão agendada, e comunicando que Paola havia tentado suicídio, através da ingestão de medicamentos. Felizmente já estava fora de perigo, e estava internada em uma clínica psiquiátrica. Fiquei muito preocupada, não consegui dormir, remoendo o atendimento, prestando atenção em minhas possíveis falhas, imaginando o que poderia ter feito de diferente. Estranhamente, também me sentia enganada e "traída". Logo de manhã, procurei a consultoria de um psiquiatra de minha confiança e relatei o ocorrido. Ele validou a minha conduta como terapeuta, tentou me tranquilizar e me orientou para que eu fizesse um contato com a equipe técnica da clínica onde Paola estava internada. Foi o que fiz, tendo sido informada que no momento ela estava sendo atendida pela equipe da clínica, estava medicada e recebendo o suporte de seus familiares. Me coloquei à disposição, caso ela desejasse fazer um contato após sua alta e não soube mais sobre a evolução do caso.

Enfrentei outras situações críticas dentro do tema da infidelidade ou outros, de perdas, doenças, luto e mortes trágicas, com forte impacto emocional sobre minha vida pessoal. Acredito que a grande maioria dos terapeutas passa por estresses similares no decorrer de sua prática profissional. Importante ressaltar a relevância do terapeuta ter uma rede de apoio, que pode auxiliá-lo em momentos críticos como este. Um grupo de trabalho, de discussão clínica, de supervisão, ou uma associação de classe.

Ainda dentro do tema infidelidade, quero relatar outra experiência marcante e desestabilizadora que vivi. Posso perceber, no olhar retroativo, que estas experiências mais difíceis ocorreram em atendimentos de sessão única, antes de o estabelecimento do vínculo terapêutico e antes do contrato terapêutico ser efetivado com o cliente. O telefonema foi feito pelo pai, solicitando um atendimento psicoterápico para suas filhas adolescentes, pois ele estava se divorciando, e necessitando mudar para o nordeste por motivos profissionais. As meninas não estavam aceitando a separação dos pais, a mãe estava muito magoada com ele e se recusava a participar do processo. Novamente, o fator pressa e emergência fazia parte do contexto, pois ele já precisaria viajar na próxima semana. Ele disse que as meninas em princípio se recusaram a vir, mas que aceitaram seu pedido. Normalmente, nestas condições, faria uma primeira sessão com o pai para depois avaliar, em um segundo momento, a inclusão das meninas e de que forma. Como se tratava de adolescentes, e frente ao limite de tempo, aceitei agendar uma primeira sessão com o pai e suas três filhas. Percebi o clima difícil e hostil das jovens desde o primeiro contato na sala de espera, e procurei acolhê-las e ouvi-las. Elas falaram de sua revolta e raiva contra o pai, que estava deixando a mãe muito triste, com a qual elas demonstraram uma clara aliança. Elas tinham certeza que o pai tinha uma amante, fato que o pai negava veementemente, assim como já havia negado para a esposa, negou para as filhas na sessão. Elas estavam determinadas a descobrir quem era a amante do pai e queriam se vingar dela. Elas acreditavam que seria uma vizinha de sua casa, e a clínica ficava a uma quadra de sua residência. Em determinado momento da sessão, percebi que as meninas cochichavam entre si e faziam gestos pornográficos. Concluíram que acabavam, finalmente, de descobrir quem era a amante do pai: A PSICÓLOGA! Começaram a me chamar de "f@#=+!!!" e saíram correndo da sala. O pai correu atrás das filhas e fiquei atônita na sala. Era uma clínica grande, e rapidamente outros psicólogos que ouviram os gritos e xingamentos vieram ao meu socorro, e mais uma vez a confiança da rede do terapeuta exerceu uma importante função de apoio.

Com certeza, entre tantas experiências, as bem-sucedidas são as que auxiliam o terapeuta a se recuperar do impacto e readquirir a confiança em sua competência terapêutica, sempre agregando novas aprendizagens, motivando o estudo, a troca, a realização de cursos e a revisão de valores, ampliando seu modelo terapêutico, amadurecendo e incluindo a maior consciência de seus limites. Da mesma forma, a recuperação da confiança do casal após o impacto do tema da infidelidade, se faz a partir de novas experiências de confiança, agora dentro de uma percepção mais realista da relação e do contrato conjugal, onde as expectativas, os limites e a falibilidade de todos os envolvidos são considerados, e todos são convidados a se despedir do mito da perfeição e do controle.

A riqueza do trabalho clínico é que, através dos anos e do amplo espectro de seus clientes, o terapeuta é convidado a participar de sua intimidade, acolher e compreender valores e demandas de uma diversidade de pessoas com diferentes dramas existenciais, histórias de vida, legados intergeracionais, e que ocupam diferentes papéis dentro das triangulações que ocorrem no contexto da infidelidade e dos relacionamentos extraconjugais. Pode acolher com empatia, em terapia individual as questões existenciais da/do amante, por opção, ou por circunstâncias da vida. Recebe o pedido terapêutico do cônjuge envolvido, sobrecarregado pelas pressões da vida dupla, perdido e ansioso em encruzilhadas que nunca imaginava viver, enfrentando o pavor de perder a amante, assim como o pavor de perder a esposa e a família. Nestes casos, o terapeuta antecipa preventivamente que, em caso de crise da descoberta, não poderá atender o casal e se necessário fará um encaminhamento para um colega.

Vínculos conjugais, que se iniciaram a partir de um envolvimento extraconjugal, de um ou de ambos os participantes, podem trazer desafios diferentes para o casal e o processo terapêutico, onde a ansiedade e insegurança podem se originar em um julgamento da infidelidade ao cônjuge anterior.

A oportunidade de atender esta gama de implicações clínicas da infidelidade, viabiliza ao terapeuta o desenvolvimento de um constructo aberto, flexível, que questiona o conceito de anormal sem considerar o contexto mais amplo. Convida-o a se desapegar de verdades, de questionamentos morais e a respeitar cada cliente na unicidade de suas circunstâncias de vida.

Diversos casos de impacto sofrido por filhos aprisionados em segredos de relacionamentos extraconjugais de seus pais me vêm à memória, e levanto a hipótese que a pressão e ameaças sofridas, ou mesmo o medo das consequências da revelação do segredo pode ter o impacto de um evento traumático, às vezes com características de abuso psicológico e moral (ver capítulo 07), que trata de aspectos intergeracionais da infidelidade e filhos triangulados ao casal.

Assim, mulheres, homens ou casais podem buscar terapia frente a seu intenso sofrimento emocional, dos mais variados tipos. Em suas tentativas de compreensão e de busca de solução, o cliente busca atribuir um significado, um desenvolvimento histórico ou familiar ao seu problema. Em algumas situações, percebe uma relação clara com pressões internas ou externas advindas de uma situação específica. Noutras, estresses ou traumas vividos, esquecidos ou que se constituem em segredos, devido à vergonha ou culpa, são acessados, revelados e reprocessados no decorrer do processo terapêutico. Muitos clientes relatam o efeito terapêutico de poder falar sobre o indizível e expressar emoções represadas por tanto tempo. Muitos clientes se surpreendem de que estas emoções, de vivências aparentemente esquecidas e superadas, ainda estejam lá.

Revelar ou não revelar? Contar ou não contar? Quanto contar? Como contar depois de tantas negações ou omissões? Quantas mentiras para encobrir a primeira? Quais as consequências de dizer toda a verdade? Ou omitir com o risco de, ao virem à tona, precipitarem nova crise de confiança ou quebra de parte da confiança reconstruída com tanto esforço?

Saber ou não saber, ou quanto saber, o cônjuge traído pode sentir uma necessidade e um desejo obsessivo e ambivalente de saber tudo que aconteceu, quando, como e com quem, o que significou, se já acabou. Saber significa conhecer outro lado do cônjuge, desmascarar suas mentiras, confrontar-se a si mesmo, às suas limitações e inseguranças. Embora intimidade e transparência sejam consideradas ingredientes de relações íntimas, é preciso avaliar com o cliente quando o relato de detalhes ou da verdade pode não ser produtivo. Abaixo, recorte das lembranças de uma cliente já idosa que partilha sua dor secreta sobre como decidiu perdoar as reiteradas infidelidades de seu marido, para preservar sua família e seus filhos.

"*... de repente eu desconhecia este homem em quem confiava e com quem vivia há tantos anos e eu rezei para Deus me mostrar a verdadeira face de meu marido, para que eu pudesse tomar a decisão correta... eu pensei que o havia perdoado, mas tantos anos se passaram e sinto uma dor no peito e uma falta de ar quando lembro desta fase da minha vida, fico remoendo se minha decisão foi acertada... porque isto está voltando agora, depois de tanto tempo... está tirando minha paz e meu sono...*".

Frank Pittman (1994), ressalta a importância da transparência total, e do arrependimento do cônjuge envolvido, como parte fundamental do processo de reparação da mágoa e reconstrução do vínculo conjugal. Acredito que cada situação merece um cuidado único neste sentido, avaliando em sessão individual os efeitos da revelação sobre os objetivos que o cliente quer atingir. Neste sentido, convém diferenciar segredo de privacidade. Quando uma pessoa pede licença para ir ao banheiro, não é segredo o que vai fazer lá. Existe uma diversidade prevista de possibilidades, porém seu comportamento é privativo. Quando um caso extraconjugal deixa de ser segredo, detalhes privativos destas experiências, muitas vezes mais prejudicam na manutenção dos *flashbacks* do que auxiliam na recuperação do trauma.

Lembro de Maria, chocada frente à revelação de seu marido, Edilson, de que ele estava sendo chantageado pela amante em termos financeiros, ameaçando contar para a esposa sobre o caso. Ela armara fotos e vídeos com esta finalidade. Para se liberar da chantagem, Edilson optou por abrir sua situação, esperando a compreensão e apoio da esposa. Eles recém haviam voltado de uma viagem para comemorar seus 25 anos de casados. A revelação causou o efeito de um terremoto sobre Maria. Edilson se sentiu traído em sua expectativa de contar com o apoio e suporte que sempre havia recebido da esposa, ambos se sentiram traídos em seu contrato conjugal.

Edilson solicitou uma terapia de casal, pois desejava desesperadamente preservar seu casamento. Maria recusou e reagiu com indignação. Para ela, era tarde demais. Por muitas vezes havia feito este pedido para ele, ao percebê-lo mais vaidoso que seu usual, e com uma atitude distante e de desinteresse sexual, área forte do casal. Edilson havia recusado e desqualificado esta ideia. Na minha experiência, essa questão de perder o *timing* para a terapia de casal é recorrente e frustrante. Maria decidiu buscar terapia individual. Se descreveu como uma mulher insegura, sensível e apaixonada pela vida. Estava se sentindo impotente, pois vinha percebendo as mentiras e mudança de comportamento do marido. Até então, depositava nele uma confiança absoluta e uma fidelidade total, mas Edilson respondia agressivamente aos seus questionamentos e falava que realmente ela estava desequilibrada e que ela sim precisava "ir se tratar". Ele tinha segurança do amor de Maria por ele, e quando revelou sua situação esperava que ela o perdoasse, mas Maria não tolerou o rompimento do vínculo seguro e optou pelo divórcio, passando por todas as fases do processo de perda e de luto. Se desenvolveu como pessoa e como mulher. Obteve reconhecimento em sua profissão, a qual se encontrava estagnada, pois sua prioridade sempre havia sido seu casamento e sua família, e seu marido se ressentia quando ela se destacava. Ao se desligar da terapia, havia recuperado a autoestima e estava desfrutando da descoberta de uma nova fase de aproximação e reconexão com sua mãe.

Maria não conseguiu aceitar o argumento de Edilson de que a amava e, que amor e sexo são duas coisas diferentes. É possível amar duas pessoas ao mesmo tempo? Ou amar uma e ter intensos desejos sexuais por outra? De acordo com Prado (2016), a paixão circula por canais neurocerebrais diferentes do apego e do amor em nosso cérebro. "Talvez por esse motivo, esses sentimentos muitas vezes se confundam na cabeça de nossos clientes e das pessoas em geral" (p. 35). São tantas as questões levantadas sobre este tema que envolve complexidade e ambiguidade, que podem ser enriquecidas com o olhar das neurociências que é abordado no capítulo 06.

É possível manter viva a chama do desejo e do sexo em relações conjugais duradouras? Esther Perel faz interessantes e desestabilizadoras questões sobre este tema em seu discutido livro Sexo no Cativeiro (2007). Em 2017, repensa a questão da infidelidade e seus vários aspectos no livro Caso e Casos. Já na introdução ela fala:

> Casos têm muito a nos ensinar sobre relacionamentos - o que esperamos, o que acreditamos querer e o que sentimos merecer. São uma janela excepcional para nossas posturas pessoais e culturais em relação ao amor, ao desejo e ao compromisso. (p. 9).

Podemos pensar que o mesmo se aplica para pessoas com posturas compromissadas com a fidelidade, pois o desejo de estar em uma relação de confiança e satisfatória se expressa através dos países e das culturas.

O desejo sexual em uma relação duradoura e de compromisso pode ser intencional? Ferreira, Fraenkel, Narciso e Rosa (2015) procuram estudar fatores que afetam o nível de desejo em relações comprometidas, e como o desejo se altera no decorrer de uma relação de longo prazo. Constataram associação entre a manutenção do desejo à fatores de autonomia e renovação da individualidade de cada envolvido. Esses autores questionam o mito que o desejo autêntico tem que ocorrer espontaneamente e sem intenção e planejamento.

Concordo com Perel (2017) que "casos extraconjugais e segredos caminham de mãos dadas. Em geral, é impossível contar o segredo de alguém sem trair o de outra pessoa" (p.11). Como o terapeuta pode lidar com as sutis armadilhas que os segredos implicam na terapia? Costumo propor um contrato ético diferenciado para as sessões individuais, dentro de um processo de terapia de casal onde, se na terapia individual nada pode ser compartilhado a não ser com a autorização do cliente, na terapia de casal, o que não pode ser partilhado deve ser especialmente sinalizado para o terapeuta, assim o segredo é do cliente e não do terapeuta.

Outra questão: é possível mudar e permanecer igual? Viver uma vida, passar pelas etapas do ciclo vital com a intensidade e idealismo vivido aos 18 anos? Para manter o parceiro, precisamos renovar as expectativas em relação à intensidade do desejo e do sexo, e para preservar a intensidade do desejo e do sexo precisamos renovar o parceiro?

É necessário aprofundar as questões das expectativas, das prioridades, crenças, valores, e o conhecimento das mudanças de expressão de sexo, amor e desejo nas diversas etapas da relação do casal e do ciclo familiar. É comum a existência de muitas expectativas, algumas contraditórias para uma mesma relação. A expectativa que um cônjuge preencha todas as necessidades do outro favorece sentimentos de grande decepção. Parece ser frequente querer ter os benefícios de uma relação duradoura e segura, com as mesmas emoções de um caso. A meta pode ser tão impossível quanto "buscar ao mesmo tempo a segurança do jardim zoológico e a emoção da selva".

O tema é complexo. A terapia focada nas emoções, embasada na teoria do apego, apresenta um modelo de terapia e pesquisa que examina o processo de mudança terapêutica, de indicadores de prognósticos e a efetividade da aplicação desta abordagem nos diversos contextos e preocupações conjugais. Conceitualiza as interações rígidas e o afeto negativo dos casais em termos de desconexão emocional e vínculo inseguro. Apresenta um modelo de terapia que integra a perspectiva sistêmica e usa intervenções para favorecer o desenvolvimento de abertura emocional, acessibilidade e compromisso, elementos chaves do vínculo seguro. Inclui pesquisas que examinam o processo de perdão e recuperação de confiança e reconstrução do vínculo (WIEBE; JOHNSON, 2005) (ver capítulo 11).

De acordo com Nabarro e Ivanir, (2002) se a terapia começa logo após o início da crise de infidelidade, geralmente ela dura de 4 a 6 meses. Deve ser uma terapia integrada, abrangendo a compreensão do contexto sistêmico, a situação do casal e o que favoreceu a relação extraconjugal, considerando o ciclo vital do indivíduo, do casal e da família, assim como as dinâmicas multigeracionais de cada envolvido. A estrutura da terapia pode incluir sessões de casal, individuais e familiares, para compreender em um clima seguro e de confiança as diversas facetas da relação do casal, e os significados da relação extraconjugal para cada envolvido e para o casal. A crise pode tornar-se uma oportunidade de desenvolvimento e de renovação do contrato conjugal sobre novas bases, de modo a permitir novos padrões. A consciência da posição do terapeuta, de seus próprios valores e necessidades, suas experiências de vida relativas a este tema são essenciais (ver capítulo 02). É importante uma atitude de não julgamento, uma compreensão dos vários níveis, e um cuidado especial para com a dor de todos os participantes, tanto a dor do cônjuge envolvido, quanto à dor do cônjuge traído, de outros atingidos pela situação, como filhos, pais e o terceiro da triangulação. Como já vimos, a terapia passa por diferentes etapas. As primeiras sessões visam criar um lugar seguro, necessário para a exploração e compreensão do problema, que precederá o trabalho terapêutico. Os temas principais giram em torno das circunstâncias da descoberta ou revelação da relação extraconjugal, do impacto emocional e comportamental que se segue à descoberta, e do manejo dos sintomas de estresse.

A culpa, a raiva, a vergonha e o sentimento de humilhação são comuns nesta fase, e episódios de impulsividade e descontrole emocional podem se fazer presentes. Ciúmes, pensamentos obsessivos de desconfiança, depressão, choro, cobranças e ataques, raiva e sentimento de vingança podem se constituir em elementos que conduzem a círculos viciosos de ações e reações que precisam ser manejados com cuidado no processo da terapia. A defesa de um dos parceiros é sentida como ataque pelo outro que, por sua vez, se defende, realimentando o ciclo de vulnerabilidade estudado e descrito por Michelle Sheinkman (2004).

Quando o casal escolhe tentar reconstruir a relação, em geral, o cônjuge traído espera, tem necessidade e cobra muito do cônjuge envolvido que, muitas vezes, mesmo quando se empenha neste sentido, se sente incapaz de dar este apoio, pois ele mesmo encontra-se lidando com as próprias tensões. Por outro lado, o cônjuge envolvido, ao mesmo tempo, em que pode sentir o alívio que acompanha o fim da necessidade de se esconder e mentir, sente vergonha e culpa, às vezes duplamente, pela dor que causa no seu cônjuge e no terceiro envolvido, para o qual ele também eventualmente pode ter mentido e enganado com falsas promessas. Mostram-se relutantes em fornecer as informações requeridas, por vergonha e também por medo da perda e das reações do outro. A perda potencial pode trazer à tona muitas das qualidades positivas do outro. A busca de reduzir a ansiedade pode provocar uma tentativa de reconquistar e seduzir o outro, levando à momentos de excitação e encontros sexuais intensos, de intimidade e de auto-exposição que se refletem, em um segundo momento, em estados depressivos e de desesperança, sendo comum estados contraditórios e ambivalentes. Esta ambiguidade se expressa de forma interessante no conhecido poema "Não te amo mais..." de Clarice Lispector, no qual o sentido se altera, dependendo do fluxo da leitura:

> "Não te amo mais
> Estarei mentindo dizendo que
> Ainda te quero como sempre quis.
> Tenho certeza que
> Nada foi em vão.
> Sinto dentro de mim que
> Você não significa nada.
> Não poderia dizer jamais que
> Alimento um grande amor.
> Sinto cada vez mais que
> Já te esqueci!
> E jamais usarei a frase:
> EU TE AMO!
> Sinto, mas tenho que dizer a verdade
> É tarde demais..."
>
> (Agora leia de baixo para cima.)

Como já constatamos, o cônjuge envolvido tem pressa de virar a página e deixar o passado para trás, enquanto o cônjuge traído pode estar sofrendo de *flashbacks*, de pensamentos intrusivos e obsessivos. A partir de qualquer estímulo, real ou imaginário, passa a visualizar e imaginar seu cônjuge com a outra pessoa, levando-o a momentos de hostilidade, muitas vezes incompreensíveis para o seu parceiro (ver capítulo 10).

Quando a intensidade da ambivalência, da raiva, e outras manifestações do estresse apresentam uma redução significativa, uma nova etapa da terapia se desenvolve em torno do tema da aceitação do ocorrido, de si próprio e do outro como ele é, seus limites e suas qualidades. A qualidade da relação e suas possibilidades de desenvolvimento são observadas. Os mitos e expectativas de perfeição e de confiança absoluta são revisados. As zonas tabus e questões veladas precisam ser exploradas, no sentido de gerar esperança e investimento no desenvolvimento de uma relação confortável de intimidade que permita a individualidade e a auto estima de ambos os envolvidos. Neste momento, alguns padrões conjugais que contribuem para criar um terreno fértil para o envolvimento extraconjugal podem ser identificados e analisados. Estes padrões que podem se interconectar, podem ter levado o casal, por vários caminhos, a um distanciamento afetivo e/ou sexual.

De acordo com Nabarro e Ivanir (2002), o casal maduro que enfrenta uma crise de infidelidade pode ter passado por anos de esquiva de intimidade emocional, com vida sexual insatisfatória ou ausente, desenvolvendo certo tipo de cegueira relacional. Segredos, conflitos não resolvidos e mágoas acumuladas podem levar ao desinteresse pela relação ou a conflitos crônicos. São muitos os desafios e dificuldades que o casal pode ter encontrado em sua vida conjunta. São decisões e discordâncias referentes à vinda dos filhos, à vida profissional, à vida social, aos relacionamentos com as famílias de origem de cada um. As contingências da vida conjugal mudam, mas o contrato inicial, base da relação em seu início, explícito e/ou implícito, pode ter ficado esquecido ou congelado, precisando ser revisado (ver capítulo 03).

Assim, passado o período mais intenso da crise, quando o véu da cegueira cai, o casal que opta por reconstruir sua relação, abre para uma nova oportunidade de crescimento. No momento da reconstrução, é papel do cônjuge envolvido investir na reparação e recuperação da confiança e o cônjuge traído precisaria poder abdicar da posição de vítima exigente e cobradora de infindáveis ações reparadoras do cônjuge envolvido e mesmo sem aceitar a culpa do ocorrido, aceitar sua parte de responsabilidade na reconstrução do vínculo conjugal.

A metáfora abaixo, que desenvolvi no decorrer de minha prática clínica, pode ser útil para auxiliar na quebra do ciclo de cobranças, que pode levar o cônjuge envolvido à desesperança.

"Você sofreu um acidente de trânsito. Você estava no banco do passageiro, seu cônjuge estava dirigindo o carro. Você está ferida (o). Cabe ao responsável fazer todos os esforços para lhe proteger e lhe auxiliar em sua recuperação. Ele pode ter se machucado também, mas precisa se comprometer a fazer o possível para a sua recuperação enquanto cuida de sua própria. Mas você tem que fazer a sua parte, cuidar de sua recuperação, de sua dor, o outro não pode fazer fisioterapia em seu lugar. É um processo demorado, dolorido, exige tempo e paciência...".

Temas multigeracionais, de ambos os cônjuges, podem auxiliar na compreensão de temas relevantes do casal, sobre segredos, resolução de conflitos, medo de abandono, definição de papéis de proximidade, distância e estruturas de poder, comunicação, triangulações, questões de gênero e outros significativos para o casal em questão.

Quando o casal consegue se reconciliar, e os cônjuges se escolhem reciprocamente, sob bases na realidade do ser de cada um, suas expectativas no relacionamento não são mais idealizadas, embasadas na necessidade de perfeição, mesmo assim, erros e dificuldades são previstos. O foco passa a ser em como lidar com os mesmos, na previsão de dificuldades e possíveis recaídas.

Como expressou uma cliente "*... finalmente parece que estamos conseguindo um equilíbrio entre nossas necessidades individuais, de relacionamento de casal e familiar... Como foi difícil de afinar todas estas coisas...*".

Compartilho uma reflexão: "*outro dia, assisti um concerto muito interessante, era uma homenagem a um reconhecido maestro que completava 50 anos de profissão. Antes de iniciar o concerto, todos os músicos afinavam seus instrumentos... Fiquei imaginando, como deve ser difícil tocar seu próprio instrumento e ao mesmo tempo harmonizar com todos os demais. Que tarefa difícil a do maestro, e mesmo após 50 anos, a cada música, todos afinam seus instrumentos...*".

Ao que a esposa respondeu: "*... nossa, é mesmo, pensei que finalmente afinamos nossa orquestra e que ela ficaria afinada para a vida toda! Acabo de perceber que afinaremos e desafinaremos muitas vezes e que a tarefa não acabou, é um exercício constante!*".

Gosto de usar imagens metafóricas para abordar estados difíceis de serem abordados apenas pela lógica, pois acredito que estas favorecem a conexão de emoções e significados que possibilitam reestruturações cognitivas, emocionais e comportamentais. A comunicação metafórica revela-se útil em momentos de impasse na terapia, permitindo falar sobre o "indizível", e trazendo um clima mais leve, que permite abordar temas tensos e difíceis (MAZER, 2018; 2020).

As operetas A Bela Helena, Orfeu no Inferno e Carmem, compostas e estreadas em Paris há mais de um século, podem ser usadas de forma metafórica no estudo de nosso tema. Nos convidam a uma reflexão: será que a infidelidade e a luta de lealdades entre o vínculo seguro e a transitoriedade da sedução do desejo e da paixão é um fenômeno dos tempos modernos, ou será um tema universal que se renova em ciclos e em diferentes tempos e culturas?

- Orfeu no Inferno, de Jacques Offenbach, considerado precursor do teatro musical moderno, com libreto de H. Meilhac e L. Halévy, estreou em Paris em 1858, tratando da saga amorosa e mitológica entre Orfeu e Eurídice.
- A Bela Helena, dos mesmos autores estreou em 1864, tendo como tema central as "peripécias oníricas" de Helena para conciliar a culpa pela realização de seu desejo erótico pelo belo e sedutor Paris e a lealdade por seu marido. A trama onde ela transforma o cônjuge traído em culpado traz conteúdos semelhantes aos que observamos com alguma frequência em nossos consultórios.
- Carmen (1875), composição de G.Bizet, com libreto dos mesmos autores das operetas anteriores, Carmen, a bela cigana, seduz todos os homens que encontra à sua passagem. Ela defende a liberdade no amor e se cansa do amor possessivo de D. José. A tragédia ocorre quando ela vai atrás de um novo objeto de desejo. Interessante ressaltar que estas três obras têm como tema central o amor mais possessivo do homem, sendo a mulher protagonista de uma expressão mais livre do desejo e do sexo.

Mesmo que você não seja amante deste gênero musical, recomendo fortemente que você as assista focando nas diversas facetas do amor e infidelidade que se expressam nestas obras. Sugiro a leitura e o estudo do livro "*La família en la ópera: metáforas líricas para problemas relacionales*", de Linares e Semboloni (2014), no qual especialistas articulam relações familiares e conjugais a partir de interpretações de óperas clássicas.

Finalizo com uma citação de Nilton Bonder (1998) que nos convida à reflexão sobre nossos valores e questionamentos na busca de caminhos (ver capítulo 02) neste mar revolto de complexidades.

"Há um olhar que sabe discernir o certo do errado e o errado do certo.
Há um olhar que enxerga quando a obediência significa
desrespeito e a desobediência significa respeito.
Há um olhar que reconhece os curtos caminhos longos
e os longos caminhos curtos.
Há um olhar que desnuda, que não hesita em afirmar que existem
fidelidades perversas e traições de grande lealdade.
Este olhar é o da alma".

REFERÊNCIAS BIBLIOGRÁFICAS

BAUMAN, Zygmunt. Amor líquido: sobre a fragilidade dos laços humanos. Rio de Janeiro: Zahar Editora, 2004.

BIZET, Georges; HALÉVY, Ludovic; MEILHAC, Henri. Carmen, 1875.

BONDER, Nilton. A alma imoral. Rio de Janeiro: Editora Rocco, 1998.

ELKAIM, Mony. Se você me ama, não me ame: abordagem sistêmica em psicoterapia familiar e conjugal. Campinas: Papirus Editora, 1990.

FERREIRA, Luana Cunha *et. al.* Is commited desire intentional? A qualitative exploration of sexual desire and differentiation of selves in couples. Family Process v. 54, jun. 2015. Disponível em: https://onlinelibrary.wiley.com/doi/10.1111/famp.12108

JOHNSON, Susan M. Os processos de apego na terapia de casal e de família. São Paulo: Roca, 2012.

KUBLER-ROSS, Elisabeth; MENEZES Paulo. Sobre a morte e o morrer. São Paulo: Editora Martins Fontes, 2008.

LINARES, Juan Luis; SEMBOLONI, Pier Giorgio. La familia en la opera: metáforas líricas para problemas relacionales. Barcelona: Gedisa Editorial, 2014.

MARKMAN, Howard J.; HALFORD, W. Kim. International perspectives on couple relationship education. Family Process. v. 44, jun. 2005.

MAZER, Thelma Zugman. Metáforas na terapia de casal: acrescentando efeitos especiais à comunicação. Revista Brasileira de Terapia familiar. Porto Alegre, v. VII, n.1, p. 112-128, ago.2018. Disponível em: http://abratef.org.br/2019/wp-content/uploads/2019/09/Revista-Vol7.pdf

———. Metáforas na terapia de casal: impasses e impactos. Belo Horizonte: Artesã, 2020.

NABARRO, Noga Rubinstein; IVANIR, Sara. A terapia de casais de meia idade em crise. *In*: ANDOLFI, Maurizio *et al.* A crise do casal: uma perspectiva sistêmico-relacional. Porto Alegre: Artmed Editora, 2002.

Offenbach J. & H. Meilhac e L. Halévy. La belle Hélene. 1864.

———; ———; ———. Orfeu no inferno. 1858.

PEREL, Esther. Casos e casos: repensando a infidelidade. Rio de Janeiro: Objetiva, 2017;

———. Sexo no cativeiro: driblando as armadilhas do casamento. Rio de Janeiro: Objetiva, 2009.

PRADO, Luiz Carlos. As múltiplas faces da infidelidade conjugal. 2. *ed.* Porto Alegre: Arte em Livros, 2016.

PITTMAN, Frank. Mentiras Privadas: a infidelidade e a traição da intimidade. Porto Alegre: Artes Médicas, 1994.

SCHEINKMAN, Michele; FISHBANE, Mona Dekoven. The vulnerability cycle: working with impasses in couple therapy. Family Process. v.43, set. 2004.

SCHEINKMAN, Michele. Beyond the trauma of betrayal: reconsidering affairs in couples therapy. Family Process. v. 44, mai. 2005. Disponível em: https://onlinelibrary.wiley.com/doi/10.1111/j.1545-5300.2005.00056.x

WIEBE, Stephanie A.; JOHNSON, Susan M. A review of the research in emotionally focused therapy for couples. Family Process, v. 55, set. 2016. Disponível em: https://onlinelibrary.wiley.com/doi/full/10.1111/famp.12229

WROBEL, Ronaldo. Traduzindo Hannah. Rio de Janeiro: Record, 2010.

capítulo 2

LABIRINTOS REFLEXIVOS DO TERAPEUTA: VALORES E CRENÇAS DIANTE DO TEMA DA INFIDELIDADE CONJUGAL

Daniela Bertoncello

LABIRINTO
Não haverá nunca uma porta. Estás dentro
E o alcácer[2] abarca o universo
E não tem nem anverso[3] nem reverso[4]
Nem externo muro nem secreto centro.
Não esperes que o rigor de teu caminho
Que teimosamente se bifurca em outro,
Que teimosamente se bifurca em outro,
Tenha fim...

Jorge Luis Borges
Elogio da Sombra, p.31

O QUE ACONTECE COM O TERAPEUTA EM SEUS LABIRINTOS REFLEXIVOS?

Com o passar dos anos da minha prática clínica com casais, percebi o quão desafiador era, para terapeutas em geral, apreender uma realidade conjugal em que valores de vida essenciais das pessoas poderiam colidir entre si, atingindo-se mútua e fortemente. Como terapeuta, sempre observei que o casal chegava à terapia exibindo feridas tanto expostas como

2 Alcácer= Castelo/Fortaleza

3 Anverso= frente;

4 Reverso= avesso.

ocultas e decorrentes, principalmente, daquilo que havia fragmentado em seu contrato relacional em termos de confiança, compromisso e respeito conjugal. O contrato terapêutico precisaria se formar a partir desses mesmos fatores, oportunizando que o vínculo profissional se estabelecesse de forma segura. Entretanto, isso não impediria que pudessem existir momentos em que o terapeuta tivesse a provocadora oportunidade de examinar seus labirintos e refletir acerca das suas obstruções e caminhos para sair de alguns impasses e para lidar com alguns de seus valores e crenças.

Atendi Ricardo e Regina em 2009, encaminhados pela terapeuta individual de Regina. Ricardo não fazia terapia até aquele momento. O casal vivia uma crise por conta da infidelidade conjugal dele, que havia se envolvido com uma colega de trabalho. Ele mostrava-se arrependido do que havia feito, pois tinham uma vida satisfatória, construída ao longo de 30 anos de casamento. Tinham filhos e a família era algo muito precioso para ambos, assim como parentes, amigos e a vida profissional. Tinham estabilidade financeira, social e doméstica, mas faltava-lhes estabilidade na comunicação íntima e sexual.

Regina chegou à terapia muito ferida, mostrando dificuldade para refazer o processo de confiança em Ricardo que, sessão a sessão, demonstrava consciência das consequências causadas pelo seu movimento extraconjugal. O tempo terapêutico correu e, após um ano, a terapia demonstrava ser um triângulo circunstancial e funcional, onde as pontas da relação conjugal estavam sendo aparadas, dando nova forma à comunicação do casal. A crise anterior já cedia lugar aos trâmites das demais dificuldades conjugais, que existiam antes da infidelidade acontecer. Mas, certo dia, Regina precisou utilizar o *notebook* de Ricardo e ficou diante de novos diálogos amorosos do marido com uma terceira pessoa. Ela ficou enfurecida, pois ele havia traído o casamento, a família e mais a terapia que incluía o recontrato conjugal. E foi desse modo que, como terapeuta, fui surpreendida pela notícia de que o recontrato conjugal que trabalhávamos na terapia havia sido traído. Não pude deixar de mostrar minha surpresa pelo fato disso ter acontecido durante um percurso terapêutico que, na minha percepção, parecia caminhar bem. Como terapeuta, fiquei parada por alguns instantes que pareceram durar uma eternidade naquela manhã fria, em que estavam diante de mim uma mulher enfurecida e um homem duplamente culpado. Confesso que foi mais difícil empatizar com Ricardo nesse dia, pois refiz as mesmas perguntas que já tinham sido feitas tantas vezes em terapia. Mas, por que e para quê? Qual a função disso, no contexto terapêutico em que havia confiança e compromisso? E ali naquele momento percebi que nós, terapeutas, também podemos nos sentir traídos por nossos clientes em contratos de confiança explicitados, que tentam garantir o compromisso terapêutico do tratamento. Sendo assim, sucederam-se muitas sessões individuais e de casal, de forma a permitir uma reescrita do contrato terapêutico, com possibilidades mais tangíveis dele ser trabalhado no *setting* de confiança, empatia, respeito e compromisso de mudança.

Eu diria que foi complexo, na medida em que a problemática pareceu se expandir também para o sistema terapêutico. Isso fez com que eu examinasse as imediações de minhas crenças como terapeuta a respeito desse tema, e com isso pude dedicar-me de forma mais ampla e segura aos estudos e investigações clínicas quando o fenômeno da infidelidade conjugal estivesse presente. Fui percebendo que outros colegas terapeutas também relatavam suas surpresas e impactos no atendimento desse tipo de crise trazida por seus clientes, demonstrando amarras nas próprias crenças, e revelando inquietudes diante de casos como o desse casal e tantos outros com a mesma temática.

É essencial que o terapeuta se desprenda da antiga posição de neutralidade, agora revitalizada pela posição de "ser parte" do processo, com o cuidado de se colocar isento de julgamento e consciente de como seus valores, crenças e atitudes se interconectam à sua prática clínica. Quadros e Yoshida (2012) descrevem alguns princípios associados a esse tema, demonstrando que os valores significativos da pessoa do terapeuta funcionam como uma das variáveis presentes no tratamento, e que a neutralidade terapêutica deve ceder lugar à consideração desses fatores, em uma importante articulação de tais elementos na terapia.

Retomo minha epígrafe nos versos de Borges (2001), resgatando sua afirmação de que no labirinto não há portas... todavia considero, após tantos aprendizados, que se torna possível encontrar saídas nessa caminhada terapêutica, desde que sem prontas convicções e convencimentos, mas percorrendo um trabalho entalhado tão delicadamente tal qual o ofício de um escultor.

O TERAPEUTA COMO UM TERCEIRO FUNCIONAL AO SISTEMA CONJUGAL

Algumas inquietações realmente podem permear a prática clínica dos terapeutas de casal, frente às situações desencadeadoras da grande maioria das crises conjugais apresentadas em seus consultórios. O tema da infidelidade conjugal pode constituir-se um dos arcabouços centrais dessa inquietação, pois considerado recorrente como queixa apresentada por casais e indivíduos em terapia, inclui e articula questões culturais, sociais, religiosas, intergeracionais, cognitivas e emocionais dos cônjuges, referenciadas nas narrativas terapêuticas em que terapeutas também fazem parte. Juntos, terapeuta e sistema conjugal formam uma relação triangular, cujos vértices precisam ser aparados em seus limiares de maneira a não haver uma triangulação disfuncional, pois, afinal de contas, o terapeuta também está incluído como "outro", "terceiro" presente nesse momento de crise individual ou conjugal, devendo se configurar como elemento de segurança ao sistema terapêutico e não de ameaça ao contrato da díade conjugal.

Segundo Szmulewicz (2015), os fenômenos triádicos têm uma complexidade, devido às diferentes posições e funções que ocorrem dentro do triângulo, podendo favorecer ou não as vivências de cada uma das suas partes. O terapeuta tem possibilidade de tornar-se o terceiro funcional com maior alcance nessa interação, promovendo uma nova leitura das relações, pois realmente ele circula na dialética inclusão-exclusão quando intervém no conflito conjugal e, por conseguinte se retira, para que a díade volte a se movimentar. O terapeuta tem o desafio constante de calibrar a aproximação e o distanciamento em relação às outras partes, já que o sistema é triádico e o cuidado principal torna-se o de não ameaçar a aliança e não romper o vínculo terapêutico.

Temas como confiança e compromisso terapêutico correm em paralelo com o processo de verificação da confiança e do compromisso conjugal, abalados pela crise advinda da infidelidade do casal. Nas últimas décadas, John Gottman dedicou-se notavelmente a estudar e investigar a comunicação, as emoções e a fisiologia nos casais, e chegou a predizer a estabilidade ou o divórcio das relações conjugais. Ele e sua esposa Julie Schwartz Gottman, psicóloga clínica e educadora, desenvolveram uma teoria com consistente base empírica, que fundamentou uma abordagem sistemática para atender objetivos terapêuticos relacionados à regulagem do afeto negativo e positivo durante o conflito conjugal e também fora dele. Para isso, apresentaram a teoria: "A Casa de uma Relação Sólida" (GOTTMAN; GOTTMAN, 2016), demonstrando didaticamente os níveis necessários ao processo terapêutico como um modelo integral à terapia de casal. Para tornar mais interessante essa reflexão, trago para esse capítulo focado na figura do terapeuta, o fato de que as paredes laterais edificadas pelo casal Gottman e Gottman através da "Casa de uma Relação Sólida" parecem ser as mesmas paredes que também sustentam o que denomino analogicamente como a "Clínica de uma Terapia Sólida" em nossa prática clínica com casais. Nessa similitude, tanto CONFIANÇA como COMPROMISSO, parecem assegurar e fortalecer o vínculo terapêutico.

Penso que o vínculo terapêutico é formado pela confiança do casal no terapeuta e vice-versa, imaginando que o profissional estará pensando e agindo de forma a proteger os interesses do casal e a maximizar os benefícios para ambos. O casal poderá contar com o terapeuta igualmente, em uma aliança conjunta com esse terceiro funcional ao sistema. Esse vínculo de confiança estabelecido pode então promover o compromisso terapêutico, diante de bons ou maus momentos durante o processo, onde juntos todos atuarão para que a relação terapêutica possa fluir positiva e empaticamente.

O que pode impedir a funcionalidade do processo a partir do Terapeuta? Vamos adentrar o campo de seus valores e crenças e entender melhor essa composição.

LABIRINTOS DO "SER TERAPEUTA" DIANTE DE VALORES E CRENÇAS

O terapeuta está inserido em um conjunto de mitos que está remetido a certos valores e crenças, pois todas as pessoas têm um sistema de valores, consciente ou não, acerca de muitos temas. É importante conhecer, sem julgar, o próprio sistema de valores, já que muitas dessas crenças, pessoais ou profissionais, que compõem tal sistema vão aparecer no trabalho terapêutico e precisarão ser reconhecidas.

Outrora, a neutralidade da pessoa do terapeuta era considerada tão importante para a garantia do sucesso terapêutico, mas atualmente, muitos artigos têm apontado que não existe tal neutralidade, pois a figura terapêutica mostra-se humana e real e, portanto, mais experiente ao lidar com aspectos relacionados à subjetividade. Na contrapartida, essa figura torna-se verdadeiramente uma pessoa que também está sujeita a níveis de *stress*, problemas de diversas ordens, emoções como alegria, tristeza, raiva e decepção exatamente igual a qualquer outro ser humano. (QUADROS; YOSHIDA, 2012)

Segundo Peggy Papp (1992):

> Os ciclos comportamentais em cada família são governados por um sistema de crenças composto de uma combinação de atitudes, suposições básicas, expectativas, preconceitos, convicções e crenças trazidas para a família nuclear por cada progenitor de sua família de origem. Estas crenças individuais se interligam para formar as premissas diretrizes que governam a família. Mais uma vez, não são as crenças ou suposições individuais de cada progenitor que o terapeuta considera importantes, e sim, como elas estão interligadas para formarem as regras operadoras da família (p. 27).

Buscando compreender melhor o sistema de crenças, apresento algumas reflexões sobre o tema, a partir de alguns questionamentos:

Como o terapeuta de casal compreende a infidelidade conjugal?

Como identifica suas crenças pessoais e profissionais em relação a esse tema?

Como percebe os motivos apresentados pelos envolvidos e as expectativas de melhora ou solução na vida daquele casal?

Como o terapeuta reage ao enquadre do casal sobre o tema?

Com que lentes ele percebe, verifica e explora a infidelidade dos casais que chegam à terapia?

Ceberio e Linares (2005) explicam que as inúmeras vivências que compõem o ciclo vital do ser humano, nas variadas etapas do seu desenvolvimento, incluem informações atualizadas em seu repertório tanto cognitivo quanto emocional, configurando, por conseguinte, um amplo processo de aquisições e construções em seu mapa pessoal. Esses mesmos autores agregam que por essa razão, o sistema de crenças do terapeuta pode mudar de forma parcial ou considerável em suas elaborações, constituindo desse modo seu repertório e sua visão de mundo. Esses autores destacam ainda, que se espera que o terapeuta tenha consciência de seu sistema de crenças, mas atue profissionalmente sobre o sistema de crenças dos seus clientes, não permitindo que seus próprios valores interfiram. Entretanto, eles salientam que essa neutralidade é ilusória, pois ela não ocorre na prática, mostrando que são percebidos valores e crenças do profissional em muitas das suas atuações terapêuticas. De qualquer modo, espera-se que o foco do terapeuta esteja nos valores e crenças dos seus clientes e que ele se mantenha aberto à diversidade de crenças apresentadas por eles, para conseguir compreendê-los de modo respeitoso e humanizado.

Essa reflexão fez-me lembrar das palavras de Omar Biscotti, psiquiatra, docente e experiente terapeuta de casais do Instituto Sistémico de Buenos Aires quando dimensionou a premissa, tal qual um recurso, de "*Ponerse en la piel del outro*" e o quanto esse movimento poderia estar dificultado e até impossibilitado pelos próprios mandatos de gênero trazidos, fazendo com que mesmo o terapeuta pudesse ter embaraço em colocar-se na pele do consultante e em sua visão de mundo, ou mesmo em colocar-se excessivamente na pele de um dos cônjuges, gerando com isso riscos de contribuir inclusive na perpetuação da problemática trazida pelos clientes. Isso faz pensar sobre a importância de o terapeuta trabalhar sua história, seu *self* e aprofundar os patamares de sua pessoa como terapeuta.

Nabarro e Ivanir (2002) ao se referirem à abordagem para terapia das crises decorrentes de infidelidade conjugal em casais de meia-idade particularmente, basearam-se em quatro pressupostos específicos, onde um deles contemplaria exatamente o quão relevante é a consciência do posicionamento do terapeuta na terapia. Tal lugar deve centrar-se em um "não julgamento" da situação da infidelidade, podendo promover com isso o entendimento dos diversos níveis que atravessam a crise e tentando garantir melhor prognóstico à evolução do próprio processo terapêutico. A neutralidade cede espaço a um lugar consciente para enxergar seus próprios valores e necessidades, reconhecendo suas experiências de vida que podem influenciar na forma como abordará o pedido e o processo de terapia nesse tipo de crise. Esses autores ressaltam ainda a importância dessa consciência, para que sejam evitados o aconselhamento e o uso de recomendações tais como a separação ou outros envolvimentos extraconjugais.

Mas, e se esse tema estiver localizado em uma zona tabu para o terapeuta? E se, tanto a concepção como a dimensão do fenômeno da infidelidade conjugal, estiverem permeadas pela sua incompreensão cognitiva, e/ou mesmo por alguma leitura fantasmagórica a respeito desse assunto? E se sua conduta terapêutica estiver comprometida pelo seu sistema de crenças pessoais, podendo enviesar a forma como trataria o pedido de terapia, junto àquele que traiu como também àquele que foi traído? Muita ponderação se faz necessária para elevar o nível de consciência do papel do terapeuta, bem como todo o desenvolvimento técnico de sua atuação nesses casos, pois a insuficiência de conhecimento sobre o assunto aliado ao aprisionamento em suas próprias convicções, certamente o colocam como parte vulnerável do ciclo de confiança no sistema terapêutico em relação ao vínculo profissional propriamente dito. Isso poderia explicar inúmeros processos de terapia de casal que se interrompem abruptamente, pois uma parte do sistema conjugal ou mesmo ambas podem se sentir desprotegidas e ameaçadas no vínculo terapêutico. Outras tantas razões práticas interferem muitas vezes na sequência do tratamento com os casais, mas essas últimas geralmente são explicadas ao terapeuta.

Falar do sistema de crenças e valores do terapeuta remete às questões relacionadas à sua história pessoal, revestida de sucessos e insucessos pessoais e/ou profissionais, que pode impactar seu repertório e eventualmente suas percepções terapêuticas. Torna-se útil que esses profissionais reconheçam quais são os temas e padrões relacionais que o conectam a seu mapa pessoal, causando emoções significativas e perturbadoras. A consciência dessa interferência e o manejo adequado dessas emoções despertadas podem favorecer um desempenho funcional para sua atuação enquanto terapeuta. Esse processo será resultado de suas ressignificações, releituras e redefinições nas suas próprias narrativas, trazendo novos delineamentos ao seu mapa pessoal e profissional.

Como Ceberio e Linares (2005) bem descrevem, o terapeuta deve conhecer seus valores e crenças para, sem refutá-los, ser capaz de relativizá-los, observando-os com plasticidade e criatividade. Os mesmos autores integram a ideologia política, o ciclo vital e demais fatores que relacionam a lente de observação e atuação do terapeuta ao seu próprio mapa pessoal, somado à sua forma de relacionar-se terapeuticamente. Consideram o perfil do terapeuta como aquele formado por seus próprios traços pessoais e relacionais, ressaltando ainda que o terapeuta deve perceber suas reações diante das relações terapêuticas. Por último, eles ainda colocam que as crenças e mitos do terapeuta podem ser alguns dos próprios componentes que o auxiliam na percepção do seu papel e do desenvolvimento da terapia. Portanto, aquilo que poderia suspender a atuação do terapeuta torna-se, desde que bem identificado e revisto, aquilo que poderá fazer a diferença no processo terapêutico. Isso fez com que eu me recordasse de uma situação específica, sobre uma terapeuta de casal que costumeiramente solicitava supervisão clínica comigo, sempre dedicada à sua carreira e desenvolvimento profissional, e que trazia para discussão seus casos clínicos que estavam estacionados no *modus operandi* "sinuca de bico", expressão comumente conhecida para descrever situações complexas e aparentemente de difícil solução. E quem de nós terapeutas já não se viu em uma "sinuca de bico"?

Larissa era uma terapeuta no auge dos seus quarenta anos, assídua profissional de eventos científicos, casada, tinha um filho pequeno de 6 anos e era também uma filha zelosa à família, da qual ainda tentava se diferenciar de modo mais efetivo após ter se tornado mãe. Para isso realizava sua terapia pessoal com uma experiente terapeuta localizada na capital do estado em que vivia. Larissa fazia muitos movimentos geográficos de forma a preservar sua privacidade, pois, na cidade em que vivia, o nível da vida particular estava constantemente ameaçado por se tratar de uma cidade menor, onde praticamente todos sabiam um pouco da vida dos demais. Isso sempre provocou nela o desejo de seguir por outros caminhos, pois já havia, por muitas vezes, se sentido envergonhada mediante alguns casos extraconjugais dos homens de sua família de origem, que tinham sido descobertos pelas mulheres. Havia uma transmissão social e intergeracional transportada nos laços familiares entre os homens da família de Larissa, que ofendia e expunha de variadas formas as mulheres, enaltecendo um posicionamento poderoso aos homens e diminuindo a emancipação dessas mulheres.

Larissa foi uma filha comprometida com a mudança. Dentre as quatro irmãs era aquela que, desde pequena, havia prometido a si mesma a busca por novos horizontes em suas escolhas de vida. Foi assim que ela conheceu Marco Antônio, em uma viagem em um congresso fora de seu estado. Começaram a namorar a distância e, cerca de 1 ano e meio depois, estavam casados e ela esperava seu filho Bernardo. Larissa sempre deixou claro para Marco Antônio, que não permitiria repetições de alguns temas da sua história familiar e que se isso ocorresse, ela romperia seu casamento. Ambos tinham uma vida profissional agitada, em que compartilhavam muito bem as tarefas domésticas e cuidados com o filho, motivo de muita alegria na vida do casal. Larissa parecia estar fortalecida, pois, afinal havia conseguido construir uma vida diferente daquela que não gostaria de ver repetida na sua história de vida pessoal, comparada à vida das mulheres de sua família de origem.

Um dia, ela recebeu um pedido de terapia de Rita, 60 anos, uma mulher casada há 42 anos com Raimundo, com quem tinha 4 filhos, 3 homens e 1 mulher na faixa dos quarenta anos. Rita havia descoberto um caso extraconjugal de Raimundo que durava já alguns anos e, mesmo diante das desconfianças frequentes, seus filhos homens sempre defenderam muito o pai e garantiram à mãe que ele, apesar de não ser nenhum "santo", nunca a trocaria por qualquer outra mulher. Mas Rita, uma mulher que já havia visto esse tema se repetir em sua história familiar com seu avô paterno e materno, talvez com seu pai não, pois ele havia morrido muito jovem, não deixava de acompanhar as atitudes de Raimundo e mudanças que vinha fazendo nos últimos meses de vida conjugal e familiar. Sua filha Rossana, de 38 anos a incentivava a "não despregar os olhos do pai", como assim lhe dizia todas às vezes que se falavam. Rita solicitou terapia individual, pois não sabia o que fazer para lidar com aquela desconfiança que teria tudo para ser verdade, mediante algumas provas que havia encontrado recentemente no carro de Raimundo.

A Terapeuta Larissa foi tomada pelo impacto de uma das suas crenças, de que os homens sempre traem e de que quando isso ocorre, a mulher não poderia se permitir ficar nesse casamento, pois estaria aceitando isso. Rita, no entanto, trazia um discurso de que era chegada a hora de ter uma comunicação mais clara com Raimundo sobre suas desconfianças e sobre a aliança dos filhos com ele, principalmente a do mais velho. Ela desejava que isso não fosse razão para ele se desligar desse casamento e ir embora. Rita, apesar desses temores, considerava Raimundo um bom pai e marido, sempre presente e cuidador da família. Nesse momento, Rita percebia o risco da família, do casamento e dela ficarem desprotegidos da presença e amor de Raimundo. Sim, Rita sentia que Raimundo os amava ao modo dele.

Larissa foi impactada pelos valores de Rita e Raimundo, percebendo que seu sistema de crenças estava sendo desafiado como terapeuta, pois não acreditava que no amor coubesse dor e quebra de confiança, que no contrato conjugal coubesse recontrato de confiança e que no repertório de uma mulher pudesse haver escolha por alguém que lhe fosse infiel, então não haveria amor e felicidade, apenas dor e sofrimento eterno. Mas Rita mostrou a Larissa que poderia ser diferente, fundamentalmente porque Rita fora criada por uma mãe que, sendo genitora única por anos depois que o marido morreu, muitas vezes expressou a crença de que o pior em um casamento era a perda do parceiro pela morte e que nenhum outro obstáculo poderia ser mais intransponível do que esse.

A terapeuta Larissa ao trazer esse caso para supervisão, não entendia porque suas intervenções tão bem-feitas para que Rita recuperasse sua autoestima e se fortalecesse para uma possível separação com Raimundo não pareciam efetivas, pois Rita insistia para que Raimundo fosse incluído na terapia para que pudessem enfim falar de suas dificuldades e tivessem alguma chance de reconstruir aquele laço. Larissa percebeu após a supervisão, em que somaram nossas visões de mundo e sobre o caso, que para Rita "O essencial era invisível aos olhos, e só se podia ver bem com o coração", como escreveu Antoine de Saint-Exupéry no livro "O Pequeno Príncipe". O olhar pela lente de Exupéry e de Rita era muito diferente do seu, pois havia aprendido que o essencial estava perto da razão e longe das escolhas do coração. E assim decidiu incluir Raimundo no processo terapêutico.

As notícias que vieram nas semanas seguintes surpreenderam Larissa e a mim, pois Rita pediu que a terapeuta conversasse primeiramente com Raimundo, para ver se ele estaria disposto a estar ali para um processo de casal, pois Rita temia que ele enxergasse o movimento dela, da busca de uma terapia, como uma espécie de acusação através de uma advogada de defesa, e não era isso que gostaria que ele entendesse. Não havia conversado com os filhos homens sobre a busca da terapia, somente a filha sabia e havia recomendado a terapeuta.

Raimundo foi muito receptivo ao contato e já na primeira sessão contou a ela, quando indagado sobre o que teria motivado a esposa a buscar uma terapia, que por muitos anos havia sido infiel no casamento com Rita. Ele afirmou entender seu comportamento como fruto do que havia aprendido sobre o que era ser homem em sua família de origem e naquela geração, dentre a maioria de seus amigos e colegas de trabalho, mas que, com o passar dos anos, percebia que aquilo não fazia mais sentido, e se sentia culpado por manter casos extraconjugais. Ele afirmou que realmente estava disposto a fazer diferente, pois já via prejuízos de sua atitude até mesmo em sua saúde física e mental, sem saber como mudar o comportamento, pois temia que se contasse à Rita o que havia feito, ela nunca o perdoaria, juntamente à sua filha e suas noras. Disse ainda que estava bastante preocupado com o casamento do filho mais velho, pois sabia que ele era infiel à esposa e usava o pai e o carro deste para camuflar suas idas ao motel no meio da tarde de trabalho. Raimundo se dava conta sobre o quanto seus ensinamentos do que era ser homem tinham ficado deformados ao serem passados aos seus filhos. Aquilo que um dia havia sido um troféu, tinha se transformado em um lixo que precisava ser retirado da vida dele de uma vez por todas, pois a história do filho e o risco de tantas histórias familiares virem à tona mostravam a ele que o passado não poderia ser apagado, por mais que ele quisesse, mas o presente e o futuro poderiam ser diferentes.

Foi desse modo que Larissa conheceu Raimundo, um homem de 65 anos, arrependido por suas aventuras extraconjugais no casamento e disposto a reparar isso com Rita e sua família. A terapia de casal aconteceu, e Larissa refez suas crenças acerca de seus mandatos de gênero e sua visão de mundo como terapeuta de casal frente ao tema da infidelidade conjugal. Atendendo ao pedido do casal, ela trabalhou com o objetivo da reconstrução do contrato e laço de confiança entre eles, o perdão e a renovação daquele vínculo conjugal. Larissa percebeu que tinha travessias para fazer como pessoa e as levou para sua terapia pessoal, identificando seus valores e sistema de crenças, apropriando-se deles e considerando esses achados com flexibilidade, de modo a favorecer a forma como poderia trabalhar melhor esses elementos na terapia do casal. O processo, que poderia ter ficado comprometido, ficou liberto de convicções encarceradas no turbilhão de valores e crenças que norteava a maneira de ser e estar no mundo da terapeuta Larissa.

VISITANDO SEU SISTEMA DE CRENÇAS PESSOAIS E PROFISSIONAIS SOBRE INFIDELIDADE CONJUGAL

Convido você a examinar e repensar seu sistema de crenças, pessoais e profissionais, sobre o tema da infidelidade conjugal. Abaixo estão apresentadas diversas crenças construídas e transmitidas cultural, social, intergeracional e pessoalmente. Muitas delas talvez sejam desconhecidas, por estarem justamente distantes das próprias vivências, mas outras tantas talvez provoquem identificação e uma tomada de consciência do quanto podem estar concatenando seus pensamentos e atitudes frente ao tema da infidelidade conjugal. A partir de Lazarus (1992), Prado (2016) e de construções sociais circundantes, elaborei um agrupamento por áreas, meramente com fim didático, mas sabendo que se transpassam na medida em que se interligam e interatuam.

Quadro de crenças conjugais acerca da infidelidade e do casamento:

CONTRATO CONJUGAL E COMPROMISSO	– Caso haja uma infidelidade, o casamento terminou; – Infidelidade é algo imperdoável em uma relação; – Ser infiel pode ser uma boa oportunidade para excitar o casamento; – Um bom casamento pode salvaguardar a fidelidade; – Todo casamento deve ser salvo, apesar da infidelidade ter ocorrido; – Em uma relação de amor, deve haver confiança total no outro; – Não abra mão desse compromisso, não importa o que aconteça;
CONTRATO INDIVIDUAL	– Nunca dispense uma boa aventura; – Isso pode aguçar um casamento amornado; – Envolvimento virtual não é infidelidade; – Envolvimento virtual é infidelidade; – Desde que o cônjuge não saiba sobre o caso, não tem problema; – Ninguém é dono do corpo de ninguém;
GÊNERO / CULTURA/ PATOLOGIA	– É da natureza do homem, trair; – O homem é poligâmico, por natureza; – Se for sexual somente, a infidelidade deve ser permitida; – Se for envolvimento emocional somente, deve ser permitido, desde que não haja sexo; – Se houver resguardo financeiro da família, não tem tanto problema; – Amantes sempre são os (as) grandes culpados; – As amantes são destruidoras de lares; – Ser infiel é uma questão de doença ou de caráter;
AMOR	– Se você amar de verdade, não vai trair; – Mesmo amando, é possível acontecer uma traição; – Há muita diferença entre sexo (desejo) e amor (sentimento); – Se existir amor, deverá existir perdão; – Em nome dos filhos e da família, precisa perdoar esse tipo de incidente; – A culpa da infidelidade é sempre daquele que traiu;
RELIGIÃO	– O casamento é para sempre, não importa o que aconteça; – Ser infiel é um grave pecado; – Não caia em tentação e não deseje o próximo; – Confesse sempre sua culpa, em caso de ter sido infiel;

Fonte: Lazarus (1992), Prado (2016) e outras construções sociais.

Essas crenças habitam nosso consciente e inconsciente, seja no nível silencioso e velado, seja no nível mais expresso e evidente. São concepções pessoais e profissionais que ladeiam nossos pensamentos, sentimentos e ações. E quando pensamos no terapeuta que atende casais e indivíduos que retratam o cenário da infidelidade em suas vidas, percebemos o quanto estão nas proximidades desse tipo de arbítrio. Como terapeuta, com o passar dos anos, pude perceber e identificar mais claramente os labirintos visíveis e invisíveis que podemos nos defrontar. Por cada viela das narrativas terapêuticas, conseguia reconhecer as crenças que poderiam se tornar aprisionamentos em minha caminhada, e o quanto seria importante questionar minhas premissas pessoais, para limpar minhas premissas profissionais.

Lembro-me de Laura, uma cliente que agendou terapia por preocupações legítimas em relação ao futuro de seu filho com Mario. Laura era a "amante", que desde jovem havia se envolvido com esse homem 30 anos mais velho, e ela sempre soube, naquele contrato extraconjugal, que ele manteria o casamento e a família oficial, pois não era sua intenção romper um casamento de tantos anos e dividir o grande patrimônio financeiro que possuía, já que era um empresário tradicional e bem-sucedido na sociedade. Laura se apaixonou por Mario e aceitou pertencer ao vínculo naquele formato. Todos os filhos, do casamento oficial de Mario, sabiam da existência de Laura, menos a esposa, que nunca conheci. Diante de mim, estava a terceira pessoa, e nenhuma crença sobre amantes poderia ofuscar minha leitura e manejo daquele caso clínico, pois afinal nem sempre o terceiro é o verdadeiro pivô de uma infidelidade entre cônjuges, por vezes ele ocupa o lugar vazio propiciado por um antigo e estático arranjo conjugal.

Recordo-me de outra situação quando atendi Marcia e Henrique, um jovem casal que estava se separando, e procurava por orientação para lidar com o filho de 5 anos. O processo terapêutico caminhou de modo que Marcia se sentiu à vontade para relatar individualmente que havia tido um relacionamento extraconjugal com Augusto, seu colega de trabalho. Sentia-se tão culpada por isso ter acontecido dentro do seu casamento com Henrique, que mesmo sabendo que anos antes tinha sido traída pelo marido, naquele momento o peso da sua própria infidelidade, a impedia de dar continuidade ao casamento. Marcia também nutria o desejo de tentar uma nova relação com Augusto, que também estava se separando da esposa e tinha filhos daquele relacionamento. Ela rompeu o casamento e tentou de toda forma recontratar a relação extraconjugal, como uma relação oficial com Augusto. Mas nessa transição, tanto a química sexual como a paixão cederam espaço para os duelos com os ex-cônjuges e para os desafios da paternidade e maternidade diante dos novos arranjos relacionais. A relação com Augusto entrou em colapso e não sobreviveu. Marcia deprimiu, e continuou a terapia individualmente para lidar com as dores advindas das triangulações vividas. Crenças relacionadas ao contrato relacional e ao contrato individual foram questionadas, pois foi preciso Marcia refazer alguns trajetos para o reconhecimento da própria identidade, para que pudesse realmente entender o que buscava em um parceiro. Como terapeuta, eu não tinha o direito de julgar a decisão que Marcia havia tomado em relação ao seu casamento, nem em relação à nova escolha que incluía Augusto e a tentativa de um contrato que já apresentava inúmeras rachaduras.

Lembro-me também de Mariana, que não conseguia perdoar a aventura sexual de Cássio, que em uma missão profissional em outro estado por alguns meses, decidiu que iria viver uma experiência que nunca afetaria seu casamento, pois considerava que amava a esposa e isso não teria a mínima chance de vir à tona. Só que as redes sociais registraram algo que ficou perceptivo ao sexto sentido de Mariana, e então Cássio não conseguiu sustentar a rápida aventura vivida naquele outro "planeta" logo ali "do lado da Terra", tal qual uma "oportunidade única" que não poderia ser desperdiçada, mas que quando foi descoberta, quase acabou com seu casamento. Mariana viveu o maior dilema de sua vida, pois sentia que o esposo a amava apesar do ocorrido, mas ela não conseguia passar por cima de algo que parecia imperdoável dentro de seu pensamento e coração. As crenças atribuídas ao valor do amor, do compromisso e do perdão foram relevantes para o entendimento da problemática apresentada e de como os cônjuges corriam o risco de limitar suas ações rumo à possibilidade de recontrato conjugal. Como terapeuta, pude observar atentamente que trabalhar essas crenças sobre amor e perdão era especialmente importante na ampliação das possibilidades conjugais para Cássio e Mariana. Esse casal reintegrou partes que foram recolhidas da dolorida crise vivenciada, e por fim recontrataram sua relação conjugal.

E assim tantas outras narrativas, demonstrando aos envolvidos do sistema terapêutico, e mesmo aos que também podem se encontrar fora dele, que as crenças, afinal, podem estar presentes, tornando-se capazes de tocar nossa visão como terapeutas sobre as pessoas, suas histórias de vida e os fenômenos que ocorrem no seu entorno.

CRENÇA OU DÚVIDA?

De acordo com Flèche e Olivier (2014), o verbo crer, de raiz hebraica derivada da palavra *amém*, tem uma conotação de certeza e total confiança, estabilidade e fidelidade. Uma forma de concordância que não prevê o pensar e o duvidar. A crença seria um posicionamento conjunto que engloba o pensar, o sentir e o agir e não um resultado de mera opinião sobre algo. Nossas crenças determinam nossos comportamentos e por vezes podem ser profundas e resistentes, mas não inalteráveis e definitivas. São adquiridas e determinadas socialmente e também codificadas culturalmente. Elas dispõem sobre os desejos e sobre as repulsas, atuando sobre nossos pensamentos, emoções e comportamentos.

Peirce, em seu ensaio chamado *The Fixation of Belief*, escrito em 1877, definiu dúvida como o contrário absoluto de crença, pois esta última estaria repousada em um estado de calmaria e satisfação. Entretanto, a dúvida comporia um estado oposto, em que se instala uma luta permanente contra esse pensamento confortável associado ao estado de crença. Portanto, crer em algo pode gerar ações nessa própria direção e, inversamente, duvidar de algo pode gerar inquietude, insatisfação e luta para se libertar dessa condição (FURTADO, 2011).

Em vista disso, é muito natural percebermos que as pessoas se apoiam mais nas próprias crenças, pois dúvidas ou questionamentos acerca delas geram movimentos de saída da zona de conforto, rumo a movimentos novos de recolocação de suas certezas. Logo, cabe ressaltar a importância da flexibilidade durante a verificação das crenças, já que não sendo consideradas como verdades, necessitam, portanto, de um olhar menos rígido e mais tolerante às novas formas de compreender os fenômenos e as pessoas.

Uma das tendências que têm surgido na investigação em psicoterapia nos últimos anos é o interesse crescente pelas variáveis do terapeuta, que são constituídas pela sua história e repertório pessoal, valores, crenças, visão de mundo, características de personalidade, além de seu conjunto teórico e técnico, frente à constatação de que essas variáveis têm influência significativa, tanto no processo como nos resultados terapêuticos.

Quadros e Yoshida (2012) realizaram uma análise sobre as variáveis do terapeuta nos periódicos brasileiros até 2007 e reconheceram a importância do papel do terapeuta no processo terapêutico, mesmo não tendo clareza de quais variáveis do profissional, poderiam interferir mais nesse sistema em funcionamento. Sabe-se que a relevância está além de suas intervenções técnicas e embasamento teórico, mas associada à sua pessoa enquanto terapeuta. Os autores, a partir também de outras investigações, demonstraram que variáveis do terapeuta dentro de dimensões observáveis, tais como sexo, faixa etária, etnia e técnicas utilizadas, poderiam ser somadas às outras variáveis inferidas, localizadas em um campo mais subjetivo, tais como gênero, valores, crenças, atitudes e personalidade do terapeuta. Esses autores demonstraram nessa análise realizada, que terapeutas deveriam examinar com atenção seu repertório observável e subjetivo, pois tem impacto sobre a qualidade do seu trabalho terapêutico e do vínculo que se estabelece nesse relacionamento em terapia. A necessidade de se autoconhecer, como condição salutar em sua formação teórica e técnica, permitirá que alguns desses elementos possam ficar mais conscientes e se tornem logo reconhecidos, para assim serem trabalhados em seu processo de desenvolvimento pessoal como terapeuta.

Justamente por se reconhecer a importância do terapeuta em sua atuação, que seu repertório profissional e pessoal deve ser identificado, nas diversas temáticas clínicas que, por ventura, lhe causem algum impacto. Torna-se imprescindível seu trabalho pessoal como terapeuta e uma busca constante por aprimoramento profissional, oportunizando desse modo uma melhor atuação.

Perel (2018), em seu livro "Casos e Casos: Repensando a Infidelidade", declarou:

> Portanto, abordo a infidelidade de múltiplas perspectivas. Tento valorizar e ter empatia com o ponto de vista de ambos os lados – o que a infidelidade fez com um e o que significou para o outro. Também considero outros interessados da relação – amante, filhos, amigos – e às vezes trabalho com eles. ... Ver aventuras simplesmente em termos dos estragos que causam não é apenas reducionista como também inútil. Por outro lado, desdenhar o mal que foi feito e apenas glorificar a propensão humana à exploração não é menos reducionista nem mais útil. Uma postura que leve ambos em consideração talvez seja muito mais adequada à maioria das situações. Precisamos de uma narrativa que crie uma ponte para ajudar as pessoas de verdade a lidar com a experiência multifacetada da infidelidade - seus motivos, os significados e as consequências. (PEREL, 2018, p. 21).

O enquadre proposto por Perel (2018), para intervir no sistema que apresenta essa temática clínica, consegue demonstrar a importância de se alargar o processo, imprimindo formas mais ampliadas de perceber e trabalhar o próprio fenômeno juntamente ao sistema terapêutico.

CONSTRUCTOS SISTÊMICOS FUNDAMENTAIS PARA A COMPREENSÃO DO FENÔMENO DA INFIDELIDADE.

Para abordar os constructos que embasam a pessoa do terapeuta e que são relevantes para o entendimento de sua atuação profissional, integrada ao sistema terapêutico, não poderia deixar de incluir os conceitos que considero importantes para essa compreensão.

O primeiro deles é apresentado por Mony Elkaim (1995) sobre duplo vínculo recíproco e inclui os conceitos de auto-referência e ressonância. Elkaim descreve a expressão "programa oficial" (P.O.) como expectativa e objetivo explícitos de um parceiro, para com o outro parceiro. Ele denomina de "mapa de mundo" (M.M.) o roteiro que cada um dos cônjuges traz desenhado pela própria história de vida, e que tenta empregar em suas relações afetivas atuais. Para Elkaim, quando ocorre o duplo vínculo recíproco, a pessoa fica capturada diante da incompatibilidade entre seu programa oficial e seu mapa de mundo, pois qualquer saída que busque para atender ao pedido de um, provavelmente esteja contrariando o outro. Para esse autor, isso demonstra que:

> [...] o comportamento de cada um dos membros do casal está ligado, não só ao seu próprio passado, mas também ao mapa de mundo do parceiro. Cada qual se comporta de modo a proteger as motivações profundas do outro. (ELKAIM, 1995, p. 93).

O modo como o terapeuta vai operar suas intervenções na proposição de outros circuitos de *feedback* do casal, diferentemente dos tentados até então pelos cônjuges, gerará um estado de flexibilidade com novas perspectivas à relação conjugal. No entanto, isso se constrói somente se o terapeuta percorre e compreende com profundidade o mapa de mundo do casal. Do prisma de Elkaim (1995), o que ocorre na terapia tem uma relação fundamental com a realidade construída pelos participantes do sistema terapêutico, ou seja, o encontro terapêutico resulta da realidade construída em conjunto pelo terapeuta e pelo casal participante da terapia. O autor assinala ainda que pode ocorrer uma expansão das regras do sistema do casal para o sistema terapêutico, cujos circuitos de comportamentos do casal poderiam desse modo se interconectar aos elementos do mapa de mundo do terapeuta, podendo então reproduzir os circuitos anteriores do casal, ou mesmo desenvolver outros muito semelhantes aos primeiros. Mas, se o terapeuta interromper esses circuitos com novas alternativas e flexibilidade, ele poderá desviar da manutenção dessas contradições e dilemas da relação conjugal em termos de programa oficial e mapa de mundo.

Elkaim (1995), quando aborda o terapeuta e seu mapa, clarifica que o que possibilita a psicoterapia é, acima de qualquer coisa, essa compatibilidade entre os mapas dos participantes do sistema terapêutico, onde a aliança com o casal, e não apenas com um dos cônjuges, pode garantir a formação de um vínculo seguro para o processo de terapia. A partir dessa abordagem, o autor coloca que é possível pensar que a correlação complementar, entre o mapa de mundo do terapeuta e do seu cliente, poderia sedimentar a homeostase do sistema terapêutico. As intersecções entre os elementos do mapa de mundo do terapeuta e os elementos do mapa do casal, somadas ainda às intersecções de ordem institucional, social e cultural, poderiam constituir, desse modo, inúmeras conjunturas de auto-referência. Elkaim (1995) sugere que o terapeuta não tente se retirar desses cenários, mas tente exatamente trabalhar a partir deles.

Elkaim (1995) denomina como ressonância "os casos particulares de ligações constituídas pela intersecção de vários sistemas em torno de um mesmo elemento" (p. 103). Introduz esse conceito no sentido das vozes internas, vivências e sentimentos do terapeuta que são deflagrados, isomorficamente, em relação à sua própria história e ao processo terapêutico, devendo trabalhar esses elementos surgidos, nos devidos espaços de supervisão e terapia pessoal.

De acordo com Cecchin (2000), a reação do terapeuta seria algo interessante e construtivo ao processo, desde que identificada e convertida como um elemento terapêutico. Como também seria proveitoso se o terapeuta reconhecesse o que ocorreu com o cliente, que despertou nele algo para fazê-lo se sentir daquela forma, empregando essa compreensão tanto na conversação terapêutica junto ao cliente, como na conversação intraterapêutica junto às próprias crenças pessoais e profissionais. Entendo que seria como uma travessia entre a neutralidade, advinda de um movimento de "*não tomar parte*" para garantir a isenção de julgamento, para um posicionamento de "*ser parte*" como compromisso terapêutico, incluindo sua pessoa enquanto terapeuta a favor do processo em que mantém a premissa do não julgar, e do cuidado em não se deixar aprisionar pelas crenças rígidas.

Para Fuentes (2019), o exercício de autorreflexão e autocrítica do terapeuta constituem-se de grande valia para a construção de seu próprio estilo e para a ampliação de sua consciência terapêutica. A mesma autora propõe uma matriz de análise especial que pode auxiliar o terapeuta neste caminho reflexivo, crítico e profundo, definindo seu estilo pessoal, através de um processo dinâmico.

Temáticas complexas, tais como a da infidelidade conjugal, requerem que os terapeutas tenham consciência de seus códigos de valor e sistema de crenças, estando desafiados a pensar sobre eles em seu quefazer. Deste modo, os vínculos terapêuticos serão autênticos e oportunos para a saúde mental dos clientes e do terapeuta. São permanentes desafios para a formação e capacitação dos terapeutas, propiciando-lhes ferramentas imprescindíveis de autocuidado em seu trabalho de *self*. (MINUCHIN, 2017).

As construções teóricas descritas, demonstram que muitas camadas entre o sistema terapêutico e o sistema pessoal do Terapeuta, devem ser percebidas e exploradas de modo consciente e responsável, gerando uma melhor compreensão de sua própria atuação enquanto profissional.

REFLEXÃO FINAL

Ao finalizar esse capítulo, asseguro-me da relevância desse assunto e da importância da continuidade desses estudos. O foco no terapeuta e seus processos pessoais e profissionais, que incluem seus valores e crenças, diante de temas clínicos complexos, como é o caso da infidelidade conjugal que se constituiu objeto de estudo deste livro, merecem especial atenção de estudiosos e pesquisadores.

Percebo que o terapeuta possui caminhos para expandir e evoluir sua prática, que só se tornam possíveis se ele estiver conectado ao seu desenvolvimento conceitual, técnico e pessoal. Esses avanços ocorrerão mediante a incessante busca por conhecimento teórico e técnico atualizado, através de estudos científicos sistemáticos, supervisão clínica, terapia pessoal e oficinas de *self*. Todas essas ferramentas se tornam imprescindíveis para serem levadas e utilizadas, sempre que precisar atravessar algum de seus labirintos reflexivos enquanto Terapeuta. Encerro com um poema de minha autoria intitulado "Caminhos Terapêuticos".

> Terapeutas são feitos de rotas internas, percursos e passagens secretas,
> Encontram acessos oportunos em inusitadas situações vivenciadas.
> São seres de luz, abrindo frestas onde parece haver neblina e escuridão.
> Suas cidadelas localizam-se em roteiros oficiais,
> avançando criativamente por caminhos singulares.
> Suas pontes já não dizem menos de si,
> mas o trazem para formar parte,
> do belo fenômeno humano,
> que ocorre no complexo labirinto terapêutico.
>
> Daniela Bertoncello

REFERÊNCIAS BIBLIOGRÁFICAS

BISCOTTI, Omar. Ponerse en la piel del otro: un recurso facilitado por la visión de género en el sistema terapêutico. ISDEBA. 03 set. 2011. Disponível em: <https://isdeba.wordpress.com/2011/09/03/ponerse-en-la-piel-del-otro-un-recurso-facilitado-por-la-vision-de-genero-en-el-sistema-terapeutico/>

BORGES, Jorge Luis. Elogio da Sombra. 2. ed. São Paulo: Globo, 2001.

CEBERIO, Marcelo R.; LINHARES, Juan L. Ser y hacer en terapia sistémica: La construcción del estilo terapéutico. Barcelona: Ediciones Paidós Ibérica, 2005.

CECCHIN, Gianfranco. Sistemas terapêuticos e terapeutas. *In* Elkaim, Mony. Terapia familiar em transformação. São Paulo: Summus, 2000.

ELKAIM, Mony. Terapia de casal, sistema terapêutico e ressonância. *In*: ANDOLFI, Maurizio; ANGELO, C; SACCU, C. O casal em crise. São Paulo: Summus, 1995.

FLÈCHE, Christian; OLIVIER, Franck. Creencias y Terapia: cómo detectar y eliminar las creencias que nos limitan. Madrid: Gaia Ediciones, 2014.

FUENTES, Silvia Varela. El estilo personal del psicoterapeuta. Autorreflexión y autocrítica de la práctica terapéutica como herramientas formativas y de revisión epistémica. Redes. n.39, p. 97-114, 2019

FURTADO, Maria Rita. Uma discussão acerca do conceito de crença. 2011, 68 p. Dissertação (Mestrado em Teoria da Literatura). Faculdade de Letras, Universidade de Lisboa, Lisboa, 2011.

GOTTMAN, John; GOTTMAN, Julie Schwartz. Nivel 1 entrenamiento clínico método Gottman para terapia de pareja: Conectando brechas en la relación de pareja. Buenos Aires: The Gottman Institute, 2016.

LAZARUS, Arnold A. Mitos Conjugais. Campinas: Editorial Psy, 1992.

MINUCHIN, Ana María Daskal. La persona del terapeuta. Santiago: Ediciones Universidad Católica de Chile, 2017.

NABARRO, Noga Rubinstein; IVANIR, Sara. A terapia dos casais de meia-idade em crise devido a uma relação extraconjugal. *In:* ANDOLFI, Maurizio. A crise do casal: uma perspectiva sistêmico-relacional. Porto Alegre: Artmed Editora, 2002.

PAPP, Peggy. O processo de mudança: uma abordagem prática à terapia sistêmica da família. Porto Alegre: Artes Médicas, 1992.

PEREL, Esther. Casos e casos: Repensando a infidelidade. Rio de Janeiro: Objetiva, 2018.

PRADO, Luiz Carlos. As múltiplas faces da infidelidade conjugal. 2. ed. Porto Alegre: Arte em Livros, 2016.

QUADROS, Emérico Arnaldo de; YOSHIDA, Elisa Medici Pizão. Variáveis do Terapeuta: Análise em Periódicos Brasileiros (1998-2007). Interação em Psicologia. Curitiba, v. 16, n.1, p. 63-72, 2012.

SZMULEWICZ. Tita E. Terapia de pareja: un espacio intersubjetivo con arreglo triangular. Revista Argentina de Clínica Psicológica. Buenos Aires, v. XXIV, n. 2, p. 101-110, 2015.

capítulo 3

A FIDELIDADE E SEUS DESAFIOS

Andréa de Souza Carvalho Toledo

> Homem nenhum jamais me amou como me amaram os homens que inventei. Eles, sim, é que sabiam me abrigar, única e absoluta, em seu peito. Eles, sim, é que viviam voltados para mim. E com quanta intensidade! Com quanta dedicação! E os outros? Ora, os outros eram apenas humanos.
>
> Marina Colasanti

Falar de paixão, amor e compromisso leva a um universo cheio de expectativas, desejos e sonhos. Em algum momento da vida, existe a tendência a passar por essa experiência, em maior ou menor intensidade, buscando-se um ambiente seguro, que possa dar a sensação de pertencimento, de acolhimento e de que se pode contar com o outro, para não se sentir só.

A Teoria do Apego, desenvolvida por Bowlby (1989), pode ajudar a explorar um pouco mais essa questão, pois fala da necessidade humana universal de formar vínculos afetivos próximos e seguros, com os quais seja possível contar em momentos de sofrimento ou estresse (ver capítulo 05). Essa necessidade está presente não apenas nos primeiros vínculos afetivos formados na infância, mas também durante a vida adulta, especialmente nos relacionamentos amorosos (HAZAN; SHAVER, 1987). Nesse contexto, fazem-se escolhas de parceiros, buscando no outro alguém com quem compartilhar planos. Forma-se, pois, um novo sistema, o conjugal, composto pelos cônjuges e suas histórias pessoais e familiares.

O que se aprende a esperar dos relacionamentos amorosos está intimamente ligado às experiências na família de origem, levando-se em conta não somente as escolhas do parceiro, mas também as expectativas da relação. O que esperar do outro e da relação? Qual o significado desse relacionamento para cada um dos envolvidos?

Uma forma de pensar sobre o que esperar da relação é observar como são feitas algumas cerimônias de união. Um momento emocionante e intenso durante cerimônias de casamento, independente da religião, é o momento em que o casal fica frente a frente, de mãos dadas, trocando olhares, com o coração batendo acelerado e fazendo juras de amor. Em casamentos católicos, os noivos fazem formalmente um juramento, dizendo: "Eu o (a) recebo como meu (minha) marido (esposa) e prometo-lhe ser fiel, amar e respeitar, na alegria e na tristeza, na saúde e na doença, por todos os dias da nossa vida, até que a morte nos separe".

Assim, a promessa de fidelidade, amor e respeito concretiza-se e formaliza-se. Segundo Andolfi (2018), na base de uma relação saudável estão: confiança, cumplicidade e respeito. A falta de um pode levar ao questionamento da real existência dos outros. Para ele, uma relação sem esses elementos desenvolve-se em um terreno instável e inseguro. Isso faz muito sentido ao se pensar que uma das formas de desenvolver cumplicidade com o outro passa pela sensação de ser respeitado e que autoriza a estabelecer uma relação de confiança e segurança.

Essas promessas são feitas pelos casais, independentemente do tipo de cerimônia que venham a fazer para formalizar a união. Assim sendo, é possível entender o casamento, ou a união estável, como a escolha de duas pessoas para: "[...] conviver em uma relação estável e que implica assumir compromissos mútuos, oferecendo suporte para as necessidades sociais, afetivas e sexuais." (SEVERINO, 1996, p. 78).

Depois de alguns anos de atendimentos conjugais e várias histórias de vida compartilhadas por casais, às quais tive o privilégio de acompanhar, percebo que, no início do vínculo conjugal, momento em que as juras e promessas são feitas, também podem ser plantadas as sementes dos conflitos. Quando um casal busca a união, inevitavelmente leva dentro de si expectativas, desejos e necessidades, de acordo com o grau de importância e significado na vida de cada um. Através do olhar da teoria sistêmica e transgeracional, pode-se explorar o significado dos vínculos afetivos na história familiar de cada indivíduo.

Ao unir-se ao outro, cada um carrega tudo o que foi aprendido e sonhado, de forma consciente ou não. Cada um leva consigo uma bagagem formada por suas experiências de vida, pelos valores provenientes da sua família de origem e de sua história pessoal e pelas influências do contexto social e cultural em que vive. O casal necessita elaborar um conjunto de regras e valores próprios para o novo sistema, construindo seu contrato conjugal. Pode parecer pouco romântico falar de contrato, algo aparentemente frio e racional, em um momento tomado por fortes emoções. No entanto, o contrato construído pelo casal é real e faz parte desse processo; pode ser explícito ou não, mas invariavelmente está presente.

Para ajudar os casais a refletirem sobre o processo de construção do relacionamento, costumo usar uma metáfora em especial.

Ao preparar uma viagem especial, é natural começar escolhendo o destino para onde gostaria de ir e com quem seria maravilhoso compartilhar a experiência. Escolhido o local e a companhia, parte-se para o planejamento. Esse momento inclui decidir o que fazer durante a viagem, aonde ir, quais os passeios imperdíveis, quais os desejos e sonhos que se quer realizar. Procura-se pensar no maior número possível de detalhes, pois existe a expectativa de que tudo aconteça da melhor forma. Até se sabe que existem problemas e que algo pode dar errado; porém, na empolgação do momento, procura-se minimizar os riscos com escolhas baseadas em informações e experiências. Depois de tudo planejado, é chegada a hora de arrumar as malas, e cada um irá levar o que acha mais importante para essa tão esperada viagem, suas roupas mais bonitas e confortáveis, de modo que possa usufruir tudo o que a viagem promete. Então, parte-se para a aventura, para a viagem de união com aquela pessoa que se deseja ser o parceiro de vida. Porém, é durante a tão sonhada viagem que se conhece um pouco mais a pessoa que está ao lado, seus gostos e manias, assim como os obstáculos e os problemas que podem surgir. Essas são as grandes oportunidades que a vida dá para, diante do novo, ampliarem-se os olhares, além de propiciar reflexão e criação de novas alternativas.

Ao decidir compartilhar o dia a dia com alguém é inevitável levar junto, na bagagem (mala), os modelos de relações, as experiências e a forma de ver o mundo, o que se espera do outro e qual o espaço que se deseja ocupar em sua vida. Para que essa convivência seja saudável e funcional, regras e acordos têm de existir.

CONTRATO CONJUGAL

Assim como em um jogo, os relacionamentos têm um conjunto de regras e normas. Quando se entra no jogo, é preciso conhecer essas regras e estar disposto a jogar. Para elucidar essa comparação com os jogos, cita-se a Teoria dos Jogos, dos matemáticos austríacos Von Neumann e Morgenstern (1944), aplicada inicialmente à economia. Ela propõe a existência de dois tipos de jogos relacionais, interações com determinadas regras, os jogos competitivos e jogos colaborativos. Nos jogos competitivos, os jogadores buscam obter algum benefício, mesmo se o resto dos jogadores não o obtiver ou sair perdendo. É o jogo do ganhar/perder. Já nos jogos colaborativos, o objetivo é que todos os jogadores possam obter algum benefício. É o jogo do ganhar/ganhar.

As relações amorosas são, em princípio, jogos colaborativos, nos quais se pretende que ambos os cônjuges possam obter benefícios na relação conjugal. Para que o jogo possa ser bom, os dois precisam ganhar. Não existe adversário, porque ninguém tem que ser derrotado. Os dois ganham ou os dois perdem. Contudo, para que isso possa ocorrer, é necessária uma condição imprescindível: a confiança de que os jogadores respeitem as regras. Quando alguma das regras é infringida, o contrato é rompido. Ele não pode mais existir da forma como foi elaborado. Pode ser refeito, passar por uma atualização ou ser definitivamente rompido.

O contrato que se estabelece entre o casal pode ser visto, então, como um conjunto de expectativas conscientes e inconscientes, que cada um tem em relação ao parceiro. Fazem parte desse contrato aspectos conscientes expressados e que constituem as expectativas que cada cônjuge comunica ao outro, em linguagem clara, tais como: onde irão morar, quem pagará o quê. Também há os aspectos que são conscientes, mas não expressados, que podem ser planos, crenças e fantasias, os quais não são comunicados por medo ou vergonha, na maioria das vezes. No entanto, não é possível desconsiderar os aspectos do contrato que não são conscientes; os desejos ou necessidades que escapam ao conhecimento consciente de ambos os cônjuges e que precisam, muitas vezes, ser explorados com a ajuda de um terapeuta de casal, pois podem gerar um alto grau de sofrimento e insatisfação.

Cada cônjuge tem seu conjunto de expectativas, e a harmonia dessas expectativas é que irá conferir a funcionalidade do relacionamento. Esse é um processo contínuo nas relações, tendo em vista as mudanças naturais das expectativas e, consequentemente, a necessidade de serem feitos novos contratos. Os contratos são dinâmicos e podem mudar em qualquer etapa do processo de desenvolvimento de cada indivíduo. Essas mudanças podem ocorrer toda vez que uma nova força interfira no sistema conjugal, como, por exemplo: nascimento de um filho, ascensão profissional, doenças, perdas, e devem levar o casal a reformular seus combinados, dependendo do momento e das necessidades, individuais e/ou do casal.

Um dos desafios presentes na relação conjugal, capaz de torná-la satisfatória e saudável, é o estabelecimento de regras explícitas e a conscientização das regras implícitas. Cada casal cria um modelo único de ser casal, caracterizado por um contrato oficial e/ou simbólico que se estabelece na relação, definindo seus direitos e deveres. Esse contrato e suas regras precisam ser compartilhados e construídos de forma recíproca, reforçada ou modificada, suscitando níveis de satisfação diferentes para cada um dos cônjuges (WALSH, 2016).

Para que os contratos conjugais sejam mais harmônicos e funcionais, aspectos importantes devem ser destacados:

- A forma como cada um enxerga o outro, levando-se em consideração suas potencialidades e vulnerabilidades, procurando ter uma visão mais real, e não idealizada, do parceiro;
- A forma como cada um comunica-se com o outro, como expressa necessidades, emoções e desejos.

Lederer e Jackson, em seu livro "A Miragem do Casamento", constroem uma metáfora que ilustra, com muita clareza, o quanto os desejos, crenças e valores presentes no início do relacionamento podem levar a lugares desconhecidos, mas que é perfeitamente possível de se adaptar:

> O casamento é como se resolvêssemos tomar um avião para passar as férias de janeiro nas Bahamas e, ao descer do avião, percebemos que fomos aterrissar nos Alpes Suíços. Faz frio, está nevando, não tem piscina e nem sol. Vamos precisar comprar roupas de inverno, aprender a esquiar, falar outra língua. Constatamos, com surpresa, que é tudo bem diferente do que tínhamos imaginado. É perfeitamente possível passar férias na Suíça mesmo; só é preciso ter paciência. (LEDERER; JACKSON, 1968 apud ROMANO; BOULEY, 1995, p. 121).

O contrato conjugal e seus acordos podem e devem ser negociados sempre que necessário, diante de cada fase do ciclo de vida do casal. Para que sejam funcionais, precisam da disponibilidade de cada um em ceder e negociar, revelando medos, demonstrando vulnerabilidades e aprendendo a lidar com o inesperado e com os riscos. Esse processo é contínuo e leva ao crescimento individual.

É premente ressaltar a importância do contrato, pois será baseado nele que o futuro desses parceiros será desenvolvido, estabelecendo-se os papéis que cada um assumirá dentro da relação e o que é possível se esperar do outro. Um contrato em que as cláusulas são as mais claras possíveis tende a propiciar aos parceiros uma oportunidade de amadurecimento pessoal e de desenvolvimento relacional, na qual a segurança e a confiança permitam a reavaliação das cláusulas sempre que se achar necessário.

Existe um entendimento comum, pelo menos nas culturas ocidentais, de que o contrato conjugal é baseado em princípios de monogamia, confiança e intimidade reservados ao casal e que não devem ser compartilhados com outros. Para a maioria dos casais, a fidelidade ao outro é um aspecto que está implícito no contrato de exclusividade, sendo importante o cuidado de identificar o conceito de fidelidade para cada cônjuge. É tarefa dos terapeutas acompanhar os casais em suas buscas pela forma de vínculo e de contrato que mais se adequa às expectativas e ao ciclo evolutivo em que se encontram.

As teorias que estudam a qualidade dos vínculos e a necessidade de segurança nas relações relatam que, quando há envolvimento com alguém, as emoções tomam conta, e as pessoas tornam-se mais abertas, sintonizadas e receptivas ao outro. Esse impulso de se ligar emocionalmente faz parte da condição humana, e os vínculos tornam as pessoas mais saudáveis física e emocionalmente.

Pode-se observar a importância dos vínculos através de um estudo coordenado pelo psiquiatra Robert Waldinger (2016), do Departamento de Desenvolvimento Humano da Universidade de Harvard, EUA, a respeito do que faz as pessoas serem felizes. Desde 1938, essa pesquisa acompanha a vida de 724 homens, dos quais 60 ainda permanecem vivos por ocasião desta escrita. O objetivo do estudo foi avaliar o nível de felicidade e satisfação. Os dados coletados são interessantes e podem ajudar a entender a importância de relações nas quais seja possível sentir-se acolhido, respeitado e seguro. A pesquisa relata que as pessoas mais conectadas são mais felizes, saudáveis e vivem mais. Viver em meio a relações boas e reconfortantes é uma forma de proteção. Relacionamentos bons e íntimos tornam as pessoas mais fortes, diante de circunstâncias adversas do envelhecimento. Relações saudáveis trazem benefícios não apenas para o corpo, mas também ao cérebro. As pessoas que estão em relacionamentos nos quais sentem que podem contar com o outro em caso de necessidade têm suas memórias preservadas por mais tempo. As relações boas e íntimas são boas para a saúde e para o bem-estar.

Então, ressalta-se a importância das relações em que a segurança e a confiança estão presentes. Quando se vive um relacionamento no qual as necessidades foram negligenciadas, é possível estar diante de uma relação instável, gerando insatisfação e questionamento. Sendo assim, segurança e confiança são fatores muito importantes e que devem ser norteadores do contrato conjugal, de modo que as necessidades e expectativas de ambos os cônjuges possam ser compartilhadas e contempladas no acordo.

Quando a segurança na relação é abalada, quando o pacto estabelecido parece não estar mais sendo cumprido, e um dos membros começa a perceber e/ou sentir que algo está diferente, aparecem sinais de alerta de que algo possa estar acontecendo. Alguns dos mais comuns relatados pelos clientes em consultório são: distanciamento do parceiro, negligência das necessidades do outro, falta de parceria, de companheirismo, desculpas para justificar as ausências e irritabilidade. Esses são apenas alguns dos comportamentos que podem gerar sentimento de insegurança e frustração, podendo estar ligados a situações de infidelidade.

A INFIDELIDADE

Esse é um fenômeno complexo que, mesmo para os terapeutas, pode suscitar diversos sentimentos, reações e reflexões.

A palavra fiel provém do latim, *fidelis*, e significa aquele que inspira confiança, que é sincero, seguro, constante. Historicamente, fidelidade está ligada à monogamia e à sexualidade, que têm suas origens na noção de propriedade, de garantia de paternidade e segurança na transmissão da herança.

Então, o que esperar daquele que seja infiel? É alguém desleal, em quem não se pode confiar, é um transgressor? Responder a essas perguntas tem sido um dos temas cada vez mais presentes nos consultórios dos terapeutas de família e casal. O que é ser infiel? O que é infidelidade? Quando se pode dizer que o que está acontecendo é infidelidade? Cabe, pois, uma reflexão sobre essas perguntas.

Parece ser mais simples definir fidelidade. Já para infidelidade, não há uma definição universal e consensual. Para a terapeuta Esther Perel (2018), a infidelidade pode ser representada por uma relação secreta, uma conexão emocional e/ou sexual, uma transgressão ao contrato conjugal. Já Frank Pittman (1994), no livro *Mentiras Privadas* refere-se ao tema como quebra da confiança, traição ao relacionamento e rompimento de um acordo. Segundo Campo e Linares (2002), infidelidade seria a ruptura unilateral de um pacto de exclusividade, na qual se permite a entrada de uma terceira pessoa na relação.

A infidelidade ocorre quando um dos parceiros continua a acreditar que o acordo para ser fiel ainda está em vigor, enquanto o outro o está violando em segredo (LUSTERMAN, 1998). Isso pode levar à fratura da relação, ao rompimento. No entanto, muitos casais fazem dessa experiência uma oportunidade para lidar com suas vulnerabilidades e com a fragilidade do relacionamento, transformando uma situação que pode ser traumática em aprendizado, reformulando o contrato conjugal e renovando o vínculo.

O olhar dos terapeutas de casais para a infidelidade tem se expandido para um fenômeno complexo, divergente e intrigante, sendo necessário ampliar sua compreensão para atender à multiplicidade de variáveis, crenças, motivações e fatores. O mais comum ao se falar de infidelidade conjugal seriam os relacionamentos extraconjugais, mas existem muitas formas de quebrar o contrato estabelecido: pode ser através do desprezo, da negligência às necessidades do outro, da indiferença. A violência também pode ser vista como uma forma de trair, já que a segurança é uma das necessidades esperadas em um relacionamento estável.

Algumas categorias de infidelidade permeiam a vida das pessoas mais do que se imagina, e a infidelidade financeira é uma delas (ver capítulo 08), quando se esconde do outro o quanto se ganha ou gastos que possam estar fora do acordo do casal, por exemplo. Outra forma de infidelidade que, a cada dia, ganha mais espaço na intimidade dos casais é a virtual. Nunca foi tão fácil trair o parceiro; porém, mais fácil ainda é ser descoberto, pois existe um alto grau de exposição. São *sites*, aplicativos, redes sociais que “vendem”, além de uma grande variedade de opções, uma rapidez no alívio de angústias e sofrimentos, por ser de fácil acesso e não envolver, necessariamente, um relacionamento emocional (ver capítulo 09).

Outra maneira de quebrar o contrato estabelecido é a infidelidade que vem permeada pelas lealdades familiares, pelos pactos com a família de origem que, conscientes ou não, podem estar presentes nos conflitos conjugais. Por exemplo, isso acontece quando, mesmo em um relacionamento conjugal estável, um dos membros permanece leal a regras e compromissos da família de origem, em detrimento do que poderia ser mais saudável para o casal. Essa lealdade também pode ser disfuncional para o crescimento da relação quando é estabelecida com um filho, construindo alianças para acordos e combinados que excluem ou tiram a possibilidade de o outro participar.

O trabalho também pode ser visto como um concorrente ou um rival, quando ocupa um espaço não apenas profissional, invadindo o tempo da vida pessoal do casal e a oportunidade dos parceiros conviverem e desenvolverem sua conexão. O trabalho pode se tornar uma forma de desviar a atenção da relação, dos conflitos.

O que é, então, infidelidade? Como já mencionado, não existe uma definição, um enquadre universal. O que é comum a todas as formas de ser infiel é a quebra de um acordo entre o casal, a ruptura do contrato conjugal, de forma explícita ou implícita. Quase que invariavelmente, acontece quando um dos membros do casal se afasta do parceiro, perdendo a conexão, daí buscando proximidade e, às vezes, intimidade com outra pessoa ou focando sua energia para fora da relação. Quando o contrato de exclusividade deixa de existir, a pessoa deixa de ser única, escolhida e insubstituível, essa experiência pode ser vivenciada de forma traumática, ameaçando sua autoestima.

Afinal, ao se unir ao outro, iniciar uma vida em parceria, leva-se junto expectativas, sonhos, desejos e planos. Muitas vezes, a pessoa não tem isso muito claro; porém, certamente, inclui esses elementos no contrato conjugal que se estabelece no início da relação.

Atualmente, esse contrato carrega uma lista de exigências que podem chegar a ser antagônicas. De um lado, está o desejo por estabilidade, segurança, previsibilidade, confiança, permanência e proteção; de outro lado, está a busca por aventura, novidade, desconhecido, surpresa, mistério e até certa dose de risco e imprevisibilidade.

O par amoroso precisa dar a segurança, o amor, a estabilidade, ao mesmo tempo, em que proporciona o novo, o desafio, a inspiração. Assim, diante de tantas exigências, tornou-se muito mais difícil atingir todas as expectativas que o outro traz para a relação.

Segundo pesquisas da antropóloga Miriam Goldenberg (2010), da Universidade Federal do Rio de Janeiro, a infidelidade é uma das maiores causas de dor dos seres humanos. O traído sente-se rejeitado, abandonado e com baixa autoestima. Alguns homens consideram a infidelidade como parte de sua natureza poligâmica; podem amar suas esposas e desejar outras mulheres, sem se sentir em conflito. Já mulheres podem trair para se sentir desejadas, em busca de autoafirmação, de um novo amor romântico ou, ainda, como vingança por ter sido traída pelos seus pares.

Em minha prática clínica, percebo algumas questões que podem deixar a relação mais vulnerável às situações de infidelidade: razões do passado, quando os cônjuges já passaram por situação de infidelidade em relacionamentos anteriores; crenças de gênero, tal como a de que o homem tem mais dificuldade em ser fiel; sentimentos de inferioridade (baixa autoestima); compulsão sexual; ciclos de vida do casal (no início do casamento, quando se está construindo a relação conjugal; após o nascimento de um filho; quando os filhos saem de casa); e falhas na comunicação.

Segundo Thompson (1984), a probabilidade de ocorrência de infidelidade (principalmente em um caso amoroso) está relacionada a um menor grau de satisfação com a vida sexual. Em uma pesquisa recente, realizada por Scheeren e Wagner (2018) ampliou-se um pouco mais o olhar com relação aos fatores que podem predizer a infidelidade conjugal: características pessoais, características do companheiro, casamento e contexto em que o casal está inserido. Os resultados da pesquisa mostram que o casamento — relacionamento do casal — é o fator que pode gerar maior grau de insatisfação e situações de infidelidade, sendo o relacionamento em que estão presentes os baixos níveis de satisfação e comprometimento.

Nessa temática, identificam-se nos casais variações na forma como cada um reconhece o que é a infidelidade. Os casais têm seus próprios sistemas de regras, os quais incluem o que isso significa para eles e o que cada um identifica como uma violação do contrato. Sendo assim, é possível pensar que o conceito de infidelidade pode ser algo construído dentro de cada relacionamento, levando-se em conta crenças e valores pessoais, familiares, sociais, culturais e históricos.

A partir do momento em que o casal identifica a situação como sendo de infidelidade, percebe-se que é extremamente importante refletir com os envolvidos sobre a infidelidade como responsabilidade de quem a realizou; porém, os problemas da relação é da responsabilidade de ambos.

O panorama do casamento é responsabilidade do casal. Quando o desejo do casal é de reparação e conexão, a pessoa que foi atingida pela infidelidade deve expressar sua dor, seus sentimentos e suas mágoas, e aquele que foi infiel precisa construir a oportunidade de autoanálise, entrando em contato com seus sentimentos e atitudes, para que possa se responsabilizar pelo que lhe cabe, dispondo-se a restabelecer a confiança do outro e trabalhando pela reparação mais ampla do vínculo (ver capítulo 01). No entanto, a busca pela reconexão é um trabalho conjunto, com o apoio do terapeuta especialista, o qual auxilia o casal na reconstrução de um ambiente seguro, de modo que possa acontecer a reparação e reconexão.

Situações de infidelidade envolvem uma violação da confiança e podem provocar uma crise de identidade em quem a sofreu. O ideal romântico faz com que se confie na fidelidade do companheiro e identifique-se a infidelidade como um ato de traição ao pacto, ao contrato conjugal. A busca de terapia acontece na tentativa de restaurar o contrato.

Um casal que passa por uma situação em que seus acordos foram rompidos e o vínculo foi fragilizado, precisa fazer uma revisão de seu contrato conjugal original, construindo um novo pacto, mais consciente, atualizado e realista, como também precisa considerar as fragilidades, as vulnerabilidades e as potencialidades de cada um. Os casais necessitam se comprometer em investir sempre na relação, criando contextos nos quais o desejo possa fluir, além de buscar um equilíbrio entre independência e obrigação, responsabilidade e liberdade, transparência e individualidade. Esse equilíbrio, então, será alcançado através de uma construção diária de cada casal. Segundo Prado (2016, p. 128):

> Como toda crise, contém elementos de perigo e de oportunidade; quando o casal tem capacidade de lidar bem com a revelação, quando existe ainda uma boa vitalidade no casamento, quando os cônjuges ainda têm amor um pelo o outro, pode resultar em uma reaproximação e em uma qualidade diferenciada no padrão de relacionamento do casal.

Em suas diversas formas, por ser algo real e que pode ocorrer até mesmo em casamentos bem-sucedidos e famílias felizes, a infidelidade é um tema a ser discutido pelos casais. Mesmo quando se opta pela monogamia, a infidelidade ainda pode estar presente na relação. No entanto, é possível recuperar a relação apesar do trauma de uma infidelidade, desde que seja realizado um trabalho de resgate de confiança, respeito e cumplicidade entre o casal, podendo-se restabelecer a segurança emocional, para que sentimentos de amor, paixão e desejo de conexão possam ser experienciados de forma, inclusive, mais amadurecida. Cada casal determina o legado que a traição pode deixar para sua história.

A letra da canção "Novo Tempo", de Ivan Lins (1980) é inspiradora do trabalho com clientes que vivem ou já viveram um conflito de fidelidade:

No novo tempo, apesar dos perigos, de todos pecados, de todos enganos,
estamos marcados pra sobreviver, pra sobreviver, Pra sobreviver.

Pra que nossa esperança, seja mais que vingança, seja
sempre um caminho que se deixa de herança.

No novo tempo, apesar dos castigos, estamos em cena, estamos nas ruas,
quebrando as algemas, pra nos socorrer, pra nos socorrer, pra nos socorrer.
No novo tempo, apesar dos perigos, a gente se encontra, cantando na
praça, fazendo pirraça pra sobreviver, pra sobreviver, Pra sobreviver.

REFERÊNCIAS BIBLIOGRÁFICAS

ANDOLFI, Maurizio. A terapia familiar multigeracional: instrumentos e recursos do terapeuta. Belo Horizonte: Artesã, 2018.

BOWLBY, John. Uma base segura: aplicações clínicas da teoria do apego. Porto Alegre: Artes Médicas,1989.

CAMPO, Carmen; LINARES, Juan Luis Sobreviver a la pareja, Problemas y soluciones. Barcelona, Espanha: Planeta, 2002.

COLASANTI, Marina Contos de amor rasgados. Rio de Janeiro: Rocco, 1986.

GOLDENBERG, Mirian. Por que os homens e as mulheres traem? Rio de Janeiro: BestBolso, 2010.

HAZAN, Cindy; SHAVER, Phillip. O amor romântico é conceituado como um processo de apego. Jornal da Personalidade e Psicologia Social. n. 52, p. 511-524, 1987.

LINS, Ivan. Novo tempo. 1980. Disponível em: <https://www.vagalume.com.br/ ivan-lins/novo-tempo.html.> Acesso em: 14 out. 2019.

LUSTERMAN, Don David. Infidelity: A survival guide. Oakland, EUA: New Harbinger, 1998.

PEREL, Esther. Casos e casos: repensando a infidelidade. Rio de Janeiro: Objetiva, 2018.

PITTMAN, Frank Mentiras privadas: infidelidade e traição da intimidade. Porto Alegre: Artes Médicas, 1994.

PRADO, Luiz Carlos. As múltiplas faces da infidelidade conjugal. 2. ed. Porto Alegre: Arte em Livros, 2016.

ROMANO, Elida; BOULEY, Jean Clair. O casal: terapeuta do indivíduo. *In:*

ANDOLFI, Maurizio; ANGELO, C.; SACCU, C. (Org.). A crise do casal. São

Paulo: Summus, 1995. p. 121-137.

SCHEEREN, Patrícia; WAGNER, Adriana. Predizendo a infidelidade conjugal. Psicologia Clínica. n. 31, p. 387-406, 2018.

SEVERINO, Rosa Lucia. Casais construindo seus caminhos: a terapia de casal e a família de origem. *In*: PRADO, Luiz Carlos (Org.) Famílias e terapeutas construindo caminhos. Porto Alegre: Artes Médicas, 1996. p. 71-96.

THOMPSON, Anthony Peter. Emocional and sexual components of extramatrimonial relations. Journal of Marriage and the Family. n. 46, p. 35-42, 1984.

VON NEUMANN, John; MORGENSTERN, Oskar. The theory of games and economic behavior. Princeton, USA: Princeton University Press,1944.

WALDINGER, Robert. O que torna uma vida boa? Lições do estudo mais longo sobre a felicidade. Disponível em: <https://www.ted.com/talks/robert_ waldinger_what_makes_a_good_life_lessons_from_the_longest_study_on_happiness?language=pt.> Acesso em: 28 abr. 2016.

WALSH, Frona. Processo normativo da família: diversidade e complexidade. 4. ed. Porto Alegre: Artmed, 2016.

capítulo 4

O AMOR, ESSE ESTRANHO CONHECIDO

Josiane Erica Foltram Leal

> "Pra você guardei o amor
> Que aprendi vendo os meus pais
> O amor que tive e recebi
> E hoje posso dar livre e feliz...
> ...Achei, vendo em você
> Explicação, nenhuma isso requer
> Se o coração bater forte e arder
> No fogo o gelo vai queimar"
>
> Fernando Reis
> Pra Você Guardei o Amor

Neste exato momento, em qualquer lugar do planeta, tem alguém amando alguém. E, sobre esse assunto, podemos encontrar inúmeros textos, teses, músicas e poesias, porque, no fundo, todos nós nos movemos em busca desse sentimento tão confuso e tão acalentador. Quando comecei a ler sobre infidelidade, cujo tema me trouxe para o amor, uma das primeiras coisas que ouvi foi: "Se foi infiel é porque o amor acabou!"

Isso parecia fazer sentido, mas eu realmente não acredito que somos feitos para um único amor. Pode ser que você tenha encontrado o seu e possa viver desfrutando desse sentimento etílico, mas seria ele o único? Como você sabe que não vai sentir algo parecido por outra pessoa? E se, por acaso, só por acaso, isso ocorrer, então o alvo do seu amor nunca mais será o mesmo? Seria possível amarmos duas pessoas ao mesmo tempo? Como o amor acaba? E como ele nunca termina?

Há muitas perguntas para serem feitas sobre o amor, mas antes, quero dividir com o leitor o caso que atendi, o qual me inspirou a pesquisar esse tema.

Era final de janeiro de 2015 e recebi uma mensagem no celular solicitando atendimento para o casal. Ela dizia apenas que estavam passando por um processo muito difícil, que o esposo recebera minha indicação e que precisavam de uma ajuda profissional.

Marcamos um horário, ela tinha pressa. Era um casal maduro, já estavam juntos havia mais de 20 anos, conheceram-se ainda adolescentes e foram construindo um relacionamento permeado pelo crescimento pessoal e profissional. Ele seguiu com afinco sua vida profissional, buscando ser o provedor e dedicando-se à sua carreira. Ela já não havia sido tão persistente com relação à sua vida profissional, tinha feito várias pausas para cuidar dos filhos e estruturar a casa e a vida doméstica. Esse contrato amoroso estava bom para ambos. Passaram por muitos desafios durante os anos e foram, aos poucos, se esquecendo do amor. Ela confessa que foi deixando de lado as ausências do marido, o seu jeito ríspido, a falta de cuidado e a rotina, que cegam a beleza da vida. Foi se esquecendo do seu primeiro filho: o casamento.

E então surge o outro, ela acaba se envolvendo com alguém que não a deixa se sentir tão apagada, que confunde suas ideias sobre certo e errado. Não era nada avassalador, mas já existia havia três anos quando ele descobriu.

Ele estava destruído, perdido. Contou que nunca sentiu uma dor de tamanha ordem, não sabia mais o que pensar, o que dizer; precisava entender o que havia acontecido, precisava de apoio, mas não sentia confiança em ninguém. Sentia vergonha, medo.

Perel (2018, p. 59) explica que, "a revelação de um caso é uma evisceração". Eu realmente não encontro palavra melhor para definir a dor que esse homem me relatava: "Arrancaram meu coração do peito e vivo como um zumbi, humilhado, rastejando". Com esse discurso dolorido, seguimos com sessões que se intercalaram entre o casal e outras individuais. Tinha um enfoque maior nele, pois demonstrava mais dificuldade na recuperação, como se tivesse ido para UTI e não respondesse rapidamente à medicação.

Nesses encontros, ele me contava como se sentia menos amado, como não entendia o porquê da dor no peito, já que seu cardiologista disse que seus exames estavam em ordem. Questionou, na época, o porquê de existir uma lei para quem pratica atos de abuso, fere ou mutila animais domésticos, ou silvestres, mas não existir lei que encarcere um traidor. E assim fomos seguindo, mas essa fala tão entregue à paixão, à dores de outra dimensão, nunca o deixou desistir de entendê-la e de amá-la.

Ele ainda era muito apaixonado por sua menina e queria se sentir pronto para ficar ao seu lado. Ela estava muito arrependida e sentia que havia colocado uma lente de aumento em sua vida. Agora via como sua história era linda, como tinha uma família para cuidar, como seu companheiro era forte, pois, mesmo se sentindo apunhalado e destruído, ele não havia ido embora e, para ela, não ir embora era sinal de que havia amor. Prendia-se a pequenos fatos — se ele havia falado de forma mais carinhosa, se tinha dado um sorriso em sua direção, se havia feito alguma pergunta trivial sobre o almoço de domingo —. Para ela, tudo era visto como uma chance de retomar a vida de casal, uma pista de que ele ainda a amava e que ela estava muito, mas muito disposta a fazer qualquer coisa para estar novamente em seus braços.

O pedido então estava claro: "Queremos ficar juntos!". Nas sessões que se seguiram, ansiosos, questionavam-me se seria possível construir uma relação baseada no amor, afinal, não estavam mais apaixonados, e estavam conscientes que não eram mais jovens, pois a juventude traz essa força para acreditar, e ainda precisavam perdoar o que já haviam feito um ao outro.

Confesso que sou uma entusiasta e adoro recomeços, então proponho que eles deixem de lado tudo o que aprenderam sobre amar, sobre ser eterno, e iniciem um novo contrato. Abandonem a idealização que construíram durante esses anos todos e partam para um recomeço, porém um recomeço amoroso.

E assim começo a estudar o amor, esse estranho conhecido, na tentativa de encontrar o que pode tornar um relacionamento sólido e duradouro.

INICIANDO COM EROS

Às vezes, recorro à mitologia quando preciso de explicações atemporais e confusas. Eles são deuses que se casam com humanos, têm filhos que são criados por algum parente ou deixados à sorte por aí, se matam, ficam presos, são amaldiçoados e, no final, fica tudo explicado. Enfim... não é diferente com Eros. Vejam só:

Poros, (Caminho) o esperto, rico e abundante filho de Mêtis, está embriagado em uma festa que foi dada em homenagem ao nascimento de Afrodite. Penia, a penúria e deficiência, não havia sido convidada para a festa, mas foi mendigar as sobras, pois os deuses haviam feito um grande banquete e sempre há sobras para quem vive na escassez. Encontrando Poros e vendo tamanha riqueza e abundância, não poderia pensar em outra coisa senão em unir-se a ele. E assim concebeu Eros. Eros, então, é filho da combinação de abundância e escassez. Está sempre ávido, sente medo e falta-lhe algo. Ao mesmo tempo, tem tudo, está pleno. Ele não é tão belo como todos pensam, na verdade, é rude, sujo, não tem lar, a natureza é sua casa, mas dirige sua atenção a tudo o que é belo e gracioso. É audaz, tem bravura, energia e coragem. Ora morre, ora renasce e floresce. Graças ao DNA de seu pai, nunca se encontra em completa miséria nem tampouco na opulência, oscila entre sabedoria e tolice. Muitas vezes, considera-se perfeito, mas não é inteligente e nem justo (PLATÃO, 2018.)

Assim, Eros ilustra a característica fundamental do amor: a insuficiência. Quem não se considera insuficiente e em busca de uma parte que parece sempre faltar? Essa necessidade nunca satisfeita, o amor e sua incompletude, carência, astúcia, desejo. Ora temos tudo, amamos e nos sentimos correspondidos, precisamos apenas de uma cabana, aliás, não precisamos de nada. Temos tudo quando amamos. E então, vem a falta, falta de compreensão, falta de dinheiro, falta da família, vem a insegurança de que o outro não vai estar lá quando precisarmos, assim não temos nada, ficando com as migalhas e as sobras.

Acho esse capítulo da mitologia fascinante. E poderia parar aqui nossa história, pois estaria tudo explicado. Se não fosse a ciência.

E A QUÍMICA PRECISA ACONTECER

Não é à toa que casais que se encontram e estabelecem uma relação que aparentemente foi construída em outra vida logo dizem: A química aconteceu!

Quando pergunto aos meus pacientes o que fez com que se encantassem com seus parceiros, logo na primeira vez que eles se encontraram, invariavelmente a resposta traz um conteúdo ligado à aparência física: "ela era a morena mais linda do baile", "tinha um sorriso que contagiava", "gosto de homens altos e fortes", e assim vão me contando qual atributo físico chamou sua atenção. Mas depois que esse encontro visual ocorre, o que interessa mesmo é se os efeitos no sistema nervoso autônomo vão dar os sinais de que ali há chances de desenvolver um relacionamento, afinal, se os batimentos cardíacos aumentarem, se a garganta secar e a temperatura corporal elevar-se, gerando aquele calor inexplicável, percebemos: é o amor!

Bom seria se o amor causasse apenas essas modificações de temperatura e alterações no batimento cardíaco, mas há ainda outros fatores que atuam no corpo, e também no cérebro, de maneira específica, causando uma série de eventos psicológicos, como saudade, grande energia, motivação, falta de fome e até de sono.

> Por amor romântico ser um tal 'pico' de euforia, por ser uma paixão difícil de controlar, e porque provoca anseio, obsessão, compulsão, distorção da realidade, dependência emocional e física, alterações da personalidade e perda de autocontrole, muitos psicólogos consideram-no uma dependência. (FISHER, 2008, p.180).

A dopamina eleva os níveis de atenção concentrada, o que explica aquele pensamento insuportável na pessoa amada: você precisa trabalhar, mas só consegue pensar no seu par amoroso. E outro detalhe, na paixão a dopamina também causa o efeito cegueira, uma vez que você só se concentra no que há de melhor naquela pessoa e as qualidades negativas você ignora completamente.

> Em determinados momentos da sua vida, como na puberdade, a química que está ocorrendo dentro do seu corpo, sem sua permissão, interfere na forma como você vê o mundo e consequentemente a forma como você se comporta no mundo. (YOUNG; ALEXANDER, 2013, p. 47).

Se aos 7 ou 8 anos você considera nojento beijar outra pessoa, com certeza aos 13 anos você vai pensar de forma bem diferente sobre esse assunto.

Essa alquimia toda ainda é coroada pela serotonina, que diminui nos casos de amor intenso e causa efeitos semelhantes aos transtornos obsessivos-compulsivos. "Um sintoma relevante do amor romântico é o de se pensar incessantemente na pessoa amada" (FISHER, 2008, p. 64). As ideias invasivas continuam aparecendo mesmo quando você não quer, tudo parece estar descontrolado.

Fisher (2008) foi além dessas conclusões e quis descobrir em quais lugares do cérebro esses neurotransmissores eram ativados. Realizou com sua equipe ressonâncias magnéticas dos cérebros quando o indivíduo olhava a foto da pessoa por quem estava apaixonado, confrontando com outras ressonâncias feitas quando ele olhava para foto de pessoas conhecidas que, no entanto, não despertavam nenhum sentimento afetivo romântico, pessoas neutras. Com essa pesquisa, ela observou que o núcleo caudado, que fica em uma região mais primitiva no cérebro, chamada reptiliano, era a região que mais mostrava atividade quando o apaixonado olhava a foto do seu "*crush*". "O núcleo caudado também faz parte do sistema de recompensa do cérebro e é lá que é feito o trabalho de detectar uma recompensa, discriminá-la e ainda escolher qual recompensa vou preferir." (FISHER, 2008, p.77).

O sistema de recompensa envolve motivação e prazer, aquilo que você sente quando come uma sobremesa mergulhada no chocolate — entendo agora o que minha avó queria dizer quando falava "Açúcar e afeto só fazem bem..." A recompensa! Aquilo que me motiva a fazer mais e ter aquela sensação subjetiva de satisfação: o prazer.

Durante a paixão, estamos conectados, e nosso amor parece único, somente ele nos chama a atenção, todo o nosso foco está nesse alvo. Aquele sentimento de que essa pessoa é insubstituível você já sabe de onde vem. Então qual será a base sólida para um relacionamento duradouro? Bom, penso que se fosse só química, poderíamos comprar na farmácia alguns remédios que afastariam de vez a dor e o desconforto que um amor não correspondido pode trazer. E se não é química, pode ser algo aprendido, educação. Talvez o modo como seus pais cuidaram de você possa dizer muito sobre como você ama.

ADULTOS SE BASTAM, PESSOAS DISFUNCIONAIS DEPENDEM

Todos os dias, encontro no consultório jovens experimentando caminhos diferentes para vivenciar seu amor. Penso que se ainda houvesse aqueles programas de rádio, nos quais cada um encaminha uma pergunta para um conselheiro amoroso, a programação seria muito mais interessante do que as notícias que ouvimos diariamente. Cada semana uma questão, um modelo novo, uma tentativa... Parece que são histórias diferentes, mas se respirarmos fundo e ficarmos atentos, logo percebemos que a questão é a mesma: conexão.

Podemos criar mapas, métodos e inventários incrementados sobre as novas formas de se relacionar, mentores, gurus e livros de autoajuda, mas acredito que todos estarão falando sobre a mesma coisa: esse desejo incrível de amar e ser amado.

No mundo em que vivemos hoje, os números são importantes e tudo é extremamente mensurado, você sabe se a música é boa pelo número de vezes que ela foi tocada, se a foto ficou perfeita de acordo com o número de *likes* que foram contabilizados, e o número de amigos que você tem nas redes sociais pode dizer algo sobre você. E não poderia ser diferente, o número de vezes que você consegue passar por relações sem sair ferido pode revelar o adulto independente e emocionalmente forte que você acha que é, afinal, adultos se bastam, e não é nenhum pouco popular ficar chorando pelos cantos.

Mas talvez as coisas não aconteçam com essa simplicidade. Encontro um cliente que diz estar saindo com alguém há pelo menos seis meses, estão se conhecendo. Saem basicamente todos os finais de semana e se falam durante a semana através do telefone, quero dizer *WhatsApp*. Ela é muito agradável, divertida e sexualmente atraente. Mas não é sério! É só ficar. Muito interessante esse conceito, vivenciar relações sem compromisso, sem fronteiras, sem intimidade, apenas aqueles momentos juntos, desfrutando de algumas afinidades.

Você já ouviu falar da Terceira Escola Vienense de Psicologia? Não vou aprofundar suas ideias, porque não é meu objetivo aqui, mas quando percebo essas situações de desconexão como meu cliente relatava, trago à minha mente uma contribuição de Frankl: todos podem elaborar um sentido que ajude em momentos difíceis. Talvez não sejam exatamente essas palavras, mas foi esse sentido que me marcou em sua obra. Sim, conviver não é simples, amar é um universo complexo e com lógicas próprias. E não quero aqui dizer que a forma de se relacionar na época da minha bisavó era melhor que na época da minha filha. Quero apenas navegar sobre a ideia que Bowlby e Ainsworth tinham encontrado nas relações entre mães e filhos e trazê-las para perto das relações de casais. "Centenas de estudos foram elaborados e confirmam as previsões que Bowlby sobre as ligações dos adultos..." (JOHNSON, 2012, p. 33).

Agora, esses estudos revolucionam a forma de ver o amor romântico. Quando nos sentimos seguros próximo da pessoa amada e podemos desnudar nossas vulnerabilidades e confiar que apoiamos e somos apoiados, construímos uma relação amorosa positiva, na qual buscar apoio emocional é um sinal de força (JOHNSON, 2012, p. 33).

Buscamos conexão porque, ao contrário de muitos animais, que desde muito cedo se despedem de seus pais e saem em busca de seu próprio sustento, ou aprendem logo quem são seus inimigos na cadeia alimentar, nós, os seres humanos, dependemos. Nenhum humano sobrevive sem o apoio de outro humano, somos naturalmente dependentes, precisamos do outro para nos aquecer, para nos alimentar, para estarmos limpos e principalmente para nos sentirmos amados. Detalhe importante: isso não acaba quando você faz 18 anos. Sinto que Bowlby tenha falecido no início da década de 90, e não pode presenciar a revolução que sua teoria trouxe para os estudos sobre a conexão entre adultos, o amor romântico e o apego.

No capítulo 05 deste livro, o conceito de apego seguro, ansioso e evitativo está aprofundado, então só quero expressar uma ideia que os autores Keelan e Dion e Dion, (1994, p. 141-60) apud Levine e Heller (2013, p. 144) trazem como conclusão de uma pesquisa que nos conta:

> (...) indivíduos seguros mantinham altos níveis de satisfação, compromisso e confiança no relacionamento. Em contraste, indivíduos inseguros apresentam níveis decrescentes nos três aspectos, no mesmo período"

Mas o que é interessante nesse trabalho "é que não houve diferença observável entre casais seguros e os casais 'mistos' — aqueles com apenas um parceiro seguro" (LEVINE; HELLER, 2013, p. 144). Como os próprios autores colocam, esse é um olhar interessantíssimo do ponto de vista dos trabalhos terapêuticos com casais, uma vez que o indivíduo que tem um estilo de apego seguro, cria uma atmosfera que leva o outro (ansioso/evitativo) para uma posição mais segura, o que, a meu ver, só traz elementos positivos para a relação.

Johnson (2012, p.264) alega que "modelos positivos nos dizem que os outros são basicamente confiáveis, que somos adoráveis e merecedores de carinho". Então, quando buscamos conexão com nosso parceiro, estamos também atrás de satisfazer nossas necessidades, e quando não encontramos dentro de nós uma interpretação cognitiva para os estímulos ambientais que acendem nossos botões de pânico, temos uma leitura equivocada, de que permanecer nessa relação será o mesmo que não atender às nossas necessidades, não atender a sensação básica de segurança.

> Mas a pessoa segura cobre o parceiro com um escudo emocionalmente protetor que faz com que enfrentar o mundo exterior seja uma tarefa mais fácil (LEVINE; HELLER, 2013, p. 150).

Chegamos ao amor, mas talvez não seja verdade que não exista amor porque você não sente que pode confiar no outro, ou porque a sensação que o outro provoca com suas atitudes e comportamentos não o guiam para o porto seguro. Quanto mais medo temos de ser rejeitados ou abandonados, mais precisamos nos sentir seguros, precisamos estar conectados, precisamos do outro para nos acalmar e trazer nossa vida emocional para um eixo seguro. Um eixo no qual possamos encontrar empatia, compaixão e intimidade com respeito. Só no amor podemos nos sentir vistos e, então, nos permitimos mostrar nossa vulnerabilidade e saber que seremos acolhidos.

No filme "Avatar", de 2009 do diretor James Cameron, o povo de Pandora tinha uma saudação simples que dizia "Eu vejo você!". Não tenho informações concretas sobre qual o objetivo do autor dessa obra quando escolheu essa expressão, mas "eu vejo você" nos leva para o centro da confiança e da acessibilidade. Sim, sabemos que os modelos de apego refletem crenças e recordações que têm como origem as experiências iniciais de cuidado do indivíduo.

Quando pensamos em adultos, logo vem a ideia de que "[...] o amor entre casais pode adotar formatos diferentes em função da história de apego de cada indivíduo" (FEENEY; NOLLER 2001, p. 37, tradução nossa). Mas aqui, gostaria de convidar o leitor para refletir sobre o olhar do apego. Sujeitos que apresentam modelos mentais com poucas dúvidas sobre si mesmos, histórico de relações afetivas com seus pais, melhor conexão e mais intimidade, têm um estilo de apego seguro, conseguem construir relacionamentos com base no compromisso duradouro e obter experiências amorosas felizes, baseadas na confiança e amizade. Em um relacionamento conjugal podemos pensar que o medo da separação e o desejo de se sentir seguro e amado, questões antagônicas em sua raiz, (segurança x medo) podem trazer alguma forma de sofrimento; ameaças a laços amorosos tendem a gerar raiva, dissabor e descontentamento, e se seu cônjuge não reagir dentro da sua expectativa sobre a situação que gerou o sofrimento, é bem provável que iniciaremos uma escalada de acusações e agressões, ou silêncios e desprezos. E quando estamos diante de relacionamentos complicados e controversos, a chance da infelicidade e o distanciamento tomarem conta da relação é incontestável.

Aqui, podemos recorrer novamente ao modelo de apego, mesmo diante de situações frustrantes em termos de relacionamento amoroso, ainda podemos aprender a ativar interações alentadoras, que gerem apaziguamento e reforcem a força do vínculo e a retomada de sentimentos positivos. Sim, seu estilo de apego foi forjado na infância, mas ele pode ser lapidado durante toda sua existência, experiências atuais de confiança e proximidade, diálogos que demonstrem que realmente os parceiros estão interessados e comprometidos entre si são como poções mágicas para curar feridas da infância. A dificuldade de manter acesa a chama do amor em um relacionamento de longo prazo é um belo desafio, mas talvez a experiência mais enriquecedora que possamos deixar como nosso legado.

> A ideia de que uma das melhores coisas que você pode fazer para os filhos é criar um relacionamento amoroso com o parceiro não é sentimentalismo; é um fato científico (JOHNSON, 2012, p. 304).

Não posso afirmar que esse modelo assegure relacionamentos livres de infidelidade, mas penso ser uma boa base para iniciar um caso amoroso com grandes chances de durar "até que a morte os separe". E atenção, não quero dar a impressão de construir uma ideia binária sobre o que é melhor ou pior, monogamia ou poligamia, fidelidade ou infidelidade, certo ou errado, eterno ou efêmero, quero trazer uma ideia circular sobre segurança e amor que seja fortalecida pela liberdade de ser franco e inteiro com suas imperfeições.

"A palavra 'amor' não tem limites. É possível amar o trabalho, a pátria, Deus, o próximo e o carro, é possível amar animais, canções e chocolate." (PRECHT, 2012, p. 138). Acrescento aqui que é possível ter amor-próprio, e depois desse tempo olhando para os casais que me procuraram e me procuram, e talvez para os que ainda irão me procurar, tenho certeza que manter um relacionamento íntimo e amoroso de longo prazo, é uma das experiências mais enriquecedoras que podemos viver, e que só acontece quando estamos profundamente conectados, acontece quando amamos.

REFERÊNCIAS BIBLIOGRÁFICAS

FEENEY, Judith; NOLLER, Patricia. Apego Adulto. Bilbao: Editorial Desclée de Brouwer, 2001.

FISHER, Helen. Porque amamos: a natureza e a química do amor romântico. Lisboa: Relógio D'Água Editores, 2008.

JOHNSON, Sue. Abrace-me apertado: sete conversas para um amor duradouro. São Paulo: Jardim dos Livros, 2012.

LEVINE, Almir; HELLER, Rachel. Apegados: Um guia prático e agradável para estabelecer relacionamentos românticos recompensadores. Ribeirão Preto: Novo Conceito Editora, 2013.

PLATÃO. O Banquete. Porto Alegre: L&PM Editores, 2018.

PEREL, Esther. Casos e casos: repensando a infidelidade. Rio de Janeiro: Objetiva, 2018.

YOUNG, Larry; ALEXANDER, Brian. A química entre nós: amor, sexo e a ciência da atração. Rio de Janeiro: Editora BestSeller, 2013.

capítulo 5

ENCAIXES E DESENCAIXES NOS VÍNCULOS CONJUGAIS: O APEGO

Analuíza Santos Antunes Cunha

> Escuta, eu não quero contar-te o meu desejo
> Quero apenas contar-te a minha ternura
> Ah se em troca de tanta felicidade que me dás
> Eu te pudesse repor
> - Eu soubesse repor-
> No coração despedaçado
> As mais puras alegrias de tua infância!
>
> Manuel Bandeira, 1986

Esse capítulo é um convite à reflexão sobre o vínculo, a quem nos vinculamos e por que nos vinculamos. Por definição, vincular é a capacidade de ligar, unir, atar uma coisa à outra, sinônimo de ligação e conexão, ou seja, o que estabelece uma ligação afetiva ou moral entre duas ou mais pessoas (Vinculo *in* DICIO) [5].

Recentemente, em uma aula de pós-graduação, em uma discussão sobre relacionamentos afetivos, uma jovem psicóloga defendia que deveríamos ajudar nossos pacientes a serem felizes sem precisar de uma relação afetiva. Essa discussão me fez refletir como esse é um pensamento recorrente, principalmente entre jovens. Nossa cultura tem tratado a dependência afetiva de uma forma pejorativa, como algo a ser combatido e a independência acaba se tornando, com isso, um objetivo a ser conquistado. Winnicott (1983, p. 80) escreve que "... a independência nunca é absoluta. O indivíduo normal não se torna isolado, mas se torna relacionado ao ambiente de um modo que se pode dizer serem o indivíduo e o ambiente interdependentes". Formamos vínculos, necessitamos

---

5 Conceito de Vínculo disponível em: https://www.dicio.com.br/vinculo/

de conexão. Concordo que a dependência patológica gera sofrimento. Afastar-se dos próprios desejos, só se expressar com a anuência do outro, fazer escolhas de acordo com as convicções do outro... existir apenas dentro de uma relação, traz dúvidas sobre si e uma falta de contorno sobre quem sou.

Em um outro oposto, algumas pessoas estão intolerantes à frustração, sem compreensão e conexão com o mundo interno do outro. Descartam relacionamentos afetivos na expectativa que um próximo relacionamento será plenamente satisfatório. Ouço frases como: "A fila anda! Homem é como biscoito, sai um vem oito!" Uma sensação de fartura de possibilidades no mundo, coexistindo com um vazio no estar junto e no medo da intimidade que revela nossas vulnerabilidades. Rompimentos bruscos acontecem como se pudéssemos bloquear da nossa memória a experiência emocional que vivemos com uma pessoa, assim como bloqueamos o número de telefone ou o perfil na rede social. Para vivermos em sociedade precisamos de outros, somos interdependentes.

André era um paciente de 38 anos que se relacionava com este padrão com a mãe, esposa, sócio e amigos... "bloqueava" no telefone e mídias sociais qualquer pessoa da sua vida que o irritasse ou magoasse, tendo a nítida sensação que estava punindo quem o contrariava. Um tempo depois retomava o convívio, pois eram pessoas que não podia simplesmente "deletar" da sua vida. Testava o amor de quem o ama, se afastava e depois se sentia só e incompreendido. Com isso, seus relacionamentos ficavam desgastados, com tantos rompimentos e pedidos de desculpas em um ciclo vicioso.

Mahoney (1992, p. 270), escrevendo sobre os princípios gerais do desenvolvimento humano disse que "os relacionamentos que envolvem fortes laços emocionais (positivos ou negativos) oferecem os contextos mais potenciais para o desenvolvimento psicológico, tanto funcional como disfuncional". Nessa perspectiva, a teoria do apego explica que relacionamentos com forte envolvimento emocional com pessoas específicas, é um componente básico da natureza humana, e cria uma dinâmica iniciada na infância que continua na vida adulta e na velhice, sofrendo interferência de novos relacionamentos significativos.

> Uma das necessidades humanas mais básicas é ter uma conexão emocional segura, um apego, com aqueles que estão próximos de nós: nossos pais, filhos, amantes e parceiros. É essa necessidade e os medos de perda e de isolamento que a acompanham que fornecem o roteiro para os dramas humanos mais antigos e mais universais que os terapeutas de família e casal veem representados em seus consultórios todos os dias (JOHNSON, 2012, p. 4).

A importância das relações objetais, vinculares e de apego foi evidenciada em muitos estudos clássicos como os de René Spitz, Anna Freud, Mary Ainsworth, Melanie Klein, D. W. Winnicott, John Bowlby entre outros. A necessidade de um adulto disponível, atento e afetivo para o bebê ou para a criança é comprovada cientificamente e difundida largamente na mídia. Quanto mais a criança sente confiança na sua figura de apego, mais livre se sente para explorar o mundo: -"Sei que posso me afastar, porque se eu precisar posso contar com minha figura de apego para me proteger. Sinto que me apoia e confia em mim". A conexão segura ajuda a dar forma e sentido coerente acerca de nós mesmos.

As experiências primárias de apego vão, aos poucos, sendo internalizadas e organizadas para regular as relações e os comportamentos adultos. O estilo de apego se desenvolve durante a infância, e atua nos diversos relacionamentos que a pessoa tem no decorrer da vida.

> As interações repetidas do bebê com seu cuidador formam representações mentais sobre quem é a figura de apego, onde encontrá-la e como espera que responda. Estas representações se convertem em protótipo das relações afetivas que se constroem na adolescência e vida adulta (URREGO; GAITÁN; UMBARILA, 2012, p. 43, tradução nossa).

A qualidade dessas relações afetivas pode ser considerada um critério de avaliação de bem-estar e satisfação na vida. As relações recíprocas, nas quais os parceiros sentem-se ouvidos, vistos e entendidos, bem como emocionalmente recebidos, são circunstâncias importantes para o desenvolvimento da subjetividade, pois é por meio dos relacionamentos que nos conhecemos. A troca de apoio e segurança ajuda a compreender quem sou eu e quem é o outro.

É necessário ressaltar que não são as vivências reais o maior determinante de dificuldades futuras, mas sim a interpretação dessas.

Partindo dessa interpretação, a pessoa vai definindo concepções sobre si mesmo, sobre sentir-se amada, ou não, sobre ter recebido apoio satisfatório quando necessário, ou não... e essas concepções moldam o seu perfil emocional (ABREU, 2013).

Somos seres em constante relação, primeiramente com o(s) cuidador (es) primário(s), ampliando para a família extensa e depois com a sociedade, e deste modo construímos padrões de comunicação, influenciando e sendo influenciados por quem convivemos. Considerando que os cuidadores primários têm os próprios padrões vinculares construídos na sua infância, a transmissão intergeracional das condutas de vinculação acaba sendo assegurada, pois os cuidadores, muito provavelmente, criaram certas estratégias ou padrões de ligação quando crianças, e as utilizam na fase adulta, estando no papel de pais (ABREU, 2013). Nesse sentido, é possível afirmar que a teoria do apego é uma teoria sistêmica. Por outro lado, há uma organização interna de compreensão do mundo e de percepção do outro, resultante das vivências passadas.

PRINCÍPIOS CENTRAIS DA TEORIA DO APEGO

Bowlby iniciou sua pesquisa juntamente à James Robertson com o trabalho: "Investigação sistemática do problema dos efeitos da separação da mãe nos primeiros anos da infância sobre o desenvolvimento da personalidade" (BOWLBY, 2002. p. 11). Este estudo revelou como o cuidado da criança por pessoas sem vínculo emocional gerava um profundo sofrimento com prejuízos ao desenvolvimento global.

Esse autor seguiu seu trabalho utilizando-se de pesquisas da etologia, tais como os trabalhos de Konrad Lorenz e Niko Tinbergen, entre outros, e com base teórica psicanalítica. Outra base utilizada foram as pesquisas do psicólogo americano Harry Harlow (1905-1981) que, no seu laboratório de primatas, fez estudos entre 1957 e 1963 que hoje seriam considerados antiéticos, mas que, na época, ajudaram a mudar a forma do pensamento vigente, pois muitos especialistas acreditavam que a alimentação era a força principal entre os laços mãe e filho. Harlow comprovou que além da importância da alimentação e dos cuidados básicos de higiene, as crianças pequenas também precisavam de proximidade e contato físico, que proporcionasse o conforto e a segurança para o desenvolvimento normal.

Em seu experimento, ele separava um filhote de macaco Mono Rhesus do convívio familiar e social. Mantido em cativeiro, tinha acesso a uma "mãe" feita de arames com uma mamadeira e, ao lado, outra "mãe" feita de tecido confortável e sem mamadeira. Os macaquinhos só procuravam a mãe de arame enquanto se alimentavam, e a "mãe" de tecido confortável era procurada a maior parte do tempo. Diante de uma situação de medo, também recorriam à "mãe" de tecido ao invés da "mãe" que alimentava. Quando colocado em um ambiente novo, o macaco que não tinha acesso à "mãe" de pano demonstrava comportamentos de maior ansiedade e medo. O macaco que tinha acesso a "mãe" de pano, corria para ela assustado e, após um tempo, se acalmava e começava a explorar o ambiente com a curiosidade natural de um bebê normal.

Recomendo assistir o vídeo "Estudo de Harlow sobre dependência em macacos" [6], que demonstra esse experimento. Em outras experiências,

---

6 Vídeo disponível em: https://www.youtube.com/watch?v=qjiioOmWnqg

Harlow e seus alunos analisaram as consequências de isolamento social total ou parcial dos macacos Rhesus, comprovando que esse leva a uma série de resultados negativos com significativos distúrbios psicológicos.

Retornando à teoria de Bowlby, vale citar as pesquisas de Mary Salter Ainsworth (1985), fundamentais na construção da teoria do apego. Suas pesquisas de observação em Uganda (África), que foram continuadas em Baltimore (Estados Unidos) posteriormente, proporcionaram a observação empírica da relação mãe-bebê, aumentando a respeitabilidade desses resultados na comunidade científica. Recomendo também assistir o vídeo que retrata uma parte da sua pesquisa chamado "*The Strange Situation*"[7]. Ambos os autores focaram o trabalho na relação da criança com seu cuidador principal. Ainsworth (1985) dividiu o apego na infância em três estilos básicos:

- Apego seguro;
- Apego inseguro ansioso
- Apego inseguro evitativo.

No apego seguro, o cuidador principal demonstra sensibilidade, percepção adequada, interpretação correta, respostas contingentes e apropriadas aos sinais da criança, proporcionando estabelecer relações mais satisfatórias para ambos e criando a sensação de segurança e positividade. Em situações de medo ou angústia, as crianças com esse perfil são acalmadas com maior facilidade, permitindo-se novos movimentos exploratórios do ambiente. Essas crianças encaram a intimidade com conforto, criam com certa facilidade relações de proximidade com outras pessoas, pois se sentem amadas e não se preocupam com a possibilidade de serem abandonadas pelo cuidador primário (PINHEIRO, 2015). Tornam-se adultos com uma visão positiva de si mesmo e dos outros (BARTHOLOMEW; HOROWITZ, 1991). Baseiam suas relações na reciprocidade, cuidando e permitindo ser cuidado alternadamente diante das necessidades.

No apego inseguro ansioso, em situações de medo ou angústia, a criança busca a proximidade do cuidador principal e, ao mesmo tempo, resiste ao conforto que ele proporciona, gerando sinais de irritabilidade contra o cuidador. Misturam comportamentos de busca de proximidade com expressões de protesto, raiva e teimosia. Tornam-se adultos com uma ideia negativa de si mesmos e positiva dos outros, necessitam aprovação e proximidade em uma medida prejudicial (BARTHOLOMEW; HOROWITZ, 1991), podendo se tornar críticos e exigentes nas discus-

7 Vídeo disponível em: https://www.youtube.com/watch?v=QTsewNrHUHU

sões. "Regularmente estabelecem relações em que cuidam ou são cuidadas de forma quase excessiva, com flexibilidade cognitiva e emotiva reduzida..." (PINHEIRO, 2015, p.12). Exemplos disso são esposas que se tornam amigas íntimas das mulheres que trabalham com seus maridos, mães superprotetoras ou maridos, que usam o cuidado como controle: "Me preocupo que ande sozinha na rua, pois pode ser assaltada: prefiro te levar e buscar todos os dias no trabalho".

No apego inseguro-evitativo, em situações de medo ou angústia, há menor incidência e intensidade dos protestos ou expressão das emoções, e a distância é aumentada entre as pessoas. As estruturas cognitivas e emocionais são pouco flexíveis, com propensão à raiva e/ou emoções negativas. Há desconforto em relação à proximidade e intimidade, com tendência a evitar situações de cuidar e ser cuidado, pois percebem essas situações como uma dependência desagradável. Constroem uma visão positiva sobre si e negativa dos outros, se incomodando com a proximidade e desconfiando das intenções alheias (BARTHOLOMEW; HOROWITZ, 1991). São exigentes consigo mesmos. Nas relações afetivas adultas, fazem tentativas de proximidade não muito claras ou frequentes e, quando o parceiro não percebe, não valoriza ou critica essas tentativas, surge uma forte sensação de que "não adianta..." tendendo a se calar e evitar novas tentativas.

Main e Solomon (1986) propuseram um quarto estilo, chamado de apego desorganizado, para as crianças que não se encaixam nos estilos anteriores. Nesse grupo, as crianças demonstram alta insegurança e, quando se reúnem com a mãe após a separação, manifestam uma série de condutas confusas e contraditórias. Nestes casos, a pessoa constrói uma visão negativa de si e dos outros, e estão sempre preocupados ou ansiosos nas suas relações, (BARTHOLOMEW; HOROWITZ, 1991). Tornam-se adultos inseguros sobre si e o outro. Relacionam-se de forma ansiosa ou hipervigilante, com dificuldade de regulação emocional. Demoram mais para se acalmar ou ser confortado pelo outro.

Existe um vídeo muito interessante, chamado "Secure, Insecure, Avoidant Ambivalent Attachment in Mothers Babies", que demonstra os estilos de apego seguro, inseguro evitativo e inseguro ansioso de três crianças pequenas com suas mães[8].

Utilizando do conhecimento sobre o apego infantil, Hazan e Shaver (1987), publicaram um artigo sugerindo que o amor romântico é um processo de apego experienciado de forma diferente por pessoas diferen-

8 Vídeo disponível em: https://www.youtube.com/watch?v=DRejV6f-Y3c&amp=&t=74s

tes, de acordo com as variações de suas histórias de apego, comprovando a aplicabilidade da teoria nas relações afetivas adultas. Johnson (2012) fez um resumo de conceitos importantes da Teoria do Apego que ajuda a compreender suas atualizações na adolescência e vida adulta:

a. No decorrer da vida o ser humano procura criar e manter contato com pessoas específicas e significativas, tornando esse um ato motivador inato e primário.

b. A teoria do apego sugere uma dependência eficaz ou ineficaz, contrapondo a ideia de independência total ou superdependência, portanto a dependência segura complementa a autonomia. Quanto mais estivermos conectados de forma segura, mais separados e diferentes poderemos ser. "Nesse modelo, saúde significa manter um senso de interdependência, em vez de autossuficiência e separação dos outros" (JOHNSON, 2012 p; 5). O apego seguro promove autoconfiança e visão positiva do *self*.

Lembro de um exemplo que demonstra os possíveis prejuízos de uma dependência insegura. Angela era uma paciente profissional da área de gestão, em um cargo em que seria benéfico participar de congressos e outros eventos de sua área. Ela não se inscrevia em nada fora da sua cidade, pois não cogitava a possibilidade de deixar o marido sozinho nesse período. Acreditava que se estivesse ausente ele poderia se envolver com outra pessoa, apesar de saber que não havia indícios nesse sentido.

c. A presença de uma figura significativa (pais, filhos, cônjuge...) gera conforto e segurança, tranquilizando o sistema nervoso e diminuindo o efeito do estresse e das incertezas da vida (ver capítulo 06). A pessoa fica fortalecida para explorar o mundo e responder de forma mais adaptada ao ambiente, pois tem uma base segura para retornar. Possui confiança suficiente para experimentar e atualizar modelos do Eu, dos outros e do mundo, continuamente se ajustando a novas realidades e contextos. Por exemplo, quando um jovem vai fazer intercâmbio, ou quando um dos cônjuges tem uma transferência para outra cidade ou país, e o outro precisa aguardar por meses em sua cidade original até poderem se reencontrar, são situações que se tornam suportáveis e possíveis pela confiança no vínculo.

> O apego seguro fortalece a habilidade de afastar-se e refletir sobre si mesmo, sobre suas ações e seus estados mentais. Quando os relacionamentos oferecem uma sensação de segurança, os indivíduos são mais capazes de buscar e dar apoio aos outros e de lidar com o conflito e o estresse de forma positiva. Esses relacionamentos tendem a ser mais felizes, estáveis e satisfatórios. (JOHNSON, 2012 p. 5-6).

d. Quando construímos uma relação de apego com uma pessoa, as perguntas por trás dessa relação são: Se eu precisar, posso contar contigo? Responderá positivamente à minha necessidade de ter contato e receber seu cuidado quando eu necessitar? Conto com seu apoio? É a confiança de que há um compromisso emocional e uma receptividade nas procuras de proximidade e de emoções intensas que constroem vínculos.

e. Situações que geram instabilidade, eventos traumáticos, doenças ou ameaça à segurança do próprio vínculo de apego geram sentimentos fortes, como desamparo ou ausência de significado. Nesse momento, são ativadas as necessidades de apego, e se procura proximidade com uma figura de apego no intuito de encontrar regulação emocional e física, conexão e proteção.

Os sentimentos de abandono, rechaço, desamparo, solidão, ser um fracasso, ser esquecido, de não estar à altura, ser desvalorizado, não ser aceito, não ser realmente amado, são queixas frequentes de quem procura psicoterapia. No casal, as discussões sobre a rotina e os eventos da história, mascaram esses sentimentos, e trazem a melodia que é tocada no dia a dia do relacionamento. Um protesta e critica, outro se cala e se afasta, criando assim essa melodia na comunicação de assuntos de ordem prática como de quem é a vez de ir ao supermercado, ou sobre a forma de colocar limites nos filhos, ou ainda sobre o destino da viagem de férias. Muitas vezes, são bons resolvedores de problemas, mas com pouco contato com os próprios sentimentos e com os do outro. Como acontece com o casal Gabriel e Anabela, no seguinte diálogo:

> Anabela: — Você tem uma posição sobre a sua promoção? Falou com seu chefe sobre isso?
> Gabriel: — Não falei.
> Anabela: — Mas nós já conversamos tantas vezes sobre essa promoção... você trabalha tanto e não é reconhecido. O Marcelo do setor de vendas, que entrou na mesma época que você, já é gerente e você, que trabalha mais que todos, continua no mesmo cargo. Você precisa falar com seu chefe.
> Gabriel: — Sim, vou falar.

Anabela pensa que Gabriel não se empenha para melhorar seus ganhos e conseguirem concretizar seus sonhos mais rapidamente. Sabe o quanto ele é competente, mas acredita que ele não se importa com o que ela pensa ou sente. Gabriel, por outro lado, acredita ter sido claro quando explicou o processo de crescimento na empresa e os prazos que isso implica para a carreira que almeja. Sente-se cansado, desvalorizado por ela e com o sentimento que não importa o quanto se esforce, ela sempre o achará incompetente. São conversas em que os sentimentos não são expressos de forma clara, não oportunizando um ser apoiado pelo outro.

No início dos relacionamentos o que cria o vínculo é a disponibilidade, interesse pelo outro, receptividade a cada nova faceta apresentada e também envolvimento emocional. Com o passar do tempo, as mágoas e as divergências vão criando distâncias e questionamentos sobre a possibilidade real de contar com o cônjuge se precisar. Quando as feridas de apegos são acionadas, aparece uma necessidade de conexão que se não for encontrada, desencadeará reações cognitivas e comportamentais de acordo com a história pregressa de cada um, que se chama comportamento de apego. Esse comportamento não é ativado em situações corriqueiras, apenas quando nos sentimos realmente vulneráveis, como em uma situação de doença, após um assalto, ou quando há a sensação que o próprio vínculo está em perigo (como na descoberta de uma infidelidade). Em momentos como esses para quem tem vontade de ligar? De quem gostaria de receber um abraço?

Da mesma forma que não é qualquer pessoa que se ocupa do cuidado de uma criança, que se torna uma figura de apego, nas relações afetivas adultas isso se mantém. Um relacionamento baseado apenas em questões financeiras, cuidados com os filhos ou prazer sexual não caracteriza necessariamente como um vínculo de apego.

O entrelaçamento entre as experiências iniciais com a relação conjugal atual, serve como uma referência na abordagem na terapia de casal. As relações conjugais se constroem como resultado de experiências iniciadas na infância e que desembocam no "desejo de vínculo com um outro significativo, um outro que também tem uma história, uma representação e uma forma particular de se vincular" (URREGO, GAITÁN; UMBARILA, 2012, p. 44, tradução nossa).

MODELOS INTERNOS DE FUNCIONAMENTO (MIFS)

Em 1995 Bowlby propôs o conceito dos modelos internos de funcionamento (MIFs), considerando-o um dos componentes centrais da Teoria do Apego. Esse modelo inclui ingredientes cognitivos, afetivos e que integram crenças sobre si mesmo (*self*), os outros, o mundo social e também sobre a capacidade de despertar respostas no cuidador como disponibilidade e apoio (URREGO, GAITÁN; UMBARILA, 2012). Refere-se à capacidade de cada um de organizar internamente mapas do ambiente, do funcionamento de terceiros e de si mesmo, construindo expectativas e possibilidades.

As experiências do dia a dia da criança como ser acarinhada, brincar, apontar para um objeto e ter alguém que o alcance, sentir fome e ser alimentada, chorar e ser confortada, são experiências de ativação e finalização do apego. Com a recorrência das respostas, constrói-se a qualidade da relação com a figura de apego, formando o senso de estar junto e a compreensão da realidade compartilhada.

> Uma vez estabelecidos, os MIFs operam de forma automática e inconsciente, atuando como filtros da realidade, acionando também modelos implícitos e *scripts* de como devemos nos relacionar interpessoalmente, governando nosso comportamento. [...] Eles são uma tendência para a vida futura, apesar de poderem ser vistos e flexibilizados, tirando da teoria do apego qualquer caráter rígido e excessivamente determinista. (MENDES; MAIA, 2019, p. 18)

Becker e Crepaldi (2019) fizeram uma revisão de literatura, nacional e internacional, sobre o apego dos membros do casal desenvolvidos na infância e o relacionamento conjugal e parental. Aqui, citarei apenas os resultados obtidos relativos à conjugalidade, que indicaram relação existente entre os estilos de apego dos participantes estabelecidos na infância e dimensões relacionadas à conjugalidade na vida adulta. Constatou-se, por exemplo, que pessoas com características de apego inseguro do tipo evitativo e ansioso constituíram-se com maior tendência de desenvolver conflito conjugal e baixa qualidade do relacionamento amoroso. O estudo também identificou que o estilo de apego evitativo estava relacionado ao distanciamento emocional do cônjuge, no intuito de manter independência do parceiro íntimo, o que contribuiu para problemas relacionados à comunicação entre o casal e menor sentimento de confiança entre eles (BECKER; CREPALDI, 2019).

O casal Leandro e Carolina é um exemplo de relacionamento em que ele tem um estilo evitativo e ela ansioso. Ambos estavam bem em suas carreiras e tinham uma filha. Ela tendia a ver os problemas do dia a dia com praticidade, apesar de muito exigida profissionalmente, colocava limites em sua jornada para conciliar com os cuidados com a filha. Carolina não tinha parentes na cidade, era uma mulher bonita, elegante e cheia de energia. Como trabalhavam no mesmo ramo profissional, mas em empresas diferentes, ela dizia que os eventos sociais após o trabalho não eram necessários na frequência que ele participava. Ela o acompanhava em alguns e percebia que uma colega de trabalho dele demonstrava uma intimidade maior, gerando ciúmes e brigas. Este foi o motivo da busca da terapia de casal. Leandro, por sua vez, valorizava muito seu trabalho, se perdia em horas extras na empresa e alegava que as frequentes saídas após o trabalho eram necessárias para sua carreira. Ela cobrava presença e mais parceria com a filha, encontrava soluções razoáveis, mas ele tratava os pedidos como exagero. As tentativas de Carolina de conversar começavam de forma racional (mas irônica), caminhando para ansiedade e cobrança. Leandro, neste contexto se tornava mais evasivo e desconsiderador aos pedidos dela. Eram conversas intensas, ela tentando provar que eram pequenos ajustes na rotina que precisavam acontecer, e ele cada vez mais quieto e distante, tendo pequenas explosões sobre as cobranças que ela trazia. A comunicação era difícil, apesar de serem pessoas muito articuladas. Leandro, tendo um estilo de apego evitativo, não expressava o que sentia, não procurava abertamente o apoio da parceira, nem acalmava o ciúme de Carolina, gerando distanciamento emocional e dificuldade no relacionamento.

> Cônjuges com apego evitativo sentem-se desconfortáveis com a proximidade afetiva e preferem se distanciar para manter a independência. Como resultado, eles são menos propensos a confiar em seu cônjuge para buscar apoio emocional, se envolver em uma comunicação aberta e propor resolução de conflito. (BECKER; CREPALDI, 2019, p. 247).

Carolina tinha receio de perder Leandro, queria melhorar o relacionamento, o seu discurso era repleto de dados, fatos e soluções para os problemas. Não dava espaço para colocar seus sentimentos, muito menos ouvir com empatia o sofrimento de Leandro. Tinham dificuldade de entrar em contato com sentimentos delicados e profundos. Não podiam falar de medos e expectativas, continuaram sem cada um compreender qual era a dor real do outro. Esse distanciamento gerou profundo sentimento de solidão em ambos. Não foi possível restabelecer um vínculo de confiança entre os dois, decidiram pela separação. Enquanto ainda moravam juntos, ele começou a sair ainda mais e ela se envolveu com o professor da academia. Interromperam a terapia de casal quando decidiram pela separação, sendo encaminhados para terapia individual. Se ambos conseguissem ultrapassar as barreiras de seu padrão relacional para entrar em contato com os próprios sentimentos, aprender a expressá-los de forma assertiva e se colocar de forma receptível ao sofrimento do outro, acredito que poderiam viver de forma mais satisfatória. Como “bons resolvedores de problemas” que eram, fizeram o processo de separação de forma eficiente.

Conviver não é fácil e o conflito também é da natureza humana, não sendo necessariamente destrutivo, pode ser promotor de desenvolvimento, diferenciação, autonomia, gerar maior conhecimento de si e do outro e ampliar a intimidade. Geralmente, os casais com apego seguro, conseguem usar o humor, empatia, aceitação, sinceridade, cortesia, carinho, escuta ativa, etc., na resolução dos problemas, sendo essas características cultivadas no dia a dia. Em contrapartida, os casais que relatam maior insatisfação no casamento utilizam, em momentos de conflito, sequências de manipulação, retaliação, inflexibilidade, evitação, rigidez, comunicação verbal e não verbal negativa (PINHEIRO, 2015). Ajudar as pessoas a compreenderem as necessidades básicas não atendidas na infância aproxima emocionalmente e dá pistas do que buscam no relacionamento atual.

O estilo de apego é o padrão predominante no decorrer da vida, mas não é rígido, podendo se modificar com novas relações significativas. Uma pessoa com estilo de apego seguro pode se tornar mais evitativa no relacionamento com uma pessoa com apego ansioso, ou não... Talvez possamos pensar em uma "**química relacional**" em que a intensidade das características de um interfere no outro, explicando como cada relação é única, ou como podemos ser diferentes em relações diferentes. Assim, vejo a teoria do apego não como uma proposta de encaixar pessoas em determinados estilos de apego, mas como uma forma de compreender a história de uma pessoa, juntando questões relacionais e intrapsíquicas.

As relações afetivas são complexas e desafiadoras para o terapeuta. Olhar a história dos casais pela lente da teoria do apego é criar um ambiente seguro, no qual as pessoas possam falar de suas dores com a certeza de uma escuta ativa, receptiva e sem julgamento. Para ter essa condição, o terapeuta deve passar pelo próprio processo de psicoterapia, "passear" pela sua história tentando compreender seu modelo interno de funcionamento e seus padrões vinculares. Ser disponível, tolerar a dor emocional e proporcionar um ambiente fértil, capaz de promover novas experiências relacionais seguras. Essas são algumas reflexões sobre aspectos que devemos considerar no atendimento de casal. Existem outros como questões culturais, econômicas, família de origem, sexualidade, entre outras, que merecem igual atenção do terapeuta. Cabe a cada um, no belo exercício da profissão, saber mesclar o conhecimento científico com o lado artesanal, criativo e personalizado a cada pessoa que atendemos.

REFERÊNCIAS BIBLIOGRÁFICAS

ABREU, Cristiano Nabuco de. Teoria do Apego: Fundamentos, Pesquisas e Implicações Clínicas. São Paulo: Casa do Psicólogo, 2013.

AINSWORTH, Mary. D Salter. Attachments Across the Lifespan. Bulletin of the New York Academy of Medicine, p. 792-812, nov. 1985.

AINSWORTH, Mary D. Salter *et al. Patterns of attachment: A psychological study of the strange situation*. Londres: Psychology Press, 2015.

BANDEIRA, Manoel. Antologia Poética. Rio de Janeiro: José Olympio Editora, 1986.

BARTHOLOMEW, Kim; HOROWITZ, Leonard. M. Attachment styles among young adults: A test of a four-category model. Journal of Personality and Social Psychology., v. 61, n. 2, p. 226-244, 1991.

BOWLBY, J. Apego e Perda: Apego 3. ed., v. 1 São Paulo: Martins Fontes, 2002.

BECKER, Ana Paula Sesti; CRÉPALDI, Maria Aparecida. O apego desenvolvido na infância e o relacionamento conjugal e parental: Uma revisão da literatura. Estudos e pesquisas em Psicologia. Rio de Janeiro, v. 19, n.1, p. 238-260, 2019. Disponível em: <https://www.e-publicacoes.uerj.br/index.php/revispsi/article/view/43016>.

HAZAN, Cindy; SHAVER, Phillip. Romantic love conceptualized as an attachment process. Journal of Personality and Social Psychology. Denver, v. 52, n.3, p. 511-524, 1987. Disponível em: <http://dx.doi.org/10.1037/0022-3514.52.3.511>.

FONSECA, Marisa; SOARES, Isabel; MARTINS, Carla. Estilos de vinculação, orientação para o trabalho e relações profissionais. Psicologia, Lisboa, v. 20, n. 1, p. 187-208, 2006.

JOHSON, Susan M.; WHIFFEN, Valerie E. Os Processos de Apego na Terapia de Casal e Família. São Paulo: Rocca, 2012.

MAHONEY, M. J. Human Change Processes: The Scientific Foundations of the Psychoterapy. NY: BasicBooks, 1992.

MAIN, M.; SOLOMON, J. Discovery of an insecure disorganized/disoriented attachment pattern. *In* T. B. Brazelton & M. W. Yogman (Eds.). *Affective development in infancy*. Westport, CT, US: Ablex Publishing, 1986, p. 95-124.

MENDES, Marco Aurélio; MAIA, Adriana M. Lenzi. Teoria do Apego e Esquemas Conjugais. *In* PAIM, Kelly; CARDOSO, Bruno. Luiz Avelino (org.). Terapia do Esquema para Casais: base teórica e intervenção. Porto Alegre: Artmed, 2019.

PINHEIRO, Sofia. A influência dos estilos de vinculação e dos esquemas precoces não adaptativos nas relações interpessoais – Um estudo com casais. 2015. 102 f. Dissertação (Mestrado em Psicologia Clínica) Ciências Psicológicas, Sociais e da Vida - ISPA Instituto Superior de Psicologia Aplicada, Lisboa, 2015.

URREGO, Betancourt Y.; GAITÁN, Rodriguez N. A.; UMBARILA, Forero D. A. Relación entre el tipo de apego y la conducta de infidelidad en adultos jóvenes. Universidad Católica de Argentina. Revista de Psicología. v. 12, n. 24, 2016, p. 41-54.

VÍNCULO. *In:* Dicionário on line de português. Disponível em dicio.com.br/vinculo/. Acesso em 20/09/2019.

WINNICOTT, Donald Woods. O Ambiente e os Processos de Maturação: Estudos sobre a teoria do desenvolvimento emocional. Porto Alegre: Artmed, 1983.

capítulo 6

DE CÉREBRO E ALMA: COMO A NEUROCIÊNCIA AJUDA A ENTENDER OS VÍNCULOS CONJUGAIS

Ana Beatriz Pedriali Guimarães

> As sombras sinápticas do passado limitam nossa
> experiência atual assim como a capacidade
> de construir um futuro mais proveitoso.
> (Daniel J. Siegel, 2012, p.19-20)

INTRODUÇÃO

Costumamos utilizar a expressão "De Corpo e Alma" para nos referirmos à algo completo, unificado. O amor de corpo e alma é aquele em que existe uma entrega total, assim como trabalho quando realizado de corpo e alma traz um envolvimento não só técnico como também emocional. Tudo que é de corpo e alma é vivido em sua completude. Mas o que é corpo e o que é alma? Neste capítulo, a pretensão não é provocar este embate filosófico e sim destacar uma das dimensões do corpo, o cérebro. Este órgão social e seu funcionamento são parte importante para a compreensão da ampla gama de comportamentos humanos, entre eles o vínculo conjugal. Em um primeiro momento, a ideia de focar no cérebro talvez soe bastante cartesiana e linear, no entanto, o objetivo aqui é justamente o contrário. Ao considerarmos o aspecto neurobiológico como parte essencial do fenômeno dos vínculos conjugais, estamos ampliando ainda mais a visão do ser humano na sua teia multidimensional.

Não é nenhuma novidade para os profissionais do século XXI, que possuem o ser humano como objeto de estudo e intervenção, a visão atual de homem como um ser bio-psico-social-espiritual. Desde os grandes filósofos da Grécia antiga como Platão, Sócrates, Aristóteles e Descartes que levantaram questões sobre a natureza do corpo e da alma, vários debates foram travados sobre as capacidades humanas. No século XVII John Locke afirmava que o ser humano era uma tábula rasa, preenchida pelas vivências e experiências do indivíduo. Somente no final do século XIX com Wilhem Wundt (1879) é que a psicologia passa a ter um caráter científico de investigação e no século XX surgem as primeiras escolas da psicologia: estruturalismo, funcionalismo, behaviorismo, gestalt e psicanálise, cada qual com seu olhar sobre o ser humano (NOLEN-HOEKSEMA; et al., 2018; NICHOLS; SCHWARTZ, 2007). Costumo comparar as diversas abordagens da psicologia a um grupo de artistas que se coloca ao redor de um objeto para desenhá-lo. Dependendo de onde o artista está alocado terá uma perspectiva diferente, podendo desenhar um vaso de flores de frente, de lado ou diagonal resultando em três vasos diferentes. Da mesma forma, as diferentes abordagens psicológicas se colocam ao redor do homem "desenhando-o" cada uma sob sua perspectiva. Nenhuma é melhor ou pior que a outra, são apenas diferentes.

Apesar das variações epistemológicas das diferentes psicologias, algumas descobertas não são uma questão de diferentes olhares e deveriam ser incorporadas pela ciência da psicologia como um todo. Nenhum psicólogo do século XXI nega a existência da genética e de características e comportamentos inatos encontrados nos processos psicológicos básicos ou no entendimento de fenômenos complexos, nem a existência de uma neuroquímica complexa interferindo em casos de depressão e ansiedade. Se ainda existem profissionais que negam a existência da genética e da neurociência, deveriam juntar-se ao grupo dos que acreditam que o homem ainda não foi à lua e que tudo não passou de uma montagem televisiva de norte-americanos ambiciosos. Quero dizer com isso que a dimensão biológica do ser humano não é base para uma nova abordagem psicológica, tais descobertas são inovadoras e valiosas e vieram para somar na compreensão do homem.

Até agora, nenhuma novidade, afinal já se sabe que o ser humano é bio-psico-social-espiritual e que estas dimensões se influenciam mutuamente. Podemos desmembrar tais dimensões de forma que fique mais claro o que cada uma delas envolve. Os psicólogos costumam dominar as dimensões psico e social com destreza. Independente da abordagem teórica que seguimos, somos *experts* em buscar a relação entre a história de vida do indivíduo e suas queixas atuais, seus traumas. Vamos além da história atual e buscamos na história transgeracional lealdades que impedem o processo de individualização. Nesta busca, nos deparamos com a dimensão social que inclui a cultura em que estamos inseridos, classe social e todas as repercussões do universo social e político ao qual pertencemos. Também sabemos incluir e respeitar a dimensão espiritual de nossos clientes, usando-a como importante ferramenta na saúde mental. E o ser humano biológico? Como costumamos incluir esta dimensão? Notório é nosso conhecimento da psicossomática e a interferência do estado emocional na saúde física, é só lembrar dos casos de enxaqueca tensional, gastrite nervosa, psoríase entre tantos outros exemplos. Também já sabemos, como citado anteriormente, da relação entre a circuitaria cerebral, a fisiologia cerebral e as doenças mentais, mas será que podemos ir além? A resposta é positiva e podemos afirmar cientificamente que a dimensão biológica possui influência nas nossas escolhas de vida, entre elas as escolhas de vínculos afetivos, incluindo o vínculo conjugal, afetando ainda na sua manutenção e qualidade. Para este entendimento, precisamos entrar um pouco mais a fundo em alguns conceitos da neurociência.

O SER HUMANO BIOPSICOSSOCIAL

Vamos iniciar este entendimento desmembrando a dimensão biológica da visão humana atual. Em um primeiro olhar mais atento podemos incluir atualmente, além do biológico, o nível genético. Neste esquema de via de mão dupla, os níveis influenciam seu procedente seguindo sempre uma ordem (figura 1) (STRUTHERS, 2018). Por exemplo, um indivíduo que está inserido na cultura brasileira sofrerá influências psicológicas deste meio que possui tendência a criar vínculos familiares fortes e até mesmo superenvolvidos. Após seu casamento, será natural a proximidade com a família de origem, os almoços de domingo nos pais e a influência dos avós na vida dos filhos. Este cenário pode tanto desenvolver indivíduos funcionais para esta cultura como pode gerar alianças superenvolvidas ou até conflituosas entre os membros da família que por sua vez, geram ansiedade e um autoconceito de incapacidade perante a vida adulta. Estes aspectos psicológicos geram pensamentos e emoções que produzem substâncias químicas corporais que atuam diretamente no biológico, deixando este indivíduo com um quadro de gastrite nervosa.

Uma vez que a ansiedade libera cortisol (conhecido como hormônio do *stress*), este vai para a corrente sanguínea e terá influência direta nos neurônios do hipocampo, responsável pela memória, o que explica as queixas de memória dos indivíduos ansiosos. Este indivíduo ansioso, se não devidamente tratado, pode passar anos e anos nesta condição crônica que pode alterar o seu funcionamento celular. Nossas células possuem receptores para vários tipos de substâncias, os receptores costumam ser comparados pelos biólogos como "uma fechadura para cada chave", ou seja, existe uma fechadura que se encaixa perfeitamente na chave para o cortisol. Quanto mais produzimos determinada química, mais receptores para esta química são produzidas pelas células e menos receptores para outras substâncias são produzidas. Isso altera a célula que, ao se reproduzir, produzirá células-filhas com mais receptores para cortisol, tornando este organismo "especialista em ansiedade".

Esta alteração celular é uma alteração ao nível genético, muito bem explicado pelas novas teorias da epigenética[9] e que podem ser passadas de geração para geração (herança epigenética[10]).

Podemos concluir então, que o trabalho do psicólogo não só pode proporcionar relações mais saudáveis, como também interferir em um nível biológico que vai além do alívio de uma gastrite, modificando o funcionamento celular e genético! (STRUTHERS, 2018).

O inverso também pode ocorrer, uma alteração na dimensão genética influencia no biológico, que por sua vez influencia no psicológico, que por sua vez influencia no social/cultural. O que não ocorre é um "salto" entre tais dimensões, uma mudança cultural não causa uma mudança genética diretamente sem passar pelo psicológico e pelo biológico. As dimensões sempre seguem uma sequência, e cada uma delas pode ainda ser observada com uma lente de aumento. A dimensão biológica, foco do interesse neste momento, inclui os subníveis do sistema neurológico (que se remete ao funcionamento das partes do cérebro) a fisiologia cerebral (os circuitos cerebrais), a farmacologia cerebral (neurotransmissores) e o subnível celular (neurônios). Talvez possamos visualizar melhor os subníveis biológicos na Figura 1.

---

9 Termo utilizado na biologia para se referir a características de organismos unicelulares e multicelulares (como as modificações de cromatina e DNA) que são estáveis ao longo de diversas divisões celulares, mas que não envolvem mudanças na sequência de DNA do organismo (COZOLINO, 2017).

10 Transmissão de experiências ocorridas com os pais para os filhos e que não ocorre através do DNA. De acordo com os conceitos tradicionais, quando um embrião é formado, seu epigenoma é completamente apagado, e reescrito a partir das informações que estão no seu DNA. A exceção é que, para alguns genes, marcas epigenéticas são mantidas, e passadas de uma geração para a geração seguinte. (COZOLINO, 2017).

Figura 1: Níveis do Ser Humano Biopsicossocial

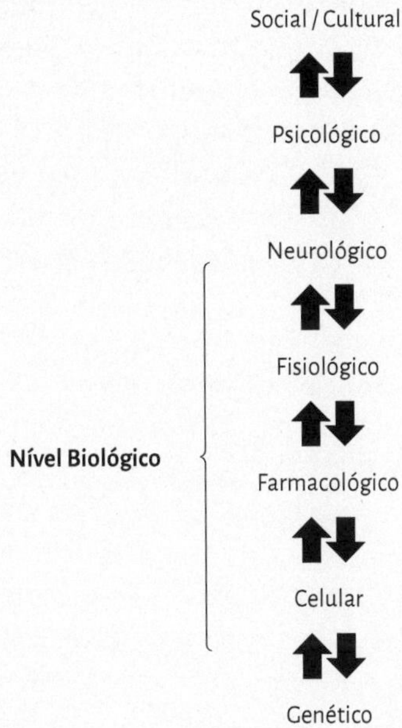

Fonte: Struthers, 2018.

O CÉREBRO SOCIAL: RELAÇÕES COM A TEORIA DO APEGO

Como psicóloga sistêmica, tenho uma premissa que guia meu entendimento do ser humano e minha prática clínica: a integração. Como bem define Vasconcellos (2010) pensar sistemicamente é pensar *a* complexidade das inter-relações não simplificando demasiadamente os fenômenos, a instabilidade que reconhece que tais fenômenos estão sempre em processo de resultar em algo e a intersubjetividade que considera a realidade do ponto de vista de um observador. Uma das belezas da teoria sistêmica é que ela está sempre aberta a incorporar novas descobertas, novos conceitos, novas ferramentas. Quanto mais a ciência evolui nas suas descobertas mais instrumentalizado o terapeuta sistêmico se sente e, assim como uma criança que aprende a juntar letras soltas e ler uma palavra, tornando impossível a partir disso o retorno ao fragmentado (não conseguimos bater os olhos em uma palavra e não lê-la!), a partir do contato com a neurociência não se consegue mais se deparar com um cliente e não conceber a ideia de que se está diante somente de uma história de vida, mas também de um cérebro que se desenvolveu e reagiu juntamente à esta história.

O cérebro é um órgão que sofre influência do social e da história de cada indivíduo (COZOLINO, 2017). Nosso coração, pulmões, fígado continuam os mesmos desde a evolução do ser humano como homo sapiens, seguem a mesma morfologia e continuam desempenhando suas funções conforme foram programados, mas, será que o cérebro do homem moderno é o mesmo cérebro de 300.000 anos atrás? A resposta para esta questão é sim e não. Sim se pensarmos na morfologia cerebral. O cérebro continua sendo formado pelas mesmas estruturas (córtex, sistema límbico, hipotálamo, etc.), porém a forma como se desenvolvem estas estruturas, a formação de rotas neurais e as conexões entre elas são influenciadas por estímulos, traumas, cultura e vivências do nosso dia-a-dia. Como diria Struthers (2018), o cérebro de milhares de anos atrás era menos ansioso do que hoje e não precisávamos tanto da nossa memória, o cérebro de quem nasceu antes da era digital, da *internet* e dos celulares é diferente da geração que nasceu a partir do ano de 1995. Meu cérebro é o da televisão e dos primeiros vídeo games, já o cérebro dos meus pais é o cérebro do rádio e assim por diante. Por mais que tenha aprendido a navegar na *internet*, o efeito no cérebro não é o mesmo que uma criança que aos quatro anos já acessa jogos no computador.

Se o cérebro não é o mesmo, tampouco são as rotas e redes neurais, o pensamento e o comportamento. Fica fácil compreender este fenômeno se olharmos para a prática clínica. Muitas das queixas dos adolescentes de hoje não são as mesmas de algumas gerações atrás. Hoje predominam jovens com dificuldade de regulação emocional e interação social. A era digital tem proporcionado namoros e interações virtuais, desprovidos do olho no olho e do reconhecimento facial das emoções. Estamos diante de uma geração com dificuldade de estabelecer e manter vínculos.

Lembram da dimensão social? Pois é, o ser humano é social. O discurso moderno e individualista das redes sociais, de que não nos importamos com o que os outros dizem e pensam de nós e que simplesmente passamos a tesoura nas relações que não nos fazem bem, não passa de uma forma moderna para antigos mecanismos de defesa emocionais para pessoas empobrecidas de autoconhecimento. É claro que nos magoamos com um comentário ruim a nosso respeito, ficamos com raiva quando somos excluídos e sim, precisamos nos sentir amados, admirados e incluídos nas nossas relações. Como muito bem afirmou Bowlby (1988) não existe independência completa dos outros ou a superdependência, existe a dependência eficaz (que produz autonomia, autoconfiança e um senso positivo de *self*) ou a dependência ineficaz. O discurso de não precisar de ninguém ou de não conseguir ficar sozinho nada mais é do que o discurso das feridas de apego primárias.

Aqui vou relacionar os tipos de apego com a neurociência de maneira a ampliar a compreensão da Teoria do Apego como um Sistema de Apego, que envolve reações neurobiológicas com as respostas comportamentais. Para este entendimento, comecemos com uma breve revisão da clássica Teoria do Apego de Bowlby (1988) e como estas matrizes vinculares se mantêm ao longo da vida do indivíduo (para maior aprofundamento do tema ver capítulo 05).

A teoria de Bowlby (1988) classifica os tipos de apego em dois grandes grupos: apego seguro e apego inseguro, sendo este último subdividido em três tipos (ansioso, evitativo e desorganizado) (Fig.2).

Figura 2: Tipos de Apego

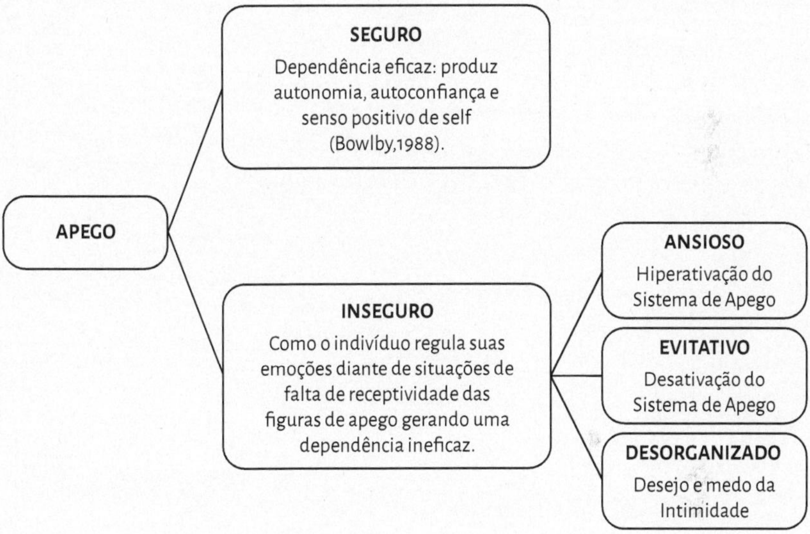

Fonte: Bowlby, 1988.

Sabe-se que ao longo da vida, o tipo de apego desenvolvido na infância tende a se manter estável e a se repetir em nossos vínculos na vida adulta. No apego seguro, a proximidade com uma pessoa querida tranquiliza o sistema nervoso, ele é um antídoto natural para a ansiedade, vulnerabilidades, estresse e incertezas. A receptividade de outro ser humano nos proporciona, desde a infância, uma base segura para a exploração do mundo e a abertura cognitiva necessária para a assimilação de novas informações e estímulos, que terão influência no desenvolvimento da personalidade. É só a partir do desenvolvimento desse "confiar no outro" que podemos nos afastar (sabendo que se necessário temos um lugar de apoio seguro para retornar) e refletirmos sobre nós mesmos, nossas ações e nossos estados mentais, ou seja, o "olhar para si", a busca do autoconhecimento, o tornar-se indivíduo antes de mergulhar no complexo universo das relações conjugais deriva diretamente de saber depender de forma saudável do outro (BOWLBY,1988; JOHNSON; WHIFFEN, 2012). Paradoxal não? Principalmente em um mundo moderno no qual a individualidade parece uma qualidade a ser conquistada.

Um dos aspectos fundamentais para o apego é a emoção. Quando nos sentimos ameaçados pelos aspectos negativos da vida diária (doença, problemas no trabalho, etc.) surgem emoções. E junto a elas a necessidade de conforto e contato com nossas figuras de apego. Queremos uma palavra de alento, um abraço, um carinho, daqueles que nos fazem sentir seguros. Se tudo correu bem no desenvolvimento desde a infância e recebemos mensagens de que o que sentimos é importante e foi considerado e ouvido, na vida adulta somos capazes de compreender que nem sempre as pessoas estão acessíveis no momento que precisamos, seja por compromissos da vida adulta ou por elas também estarem vivenciando momentos difíceis. Somos capazes de reconhecer o outro de forma empática e a inacessibilidade é reconhecida e aceita. Aprendemos quando adultos que possuímos a capacidade de nos autorregular, e assim desenvolvemos estratégias de autorregulação emocional.

Partindo do pressuposto que um sistema é maior que a soma de suas partes e que quando tais partes estão organizadas surge algo novo, algo maior como resultado das interações entre elas, como poderíamos compreender o apego considerando a perspectiva biopsicossocial?

Fishbane (2013) nos lembra bem de como as interações de apego inicial na infância são determinantes para o desenvolvimento de redes neurais no bebê. O bebê já nasce com o tronco encefálico[11] e os reflexos básicos funcionando e com o cérebro emocional e o sistema límbico parcialmente desenvolvidos. A maturação da circuitaria do cérebro emocional é o foco do desenvolvimento no primeiro ano de vida, e responde de forma muito maleável às interações de cuidado com as figuras de apego. A partir dos dois anos, a criança começa a desenvolver o cérebro esquerdo e os circuitos do córtex pré-frontal junto ao hipocampo (sede da memória). Durante este processo relacional de apego primário, juntamente ao contato físico "pele com pele" vários neurotransmissores e hormônios são produzidos, especialmente a oxitocina também conhecida como "hormônio do amor" ou "hormônio do vínculo", produzida

---

11 O tronco encefálico é constituído por bulbo, ponte e mesencéfalo que controlam capacidades vitais básicas como a respiração, frequência cardíaca, digestão, entre outros.

sempre que estamos em contato físico ou perto das nossas figuras de apego. A oxitocina tem um efeito fantástico em nós, ela baixa os níveis de cortisol (hormônio do estresse) do nosso organismo e é responsável pela sensação de prazer, segurança e bem-estar físico e emocional. Aliás, a oxitocina é relacionada também ao sentimento de fidelidade nos casais. Quando cuidador e bebê estão em uma interação afetiva prazerosa, com trocas de olhar e contato físico, ambos os lados produzem oxitocina, permitindo a criação do vínculo e, lembram do hipotálamo? Pois é, ele está gravando tudo isso em forma de memórias implícitas no bebê!

A busca de proximidade com o cuidador, a comunicação cara-a-cara, o contato visual e respostas adequadas de afeto e atenção são responsáveis por moldar o cérebro tanto do bebê quanto do cuidador, ou seja, a capacidade de vínculo não é aprendida e sim decorrente de como as redes neurais são moldadas nas nossas primeiras interações (COZOLINO, 2017). Cuidador e bebê corregulam um ao outro e são co-criadores do afeto mútuo de uma forma circular.

É maravilhoso o resultado do sistema de apego, da interação entre estas partes: cérebro, hormônios, contato olho no olho, troca de afeto, toques. Ao juntarmos tudo surge um dos mais poderosos afetos do ser humano: o vínculo de apego primário, de pertencimento e de confiança, que irá nos acompanhar ao longo de toda nossa existência, moldando nossas escolhas relacionais e a forma como confiamos nos outros. Porém, cada indivíduo possui histórias únicas, nem todos vivenciam este cenário de amor e confiança inicial com seus cuidadores resultando nos modelos de apegos inseguros.

No adulto com apego ansioso, o comportamento observado é o de preocupação. Vemos pessoas manifestando medo de abandono, sufocando seus parceiros de várias formas: checando celular e redes socais, controlando horários, ficando excessivamente próximas fisicamente, cobrando, cobrando, cobrando. Podem se tornar agressivos, seus parceiros muitas relatam sentirem-se sufocados e sem espaço na relação. Muitas vezes questionam se são merecedores de amor e se mostram dependentes dos relacionamentos, necessitando da tranquilização e da disponibilidade total de seus parceiros para se autorregularem. E "aí deste" se não estiver disponível. Acreditam em jargões amorosos do tipo: se a pessoa me ama, tenho que estar em primeiro lugar, o outro deve largar tudo o que estiver fazendo por mim. São pessoas que excedem nos cuidados com o outro, mas, afinal, quem ama cuida! São dominadoras, falam e cobram demais e sentem que suas necessidades nunca são satisfeitas. Seus parceiros também sentem que nada do que fazem parece ser suficiente para agradar. Se você se sentiu cansado só de ler este relato, é isso mesmo, esses casais chegam até nós cansados, sufocados em ciclos viciosos de perseguido-perseguidor, revelando uma hiperativação do sistema de apego formado pelo diálogo entre cérebro, reatividade emocional e comportamento (JOHNSON; WHIFFEN, 2012).

Já no apego evitativo, o que encontramos é uma desativação do sistema de apego caracterizando pessoas com comportamentos de autoproteção. Evitam intimidade e exibem pouca ansiedade diante do abandono, se orgulham de serem autossuficientes e independentes e quando se relacionam o fazem com pouca proximidade física e emocional. Quando se sentem fragilizadas não procuram outras pessoas para pedir apoio, e também possuem dificuldade em oferecer suporte emocional quando solicitadas. São desconfiadas, críticas e julgadoras (JOHNSON; WHIFFEN, 2012).

Por fim, temos o apego desorganizado que dá origem a um padrão de comportamento de pessoas com medo das relações afetivas com seus parceiros. Estas pessoas apresentam uma mistura dos dois padrões de apego inseguro anteriores (ansioso e evitativo), ou seja, ao se relacionarem, fazem o movimento de "preciso, quero — mas tenho medo". Esse indivíduo apresenta, ao mesmo tempo, ansiedade em relação ao abandono (quero, e muito!) e altos níveis de evitação da intimidade (tenho medo de me entregar e me machucar então, vou manter uma distância segura) e age como se ficasse sempre à espera de uma desilusão. Assim como as ansiosas, elas questionam se são merecedoras de amor, porém lidam com seus medos evitando a intimidade assim como as evitativas. Levam muito tempo para se envolverem em relacionamentos íntimos e expressam dificuldade com a proximidade emocional e física, contendo as emoções. Podem não procurar seus parceiros quando fragilizadas e não perceber ou acreditar que seus parceiros se preocupam com elas de forma verdadeira (JOHNSON; WHIFFEN, 2012).

Vários estudos com animais têm mostrado que todos os mamíferos que tiveram cuidadores negligentes ou superprotetores/ansiosos irão apresentar sofrimento na vida adulta, tornando-se ansiosos ou evitativos e isso é passado de geração para geração, já que este indivíduo também terá este modelo como futuro cuidador. Nestas situações, o "eu" do indivíduo não é claramente internalizado como diferente do outro, e o resultado é uma tensão entre diferenciação e pertencimento que gera, por um lado, uma relação fusionada com o outro e a sensação de não possuir um eu separado (apego ansioso), e por outro a necessidade de se manter distante e o medo de perder sua identidade na relação com o outro (apego evitativo) (SIEGEL, 2012).

Sendo assim, nos apegos inseguros não existe o Eu, somente o NÓS. Recentemente, a "mestre das metáforas" Thelma Mazer, compartilhou uma de suas criações durante nosso grupo de estudos que não poderia ilustrar melhor esta ideia. Mazer (2018) nos ensina que a matemática das relações não é tão exata. A fórmula relacional incorporada pelos ansiosos é a de que 1+1=1 na qual são indissolúveis, grudados e dependentes. Para os evitativos, 1+1=2, sendo estes dois bem separados, cada um com sua individualidade. A fórmula ideal, de apego seguro é a de que 1+1=3, dois indivíduos mais um nós, as pessoas podem livremente e sem medo vivenciar tanto a individualidade quanto a conexão com o outro.

Para entendermos os sistemas de apego de forma mais ampla, precisamos entender o conceito de neurônios espelho. Fishbane dá uma explicação precisa sobre o sistema de neurônios espelho:

> A ideia é que quando observamos alguém desempenhando uma ação – não um movimento aleatório, mas uma ação com intenção – nós automaticamente experienciamos esta ação em nosso cérebro, enquanto neurônios espelho situados no córtex motor disparam nos dando a sensação de que somos nós mesmos que estamos realizando tal ação (FISHBANE, 2013, p.65).

Você já sentiu "vergonha alheia"? Pois então, é o seu sistema de neurônios espelho em ação! No entanto, se você possui um sistema de apego seguro, poderá se auto perceber e distinguir que você e o outro são pessoas diferentes e a tensão da vergonha experimentada se dissipa logo após a situação.

Siegel (2012) explica que esta capacidade de auto percepção não depende somente da nossa capacidade intelectual/cognitiva de compreender nossa história passada, envolve o resultado do aprendizado decorrente de estarmos abertos a tudo que chega até nós através do processamento sensorial. Recebemos uma enxurrada de estímulos externos através da visão, audição, tato, olfato e gustação simultaneamente aos sinais do nosso corpo, do mundo interno. A capacidade de percebermos este universo interno, tanto através de sensações musculares quanto através da percepção da resposta de nossos órgãos, (coração, intestino, pulmões) é que nos dá uma profunda sensação de conexão com nós mesmos. Somente a partir deste registro inicial da interação entre corpo-cérebro-cognição é que somos capazes de, em uma interação com o outro, interpretarmos sinais não verbais como expressões faciais, tom de voz, contato visual, postura e gestos. Esta comunicação não verbal é a comunicação do mundo interno do outro e é percebida por nós também através do universo interno. Os neurônios espelho recebem estas informações e as transmite através da ínsula para as regiões límbicas, corporal e tronco encefálico. As áreas subcorticais que ressoam com aquilo que percebemos no outro são então retransmitidas para a área pré-frontal. Esse fenômeno é conhecido como ressonância e os circuitos que o tornam possível são chamados de circuitos de ressonância. Esta circuitaria cerebral e áreas envolvidas são as partes que formam o que chamamos de cérebro social. E é assim que a neurociência explica o sentimento de empatia.

O fenômeno de ressonância é o responsável pelo surgimento da motivação de querermos ajudar alguém, de nos colocarmos no lugar do outro, de nos questionarmos "e se fosse comigo?" e é claro, de sentirmos "vergonha alheia". Nos apegos inseguros, a pessoa está mais focada nas suas necessidades ou medos do que no outro, parece existir pouca ressonância. Quantas vezes não vemos no consultório, uma das partes se surpreender com o sentimento muitas vezes óbvio expressado pelo outro diante de seus comportamentos: "puxa, não sabia que você se sentia tão desvalorizado diante do meu ciúme!" ou diante de um acaso de infidelidade o quanto é comum nos depararmos com "não sabia que iria causar tanto sofrimento em você"!

A CONJUGALIDADE DE CÉREBRO E ALMA

Esse olhar sistêmico do ser humano permite ao terapeuta enxergar não só o sistema de apego de um indivíduo. Como um sistema está sempre contido em um sistema maior, nossa lupa sistêmica entra em ação novamente e percebemos que quando dois indivíduos se unem em um casamento, relação estável ou qualquer outro nome que damos para uma relação amorosa mais duradoura, surge um sistema de apego conjugal que contém as reatividades emocionais decorrentes da ressonância diante das mais variadas situações relacionais com o outro que, por sua vez, geram padrões de interação conjugais funcionais ou disfuncionais. E então temos diante de nossos olhos a dança relacional daquele casal.

Quando pensamos em um casal saudável, feliz, nossa memória acessa imagens de pessoas juntas, de mãos dadas e expressando afeto através do toque e do olhar, assim são vistos os apaixonados. Quando um casal está desfrutando desta sintonia, muitas coisas estão acontecendo no universo biológico de ambos. Através do toque, massagem, "cafuné", troca de olhares, sexo, são produzidas altas doses de oxitocina que diminuem os níveis de cortisol, de reatividade emocional e ativação da amídala. Casais que se coestimulam na produção de oxitocina aumentam a capacidade de comunicação positiva e resolvem de forma mais rápida os conflitos conjugais. Já os casais que estão seriamente feridos por repetidas brigas, infidelidade ou falta de respostas empáticas de apoio e suporte emocional acabam se reconhecendo não mais como pessoas de confiança, as quais estão em uma relação de apego seguro, e sim como inimigas (FISHBANE, 2013). Ninguém quer estar fisicamente próximo de seu inimigo, muito menos fazer sexo com ele, e o resultado é que este casal deixa de experimentar as delícias da oxitocina. Essa dança é perigosa, pois ativa nossas defesas mais antigas por meio da nossa amídala cerebral.

Para entendermos melhor essa coreografia entre reatividade (amídala) e racionalidade (córtex) precisamos conhecer um pouco do cérebro tripartido. Carregamos em nosso cérebro grande conexão com nossa história evolutiva de milhões de anos. Na base do cérebro se encontra o tronco encefálico, comum também aos répteis, e conhecido como cérebro reptiliano (já mencionado anteriormente, controla funções básicas como sono, batimento cardíaco, respiração, etc.). Em um nível acima (no que diz respeito a evolução) está o cérebro paleomamífero ou sistema límbico, formado pela amígdala e pelo hipocampo, essa área é fundamentalmente relacionada ao processamento das emoções. O nível mais desenvolvido do nosso cérebro, o néocortex ou cérebro neomamífero, é responsável pelo funcionamento superior do cérebro e à frente dele situa-se o córtex pré-frontal (CPF), altamente desenvolvido nos humanos e responsável por mediar nossa cognição e raciocínio (FISHBANE, 2013)

O importante aqui é sabermos que todas estas áreas do cérebro estão interconectadas e é a arquitetura das redes que conectam estas partes a responsável por nossas experiências de vida. Para o entendimento da conjugalidade é essencial conhecermos um pouco mais da amídala cerebral, nossa sentinela emocional que está sempre alerta para detectar situações de perigo. Desenvolveu-se muito antes do córtex pré-frontal responsável pelo raciocínio e julgamento, e é ela que muitas vezes o sobrecarrega e o sequestra, causando reações emocionais desprovidas de intenção. Apesar de termos desenvolvido partes do cérebro responsáveis por toda a capacidade criativa e intelectual humana ainda somos reféns de áreas muito antigas da nossa história evolutiva (SOLOMON; SIEGEL, 2003). A amídala é a grande responsável por nos deixar de "cabeça quente" e falarmos impulsivamente coisas que nunca deveriam ser ditas nas interações conjugais, e ainda por cima é dotada de uma independência enervante. Da próxima vez que você falar o que não devia com seu parceiro, não fique bravo consigo mesmo como um todo, brigue com sua amídala!

Como é uma estrutura que se localiza no meio do cérebro, suas respostas passam pelas redes neurais de forma rápida e ativam os mecanismos de sobrevivência, de luta e fuga. Já o córtex pré-frontal (CPF) se localiza na parte mais externa do cérebro e sua percepção é um pouco mais lenta. Um exemplo de como se dá o diálogo entre amídala e CPF seria imaginar uma pessoa andando à noite em uma rua escura e deserta, amídala sempre alerta, buscando qualquer sinal de perigo. Você ouve um barulho atrás de si, ela se ativa, seu coração acelera e seus músculos se contraem e você corre (fuga) ou, se for faixa preta de karatê, você se vira pronto para o embate (luta). Seja qual for sua reação, você estará a salvo e a amídala cumpriu sua função básica: sobrevivência. Neste tempo todo o CPF ficou desativado por ela, pois na visão da amídala, ele pensa demais e até chegar a uma conclusão, já estaríamos mortos. Só depois que a amídala se acalma é que o CPF volta, aos poucos, a se ativar e nos possibilita avaliar a situação, e toda a cena de terror de correria e karatê pode ser entendida em uma perspectiva real e não da ameaça: o barulho não passava de um gatinho fofo à procura de comida na lixeira, e respiramos aliviados (BARRETT; FISH, 2014; STRUTHERS, 2018).

Vocês podem pensar "Que grande amiga é essa nossa amídala! Sempre alerta a nos proteger do perigo!" O embaraço está no fato de que nossa grande amiga está SEMPRE procurando pelo PERIGO, e o que é entendido por PERIGO é tudo aquilo que na sua história de vida você vivenciou e internalizou como sendo perigoso ou traumático, como por exemplo ter sido rejeitado, abandonado ou negligenciado provavelmente foi registrado como uma fonte de perigo, já que são situações que causaram uma carga afetiva negativa de medo, apreensão e ansiedade grandes. É por trás destas portas vivenciais que se escondem a maioria dos problemas conjugais e relacionais. Na maioria das vezes nossos medos são inconscientes, as feridas de apego primárias da primeira infância não são armazenadas na memória explícita como conhecemos após adultos, ninguém se lembra das rejeições e inseguranças antes dos dois anos de idade, que é quando o cérebro começa a desenvolver o hipocampo, essencial para nossas memórias explícitas, aquelas que passam como um "filminho" em nossa cabeça e podemos relatar como foi nossa última festa de aniversário. Essas primeiras memórias são as chamadas implícitas e funcionam de forma reativa e inconsciente (FISHBANE, 2013).

O cérebro possui, além da organização vertical das suas estruturas, uma organização horizontal: hemisfério esquerdo e direito. O hemisfério esquerdo é responsável pela linguagem, lógica e fatos, possui um funcionamento linear e consciente. O hemisfério direito é especializado nas emoções, capta a "essência" das vivências e opera de forma inconsciente, está ativado desde o nascimento e se desenvolve antes do hemisfério esquerdo, ou seja, existe um período de nossas vidas, na primeira infância, que nossas experiências são armazenadas de forma implícita, inconsciente e possuem força para atuar durante todo o desenvolvimento. Se estas experiências são traumáticas, irão moldar todo o desenvolvimento do hemisfério direito (FISHBANE, 2013). Callegaro (2011), lembra ainda que o hemisfério direito é nosso "contador de histórias", ele é o responsável por criar justificativas para nossas ações. O ser humano não suporta ficar no vácuo, sem explicação para qualquer tipo de acontecimento, e esse nosso contador de histórias tem uma característica bem peculiar: ele busca a auto justificação, sempre legitimando, mesmo que de forma mirabolante, nossas ações e reações e, como diria Sartre, "o inferno são os outros"[12], nunca nós mesmos.

Gottman e Silver (2014) trabalham diretamente com as reações biológicas na terapia de casal, relatando que o transbordamento emocional decorrente das respostas corporais ativadas pelas memórias implícitas são extremamente prejudiciais para o casal, pois impedem o pensamento racional, criando um fenômeno que chamam de "visão de túnel", em que nossos sentidos se focam em detectar sinais potenciais de aviso de perigo ou em rotas de fuga. Quando este transbordamento ocorre, nada que o terapeuta sugira em termos de comunicação ou acolhimento será efetivo, são necessários 20 minutos para que a pessoa volte a ouvir o que o outro tem a dizer ou permitir qualquer tipo de acolhimento e, se não for reparada a situação em questão, a ferida permanece não resolvida e nossa tendência de lembrarmos de questões inacabadas é maior que aquelas que já foram emocionalmente amenizadas. Nesses momentos é que o casal se encontra na zona de distorção cognitiva, onde são deformadas as situações vividas e registradas desta forma.

A seguir, sigo com uma ilustração de um caso clínico, criado pelo meu hemisfério cerebral direito, a partir de recortes de vários casais atendidos nestes 19 anos de vivência clínica. Pretendo através deste exemplo

12 A assertiva é dita por uma das personagens da peça de teatro Huis clos (Entre quatro paredes, na tradução brasileira), do francês Jean-Paul Sartre, escrita em 1945. A peça sartriana pondera que o outro, na verdade, é fundamental para o conhecimento de si mesmo. Isto é, o ser humano necessita relacionar-se com o outro para construir a sua identidade, processo nem sempre tranquilo e harmonioso. (PUC-RS, 2009). https://biblioteca.pucrs.br/curiosidades-literarias/voce-sabe-de-onde-e-a-expressao-o-inferno-sao-os-outros/

prático, mostrar como a neurociência pode sair dos complexos livros e ir diretamente para o consultório, possibilitando ao terapeuta uma leitura clínica mais ampla, além de ser uma bela ferramenta psicoeducativa para os clientes. Termos como amídala, reatividade emocional, luta/fuga, córtex não devem fazer parte apenas do vocabulário dos grandes neurocientistas em seus complexos laboratórios. Devem fazer parte do nosso cotidiano de atuação clínica e de nossos clientes.

A NEUROCIÊNCIA E A PRÁTICA CLÍNICA COM CASAIS: *"PUXA! ATIVEI A AMÍDALA DELA!"*

O nome que dei ao caso se remete a uma frase que escutei em uma sessão individual de um dos membros de um casal que estava em atendimento. Ele, ao me relatar a semana, traz esta fala: "tentei falar sobre a família dela (referindo-se à frequente intromissão da sua sogra nas decisões do casal), mas aí, puxa! Ativei a amídala dela..., e não deu certo". Há pouco, tinha retornado de um *workshop* com o neurocientista William Struthers, ao qual referencio algumas vezes neste texto, e estava empolgada com novos *insights*. Havia colocado para eles, em uma sessão anterior, minhas novas descobertas e mostrado em uma prancha, com figuras ilustrativas do cérebro, a dança entre amídala e córtex. Meio insegura ainda com a forma de trazer a neurociência para a prática clínica, me pego maravilhada com a fala do meu cliente: funcionou! A partir deste dia, criei cada vez mais materiais de apoio para mostrar e explicar aos clientes esta dinâmica, e eles têm mostrado bastante interesse nesta abordagem psicoeducativa.

Vou contar uma breve história de um casal que aqui chamarei de Pedro e Mara, casados há 12 anos e sem filhos. Este casal me procurou porque estavam brigando muito. Pedro não aguentava mais as crises de ciúmes de Mara, que segundo ele começaram quando ela resolveu "tirar de não sei onde" que uma colega de trabalho dele, Silvia, estava dando em cima dele o tempo todo. Mara se ressentia em como ele ignorava sua "percepção intuitiva" feminina e se sentia desvalorizada. Dizia que os homens não percebiam estas coisas tão bem quanto às mulheres e gostaria que Pedro colocasse limites em Silvia. Pedro achava isso tudo uma grande besteira e expressava que, mesmo que fosse verdade, não faria nada, pois o que importava era sua atitude: para ele, não existia interesse em outra mulher, somente em Mara, e sua atitude desconfiada o deixava triste e chateado, já que ela achava que ele não possuía valores morais.

Conhecendo a história individual do casal, Pedro (36 anos, advogado) relata que seus pais eram muito rígidos, principalmente com valores como honestidade, fidelidade e empatia. Seu pai (Rogério), era militar e não tolerava que os filhos saíssem da linha, tinham que ser exemplo para os outros, principalmente Pedro que era o filho mais velho no qual os dois irmãos mais novos deveriam se espelhar. Sua mãe (Cláudia) era uma "típica esposa de militar", submissa, permitia que o marido tomasse as decisões sem o incomodar na vida profissional e financeira, cuidava dos filhos e da casa e era afetiva. Pedro conta que seu pai tinha valores rígidos, pois havia sofrido muito com o casamento de seus pais, o avô de Pedro (Luís) tinha sido infiel no casamento várias vezes, acarretando muita dor para sua avó (Clara) que por sua vez se fechava na relação com os filhos, criando uma aliança de lealdade entre eles. O pai de Pedro, Rogério, havia cortado relação com seu pai Luís depois de adulto, não se falavam mais e Luís faleceu sem que retomassem contato. Pedro só conheceu sua avó Clara e ouviu muitas das suas histórias de sofrimento no casamento.

Por outro lado, Mara (34 anos, enfermeira) era a filha mais nova de 3 irmãos — um irmão mais velho seguida de uma irmã — que segundo ela, eram os filhos perfeitos. Sua irmã era a preferida do pai e seu irmão mais velho o preferido da sua mãe. Sempre se sentiu rejeitada e sem lugar na família, a não ser pelo seu avô materno (Ademir) que a queria muito bem até o momento em que se casou de novo após a morte da sua avó (Sueli). A nova esposa de seu avô (Raquel) tinha ciúme da relação entre eles, e com o tempo seu avô foi se afastando tanto da neta quanto das filhas de Mara. Para Mara sua "vódrasta" havia "roubado o avô dela". A mãe de Mara (Mariana), também não gostava da nova esposa de seu pai Ademir, dizia que ela havia sido muito ruim com ela e sua irmã na infância e com isso, tanto Mariana quanto Mara, haviam aprendido a prestar atenção nas manipulações ardilosas das mulheres. Isso se confirmou ainda mais na adolescência de Mara, quando sua melhor amiga "roubou" seu "namoradinho" na época: a partir daí, Mara está sempre atenta à "astúcia feminina".

Figura 3-:Genograma de Pedro e Mara

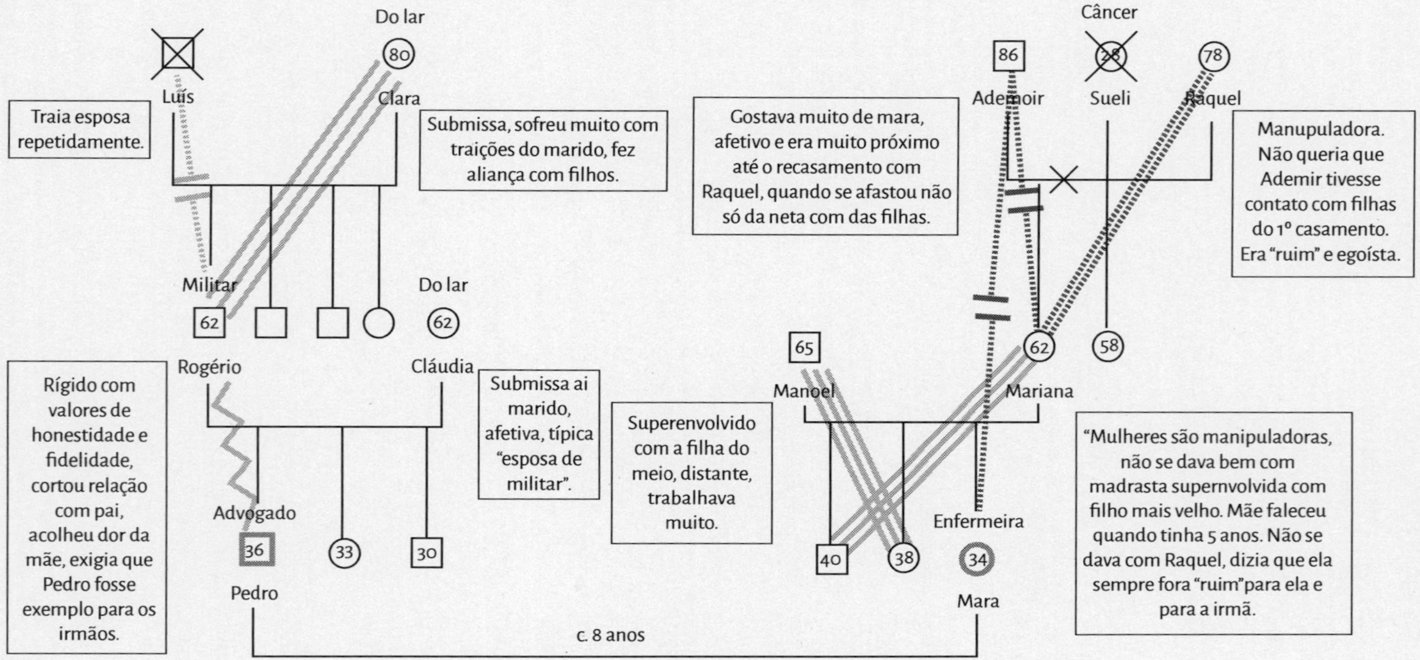

Fonte: Elaborado pela autora, 2019.

Bem, com este breve relato, muitas coisas da queixa atual já se revelam para terapeutas atentos: o genograma do casal, na figura 3, mostra que Pedro carrega consigo os valores morais de honestidade e fidelidade passados pelo seu pai como fruto de suas vivências traumáticas e, para Pedro, quando Mara o questiona, a vivência é de que ela desconfia de sua lealdade aos valores transgeracionais, algo muito respeitado e dolorido em sua história. Desconfiar dele significa compará-lo ao avô, causador de muitas dores, e tirá-lo da posição de "filho exemplar" ocupado na sua família de origem.

Por outro lado, Mara tem a vivência clara de uma ferida de apego de rejeição do avô desde sua infância, e quando se deparou com a situação "gatilho" de ver Pedro sendo simpático com sua colega de trabalho Silvia (mulher ardilosa!), revive esta ferida, tornando-se coercitiva e inquisitiva. Quanto mais Mara o questiona e o investiga, mais Pedro se sente ofendido e se afasta dela: não preciso dar satisfação da minha lealdade! E assim a coreografia conjugal se mostra! Até aqui, já temos muito trabalho como terapeutas, e várias técnicas disponíveis para nos instrumentalizar (genograma, ciclo da vulnerabilidade, terapia focada na emoção, etc.). Meu convite é fazermos uma leitura mais ampla e incluirmos a reatividade biológica deste casal. De que forma estão ativando memórias implícitas um do outro e estão em um diálogo entre amídalas!

Durante o relato do caso, o leitor irá se deparar com algumas etapas que considero estruturantes deste trabalho:

- Exercícios para desativação da amídala e do sistema nervoso simpático (pode ser necessário em vários momentos da sessão ou do processo).
- Construção do genograma do casal.
- Psicoeducação: explicação do funcionamento básico amídala/córtex pré-frontal e outros conceitos da neurociência importantes para o caso.
- Construção do "Mapa Biológico" do casal { Mapa da Reatividade / Mapa da Racionalidade

Percebam este exemplo de um momento de briga relatado pelo casal, um diálogo entre as amídalas de Mara e Pedro:

Mara: Posso saber onde estava até agora? Deveria ter chegado há pelo menos 40 minutos atrás, alguma reunião especial com sua querida amiga Silvia? (Imaginem aquele tom de ironia e cinismo tão característico de pessoas com apego ansioso).

Pedro: Eu mal cheguei e você já me enche o saco! Quer saber? A companhia da Silvia anda muito melhor que a sua ultimamente! (Retira-se e vai para o quarto, fechando a porta).

Mara: Chorando e indo atrás dele — é assim? Por que não fica com ela? Também vou procurar alguém que me valorize, que mer%$#*!

Pedro: Me deixa em paz! Que chatice!

Após o casal narrar a briga, sugeri para que então passássemos para um diálogo entre dois córtex, e não mais entre duas amídalas. Propus para que cada um relatasse um momento bom ou lúdico da relação (o intuito aqui era fazer com que passassem os 20 minutos necessários de desativação da amídala e sistema nervoso simpático). Somente após estes 20 minutos é que pedi para que retomássemos a situação, de forma que o córtex estivesse presente ao revisitar a mesma briga. Cada um deveria fazer o exercício de preencher em uma folha, "o que me ativou e me fez reagir sem pensar" e "o que me acalma e me dá espaço para pensar".

A partir desta tarefa, podemos fazer a construção do "mapa biológico" de cada indivíduo e depois da relação. É importante que este trabalho seja feito após a sessão de construção do genograma, pois os clientes já têm mais consciência de onde vêm seus aprendizados, até então armazenados como memórias implícitas e inconscientes que levam à reatividade. Em um primeiro momento, apresento aos clientes algumas das personagens principais da trama neurobiológica conjugal, falando de suas características e conceitos teóricos da neurociência de forma lúdica e com imagens. A partir destas reflexões, monto o "mapa da reatividade" e o "mapa da racionalidade" do casal, possibilitando a passagem da visão do indivíduo para a visão do mapa biológico da conjugalidade que se forma. Como exemplo, segue o mapa da reatividade de Pedro e Mara:

Figura 4: Mapa da Reatividade de Pedro e Mara

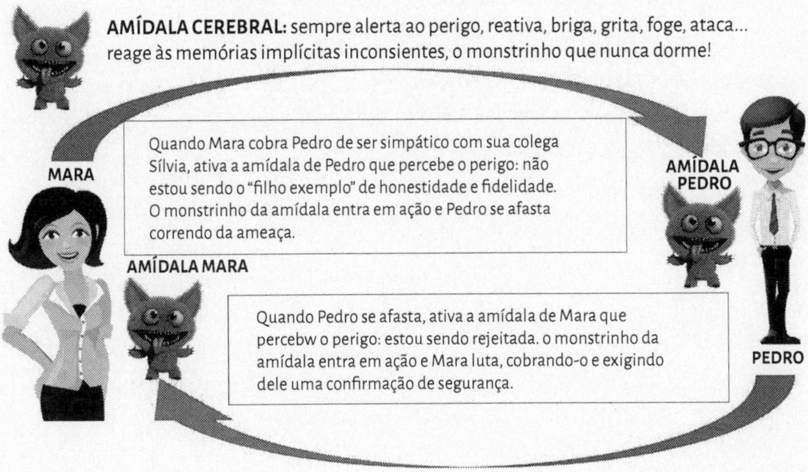

Fonte: Elaborado pela autora, (2019).

Notem que "o monstrinho da amídala" precede cada um dos indivíduos, mostrando a capacidade da amídala de funcionar de forma independente, como explicado anteriormente. Muitas vezes não nos damos conta deste funcionamento, ele está inconsciente, e só tomamos consciência dos comportamentos reativos: afastamento de Pedro e cobrança de Mara. Ao mesmo tempo, nosso hemisfério cerebral direito precisa de uma explicação para este mal-estar: lembre-se que o hemisfério direito é aquele que cria a auto justificativa. Isso explica porque nossos clientes chegam para a terapia de casal se acusando mutuamente (O inferno são os outros!). Para Mara, a justificativa criada é a de que ela reage com ciúmes PORQUE ELE não a considera, enquanto a justificativa de Pedro é a de que ele se afasta PORQUE MARA é acusadora e coercitiva. E assim está estabelecido o diálogo das amídalas, que de conversa não entendem nada, pois foram programadas para reagir de forma instintiva e protetiva. Quem sabe conversar de forma madura e clara, quem faz a meta comunicação é o córtex pré-frontal, que neste momento está desativado pela amídala e aguarda pacientemente 20 minutos para trazer alguma reflexão.

Após este primeiro exercício, pude seguir questionando:

Terapeuta: Como vocês se sentiram contando a briga?

Pedro: Eu não queria ter dito o que disse, falei sem pensar e peço desculpas. Mas você me chamou de mer%$#*!

Terapeuta: Que distorção foi essa? Penso eu.

Mara: Não te chamei de mer%$#*! jamais faria isso, estava me referindo à situação.

Pedro: Levantando as sobrancelhas, cerrando os lábios, suspirando e demonstrando tristeza diz: foi o que ouvi.

Mara: Não foi o que disse, mas peço desculpas se achou que te xinguei, você também me chamou de chata e isso me deixou muito mal, chorei a noite toda.

Terapeuta: Opa! Outra distorção, pensei.

E assim segue o diálogo: criações distorcidas do hemisfério direito a partir de amídalas ativadas. Muitas vezes, os terapeutas se pegam no impasse em que ambas as partes do casal não conseguem olhar para si, e só culpam um ao outro pelo problema. Quando explicamos aos clientes sobre as questões neurobiológicas podemos dar um novo enquadre para a situação: será que Pedro e Mara podem não ter ouvido um ao outro de forma adequada no momento da briga? Percebo que quando temos um respaldo neurocientífico para embasar tais distorções, fica muito mais fácil trabalhar com o perdão e proporcionar uma abertura maior de ambos para aceitar a narrativa do outro. Pedro pôde aceitar que, mesmo tendo certeza na sua memória de que Mara o xingou, esta memória pode ter sido consolidada em um contexto de muita distorção cognitiva, quando a amídala está no comando e não vê e nem escuta nada direito, o foco da amídala está em preservar o indivíduo da ameaça. Fica mais fácil para os clientes aceitarem que eles podem cometer erros cognitivos e que nem sempre estão certos, principalmente em situações de reatividade emocional. É mais ameno aceitar que existem fatores biológicos envolvidos na minha distorção do que confessar que não escuto direito!

A segunda parte desta técnica é cada um poder dizer ao outro porque se sentiram ameaçados e montar o esquema do "mapa da racionalidade": o diálogo entre Córtices Pré-Frontais como mostra a Figura 5:

Figura 5: Mapa da Racionalidade de Pedro e Mara

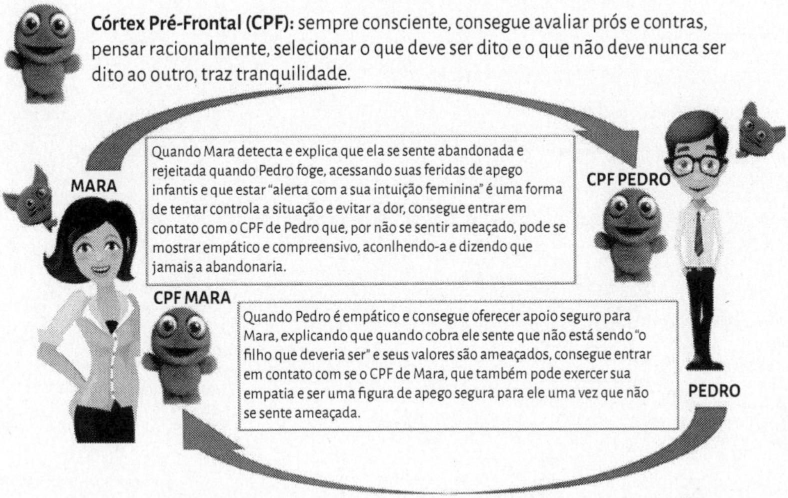

Fonte: Elaborado pela autora, (2019).

Na figura 5, notem que a amídala não desaparece, está lá, à espreita, sempre alerta! Porém, não ocupa mais o lugar de destaque como antes, este agora é ocupado pelo CPF, capaz de pensar, refletir e permitir que ambos possam ser figuras de apego seguro para o outro, oferecendo apoio e corregulação emocional. Gosto de expressar para os clientes a ideia de que é possível sair de uma reatividade, ou de um "diálogo entre amídalas" que não se entendem, já que a função da amídala não é a harmonia, e sim a busca da segurança diante de perigos registrados ao longo da nossa história. Somente quando saírem desta reatividade é que o casal pode passar para a racionalidade ou um "diálogo entre córtices pré-frontais".

Desta forma, o casal pode conhecer não só a história familiar de cada um através do genograma, que possibilita compreender que as reações de comportamento são decorrentes de um contexto, de uma narrativa inconsciente, passada de geração para geração, como podem conhecer também o que ativa a reatividade biológica de cada um. O tema rejeição ativará sempre Mara, que deve aprender a reconhecer seu funcionamento para ter um controle mais consciente da sua reatividade, não permitindo que a tome por completo diante de uma situação. A cada vez que ela consegue diminuir o tempo de ativação e a reatividade biológica, está fazendo com que sua amídala tenha menos poder sobre seu comportamento, pois passa a compreender de forma consciente de onde surge tanta reatividade, e a amídala tende a reconhecer com menor intensidade futuras situações de rejeição como perigosas. Ao mesmo tempo, Pedro tem a oportunidade de perceber que a reação de sua esposa não diz respeito a ele e sim à sua própria história de apego, compreendendo que ela reage ao medo de ser rejeitada e não à inadequação da sua pessoa, seu entendimento até então.

Com esta leitura, o terapeuta pode trabalhar para o conhecimento do outro em um nível biopsicossocial, e os casais podem aprender amar de corpo, alma e cérebro. Poderia me estender sobre este assunto o suficiente para um livro todo (quem sabe futuramente), mas por hora, fecho este capítulo com uma provocação e um desafio: você conhece sua amídala e a amídala do seu companheiro (a) e das pessoas próximas a você? Você se conhece como um ser biopsicossocial, de cérebro e alma? Talvez, acessar seus "monstrinhos" não seja tão ruim quanto parece, de certa forma, poderá ser até mesmo libertador.

REFERÊNCIAS BIBLIOGRÁFICAS

BARRET, Mary JO; FISH, Linda Stone. Treating Complex Trauma: a relational blueprint for collaboration and change. New York: Routledge, 2011.

BOWLBY, John. A Secure Base. New York: Basic Books, 1988.

CALLEGARO, Marco Montarroyos. A construção do significado consciente. *In*:———. O Novo Inconsciente: como a terapia cognitiva e as neurociências revolucionaram o modelo do processamento mental. Porto Alegre: Artmed, 2011.

COZOLINO, Louis. The Neuroscience of Psychotherapy: healing the social brain. 3. ed. New York: W.W.Norton & Company, 2017.

FISHBANE, Mona DeKoven. Loving with the Brain in Mind: neurobiology & couple therapy. New York: W.W.Norton & Company, 2013.

GOTTMAN, John; SILVER, Nan. O que faz o Amor Durar? Como construir confiança e evitar traição. Rio de Janeiro: Objetiva, 2014.

JOHNSON, Susan M.; WHIFFEN, Valerie E. Os Processos do Apego na Terapia de Casal e Família. São Paulo: Roca, 2012.

MAZER, Thelma Zugman. Grupo de Estudos Diálogos Científicos APRTF. Debate realizado entre os participantes do grupo de estudo, Curitiba, 2018.

NICHOLS, Michael P.; SCHWARTZ, Richard C. Terapia Familiar: conceitos e métodos. 7. ed. Porto Alegre: Artmed, 2007.

NOLEN-HOEKSEMA, Susan et al. A Psicologia e seus Fundamentos Biológicos. *In*:———. Atkinson & Hilgard: introdução à psicologia. 2. ed. São Paulo: Cengage, 2018. p.1-50.

SIEGEL, Daniel J. **Pocket Guide to Interpersonal Neurobiology**: an integrative handbook of the mind. New York: W.W.Norton & Company, 2012.

SOLOMON, Marion F., SIEGEL, Daniel J (org.). **Healing Trauma**: attachment, mind, body and brain. New York: W.W.Norton & Company, 2003.

STRUTHERS, William. **O Cérebro, as Compulsões e a Pornografia**. Workshop Internacional realizado na Faculdade Teológica Sul Americana/ Instituto da Família, Londrina – Paraná, (26, 27 e 28 abril, 2018).

VASCONCELLOS, Maria José Esteves. **Pensamento Sistêmico**: o novo paradigma da ciência. 9. ed. São Paulo: Papirus, 2010.

VOCÊ sabe de onde é a expressão "o inferno são os outros"? Porto Alegre: Biblioteca Central Irmão José Otão, 9 fev. 2009. Disponível em: <https://biblioteca.pucrs.br/curiosidades-literarias/voce-sabe-de-onde-e-a-expressao-o-inferno-sao-os-outros>

capítulo 7

A (IN)FIDELIDADE TRANSGERACIONAL E SEUS IMPACTOS NA VIDA DO CASAL

Vera Lucia Germano Sicuro

Por onde for, quero ser seu par...

Quando comecei a pensar sobre este tema, antes de me ater a aspectos teóricos, vieram à minha mente os inúmeros casos que atendi ao longo dos meus 43 anos de vida profissional, como terapeuta de famílias e casais, e que se encaixavam no tema. Deparei-me com a sua abrangência, na medida em que se considera infidelidade como uma quebra unilateral do contrato estabelecido entre um casal. Comecei a pensar que, necessariamente, não precisa haver uma questão sexual envolvida em uma quebra de contrato, nem um desejo real de quebrá-lo. Muitas vezes, como diz a música Andança, de Paulinho Tapajós, Danilo Caymmi e Edmundo Souto (1968), "por onde for, quero ser seu par", mas nem sempre querer é sinônimo de conseguir. Então, o que impede uma pessoa que deseja estabelecer uma relação de intimidade e cumplicidade com seu companheiro (ou sua companheira) de viver isso na prática?

Tempos atrás, acreditava-se que o casamento acontecia entre duas partes incompletas, as quais só teriam completude se fossem unidas — metáfora das duas partes da laranja ou da panela e sua tampa. Depois, passou-se a falar da necessidade de perceber que eram dois inteiros que se relacionavam, criando, através do convívio, uma "outra coisa": o casal — metáfora da "vitamina", uma maçã e um mamão batidos com o leite (convívio) transformavam-se em uma vitamina; no entanto, no fundo, ainda se percebiam partículas de maçã e de mamão. Esse modo de encarar o casamento já incluía, apesar de pequena, uma parcela de respeito à individualidade de cada membro do casal. Acredito, porém, que um conceito ainda mais completo é o que vê o casamento não apenas como uma união entre duas pessoas, mas como uma "modificação de dois sistemas inteiros e uma sobreposição, que desenvolve um terceiro sistema" (CARTER; MCGOLDRICK, 2001, p. 18). Pensando sob esse ponto de vista, ao falar da infidelidade, também se deve levar em conta esses três sistemas e suas inter-relações.

Como diz Oliveira (2011, p. 81),

> [...] é importante que compreendamos o papel da família no processo de crescer, de aprender, de dar apoio à continuidade humana; no entanto, não podemos esquecer que, necessariamente, a vivência familiar não traz apenas facilidades, acréscimos positivos, ao processo de crescimento dos seres humanos. Viver em família liberta e também aprisiona; faz crescer, mas também pode encarcerar o ser humano em círculos viciosos que, ao invés de promover ascensão à autonomia, submete-o a uma dependência que dificulta a descoberta de meios para administrar com eficácia o caminho para aprender, atuar e transformar o mundo.

Também penso que, além de conhecer as influências vindas das duas famílias de origem, é importante compreender de que forma o casal faz ou fez a síntese desse aspecto para o seu novo sistema: repetiu o modelo, reviu criticamente e o transformou?

Voltando aos casos a que este tema me remeteu, escolhi alguns que julgo significativos para descrever não só os personagens, suas queixas e seus processos, mas também contar sobre os recursos que usei na avaliação e/ou no processo terapêutico.

O **primeiro caso** foi o de Aline e José, os quais me procuraram para uma terapia de casal, pois Aline descobriu que seu marido tinha um caso extraconjugal com uma prima sua, em primeiro grau. O casal estava junto há 40 anos e tinha dois filhos adultos, casados, na ocasião da busca pela terapia. Aline conta que, há uns três anos, desde que José tinha perdido o emprego, trabalhava muito para preencher as necessidades financeiras da família. Do ponto de vista dela, parecia não haver explicação para a traição, pois o casal tinha um bom relacionamento, e a vida sexual era relativamente satisfatória para ambos. José concordava com Aline quando se referia à qualidade do relacionamento e da vida sexual do casal. Relataram que, quando Aline descobriu o caso extraconjugal que José mantinha há vários anos, deixou a cargo do marido a decisão sobre a separação. Ele, como não queria perder a esposa e nem a família, encerrou a ligação com a amante. Aline, da mesma forma, não desejava a separação. José relatou sentir que sua esposa não estava disponível para ele, principalmente em função da sua intensa vida profissional e do acúmulo de funções como mãe e dona de casa.

Eram dados importantes que apontaram a necessidade de ampliar o contexto a ser pesquisado e compreender a perspectiva histórica para entender o comportamento atual desta família. Escolhi usar como recurso auxiliar o Genograma Familiar. Descrito por muitos autores, entre eles Andolfi, tornou-se um instrumento muito conhecido e usado no mundo todo pelos terapeutas familiares, pois se vale de símbolos, linhas e sinais específicos, conhecidos universalmente (ANDOLFI, 2019). O genograma leva em conta pelo menos três gerações de uma árvore genealógica e, assim, permite a visualização dos membros que compunham as famílias de origem, os acontecimentos mais significativos que as envolviam, suas relações emocionais e suas rupturas, seus valores, crenças e mitos, assim como as repetições nos seus padrões relacionais.

Como afirma Bertin (2004, p. 109),

> [...] os eventos ocorridos em um determinado nível produzirão efeitos nos relacionamentos em cada um dos demais, uma vez que o fluxo de ansiedade e tensão existente em uma família percorre todo o sistema.

Em sistemas familiares conflitivos, existe uma maior necessidade de manter a homeostase, com a busca de resoluções utilizadas em estágios evolutivos anteriores.

Nesse processo de construção do genograma da família de origem de José (Figura), percebi que ele era filho único, descendente de duas famílias com padrões culturais, sociais e financeiros muito diversos. Em sua infância quase não teve contato com a família de origem paterna, pois havia muito conflito entre seus avós paternos e sua mãe, que a consideravam muito moderna porque era vaidosa, frequentava um clube social e trabalhava com seu pai na empresa da família. A família paterna de José era muito mais simples: seu avô era pedreiro, sua avó cuidava da casa, vivia com um lenço amarrado na cabeça, como colona, e usava sempre um avental para proteger a roupa enquanto fazia as tarefas da casa. A família materna de José morava fora de Curitiba. A avó materna era falecida. O avô e a nova esposa moravam em outro estado, tinham tranquilidade financeira e uma intensa vida social e cultural. O irmão e as duas irmãs da mãe de José, casados, também moravam em outras cidades. José e seus pais tinham uma relação muito próxima com amigos. A mãe de José gostava muito de viajar, conhecer novos lugares. As viagens dela eram sempre com grupos de amigas.

O marido e o filho ficavam, e quem lhes dava suporte na ausência dela era uma amiga, de origem grega e que cozinhava muito bem. Os filhos e maridos também eram amigos. A mãe de José era muito próxima dessa mulher e muito agradecida pela atenção dispensada a seu marido e filho. O que ela não sabia é que a amiga e o seu marido mantinham, em segredo, um relacionamento íntimo. Nada era explícito para as crianças, mas José conta que percebia algo estranho na relação da amiga com seu pai, sentia que ela parecia mais íntima dele do que sua mãe e que isso o incomodava sobremaneira. Assim como seu pai, José sentia-se preterido por sua esposa em relação a outros interesses: as viagens e os prazeres individuais (no caso de sua mãe) ou a necessidade de trabalhar para sustentar a casa (no caso de sua esposa). Ambos não davam conta de administrar esse sentimento; precisavam se sentir desejados, interessantes e, de certa forma, punir a esposa que os preteria; então, recorriam a uma pessoa muito próxima da família para satisfazê-los. Parece que ambos compartilhavam a crença que cabia à esposa satisfazer as necessidades afetivas do marido, bem como dar conta das tarefas de dona de casa, esposa e mãe, além de dar conta de sua vida profissional, caso ela existisse, e de suas necessidades individuais. José ainda precisava lidar com outro aspecto, também relacionado a questões de gênero: o fato concreto de estar desempregado, sem ganho efetivo, e o sucesso profissional e financeiro de sua esposa.

Figura 1: Genograma da família de José

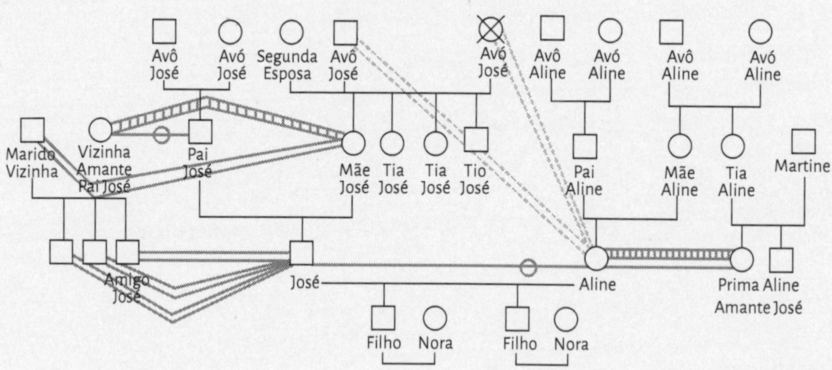

Fonte: Elaborado pela autora (2019).

Segundo Minuchin (1990, p. 57),

> [...] a estrutura familiar é um conjunto invisível de exigências funcionais que organiza o modo como os elementos da família interagem. Uma família é, portanto, um sistema que opera através de padrões transacionais. E determina desta forma, através das repetições destes padrões, como seus membros devem reagir a situações que remetam a estas vivências anteriores, mantendo assim uma identidade familiar.

Muitas vezes, como no caso de José, o padrão de relação familiar de origem não é confortável, mas a repetição acontece de forma automática, como se não pudesse ser questionada e/ou modificada. Como aborda Bertin (2004), o padrão de repetição indesejado em uma família, assim como um sintoma, tem a função de manter o equilíbrio homeostático. Sabe-se que a revisão crítica de valores e comportamentos transmitidos transgeracionalmente é possível, apesar de não ser fácil nem rápida. Primeiramente, é preciso uma tomada de consciência da inadequação da crença ou do comportamento; depois, um desejo de mudança, uma escolha do que se deseja colocar no lugar e um planejamento sobre a ação na nova direção; só então, é possível chegar à efetivação do processo de mudança.

> Diante de um acontecimento traumático, como pode ser considerada uma traição, cada sujeito encontrará uma forma de suportar e reelaborar tal situação em sua vida [...] cada um agirá de acordo com o que tem de conteúdo interno e subjetivo, em conjunto com influências do meio externo e social que vivencia. Assim como muitas pessoas conseguem dar seguimento em suas vidas sem maiores prejuízos, outras já são mais afetadas pelo impacto da adversidade que se abate sobre ela e sua realidade. (SANTOS, 2018, p. 86).

No caso de José, a crise, o descobrimento de seu relacionamento extraconjugal pela esposa, é que o fez buscar a terapia, na qual pode tomar conhecimento de seu padrão de relacionamento. À medida que foi percebendo, na terapia de casal, ao revisitar a história de sua família de origem, a repetição de um padrão relacional indesejado, José pode retomar o contrato estabelecido com sua esposa.

O casal pode, então, rever o contrato formal, racional, mas também entrar em contato com o contrato secreto, aquele que foi estabelecido, no início da sua convivência, entre os desejos e as necessidades mais íntimas, inconscientes, e acordado através de microssinais que revelam modos de ser, de sentir, de pensar e de agir, revelando até mesmo suas crenças mais profundas (ANTON, 2000).

Reviram, ainda, as cláusulas que não estavam sendo cumpridas, as que precisavam ser modificadas, as que precisavam ser criadas, agora de forma mais consciente, com base nas suas necessidades atuais, procurando deixar de lado as repetições automáticas. Foi um processo terapêutico longo (que incluiu atendimentos do casal, individuais — com cada um dos membros do casal —, e com a família — casal e filhos), mas extremamente satisfatório dado o empenho e a determinação desse casal em reconstruir a relação, com base no afeto que nutriam um pelo outro e pela família.

O **segundo caso** é o do Francisco e da Maira, casados há mais de vinte anos na ocasião em que procuraram a terapia de casal. Fizeram isso porque Maira desconfiava que Francisco tivesse um caso extraconjugal. Ele afirmava veementemente que não era verdade, mas dizendo que ela não acreditava e ele não sabia mais o que fazer para comprovar. A explicação dela era que ele não parecia feliz ao seu lado, parecia sempre estar com a cabeça em outro lugar, regulava demais o dinheiro, impondo à família uma vida quase espartana — quando isso não era necessário —, não gostava de nada do que faziam juntos. Ele rebatia, dizendo que a percepção dela não era verdade.

Costumo fazer algumas sessões de avaliação antes de decidir sobre a forma de condução do processo terapêutico. Fazem parte dessa avaliação: a primeira com o casal, pelo menos uma com cada um dos cônjuges separadamente, mais uma ou duas com o casal novamente.

Quando veio sozinho, Francisco contou, entre outras coisas, que veio de uma família muito simples, sem regalias, na qual a vida de seus pais resumia-se a muito trabalho para alimentar e dar estudo aos filhos, sem anseios pessoais, sem direito a prazeres. Ele, ao contrário dos irmãos, agarrou com unhas e dentes as oportunidades que passaram pela sua frente e cresceu muito em termos intelectuais, sociais e, principalmente, financeiros, tornando-se um megaempresário, com uma vida muito diferenciada daquela de sua família de origem, a ponto de não ter assuntos para conversar quando se encontrava com eles. Francisco não tinha desejo de frequentar a casa de seus parentes, como também não os convidava para participar da sua vida familiar ou social, pois tinha vergonha deles.

Muitas vezes, os pais doam-se aos filhos, abrem mão de viver os seus desejos para dar aos filhos aquilo que julgam ser o melhor e, de forma velada, inconsciente, apresentam a "conta", criando dívidas existenciais das crianças para com seus genitores. Dívidas que podem permanecer em aberto quando os filhos, já adultos, formam uma nova família (ANDOLFI, 2019). O sentimento de lealdade presente no vínculo conjugal deve ser mais forte que o presente na relação com a família de origem, em função do processo de diferenciação presente no decorrer na vida, principalmente no período de adolescência e início da vida adulta.

Com Francisco, esse processo não foi completo. Ele permitiu a si mesmo um crescimento, mas não se perdoou por isso; sentia-se culpado (apesar de não ter consciência) por ter se distanciado tanto de suas origens, e não se permitia desfrutar do que havia conquistado. Não podia ser feliz; precisava saldar sua dívida existencial. Ficava claro que a desconfiança de infidelidade sentida por Maira tinha fundamento. Francisco não a traía com outra mulher, simplesmente não estava inteiro na relação devido a sua dívida e sua lealdade à família de origem. Não foi fácil, para ele, entender isso, pois acreditava que esse assunto se referia somente a ele, que não precisava compartilhar com a esposa, que não configurava um segredo.

Vale dizer que, realmente, existe uma distinção entre segredo e privacidade; porém, para diferenciar as duas situações, é necessário avaliar a relevância do conteúdo para a pessoa que é privada da informação. (IMBER-BLACK, 1994). Os segredos, nesse sentido, rompem vínculos, comprometem a intimidade.

Nas sessões de casal, com Francisco e Maira, além de retomar essa crença, resgatou-se o início do relacionamento, a forma como se conheceram, as primeiras conversas que trocaram, como se apresentaram um ao outro, como apresentaram suas famílias: de que pessoas falaram, que histórias contaram sobre as suas famílias de origem e que características trouxeram para identificar cada membro delas. Na medida em que se falou sobre essas coisas, eles foram se dando conta de que não tocaram conscientemente em nenhum desses aspectos, pois acreditavam que somente importava o amor que sentiam um pelo outro, o prazer da companhia, o desejo sexual, a intenção de escrever uma longa história juntos, de formar uma família. Acreditavam que, tendo uma base "tão consistente" de afetos, nada seria obstáculo para serem felizes. Sentiram que pareciam ter negado uma história pregressa, e que a vida a dois tem aspectos emocionais, mas também muitos dados de realidade, de rotina; como diziam eles, aspectos chatos, nada românticos. Foram percebendo como se conheciam pouco, como tinham pouca intimidade. Sentiram a necessidade de rever o conceito de intimidade, pois, até aquele momento, pensavam que a intimidade sexual era a mais intensa e profunda que existia. Perceberam que se desnudar não é apenas tirar a roupa sem vergonha de mostrar suas belezas ou feiuras físicas, mas sim algo muito mais profundo: mostrar-se e acolher ao outro integralmente como ser humano, seu lado bonito e também aquele do qual não tem muito orgulho.

Como descreve Canevaro (2002, p. 93), ao falar sobre a relação do casal com suas famílias de origem,

> [...] quanto mais se consolida o vínculo da aliança, criando uma série de regras próprias, transacionais dentro de certo clima de cumplicidade daquele casal, tendem a enfraquecer as ligações que unem os dois cônjuges aos respectivos sistemas familiares de origem e a se enfraquecer a cumplicidade desenvolvida com estes últimos através de muitos anos de convivência.

Ainda conforme Canevaro, o vínculo de aliança, aquele que se estabelece entre o casal, é inversamente proporcional ao vínculo filial, de cada cônjuge com sua família de origem, e o trabalho do terapeuta consiste em compreender como essa forma de estabelecimento vincular contribui para o desenvolvimento dos sistemas e das pessoas que dele fazem parte.

Nesse sentido, o trabalho terapêutico com Francisco e Maira foi muito intenso e interessante; começaram a namorar novamente, reapresentando-se, para ver se havia possibilidade de refazer a escolha de um em relação ao outro, de estabelecer um novo contrato, de realmente formar um casal com intimidade e cumplicidade. Não foi rápido nem fácil, mas conseguiram, pois aquela crença que os uniu, de que o amor era tão forte que os ajudaria a superar as adversidades, confirmou-se. O sentimento de culpa de Francisco, em relação a viver a vida de forma diferente de sua família de origem, com mais regalias, foi superado, assim como o sentimento de vergonha, que se transformou em reconhecimento ao esforço que fizeram para dar o melhor que podiam aos filhos, e a ajuda financeira continuou, agora de comum acordo entre o casal, como forma de retribuição de tudo que receberam deles. Também resolveram retribuir um pouco do que receberam da família de Maira, mesmo que não tivessem tanta limitação financeira para o dia a dia; então, resolveram que dariam um valor mensal aos pais de Francisco para ajudar nas despesas rotineiras e, esporadicamente, convidariam os dois casais de pais para uma viagem conjunta, totalmente patrocinada por eles. Quanto aos irmãos, Francisco percebeu que não podia se sentir responsável por suas escolhas de vida, pessoais e profissionais, e isso foi o suficiente para acalmar aquele sentimento que o incomodava.

O capítulo 08 complementa a análise desse caso no aspecto da infidelidade financeira.

Continuando a navegar por minhas lembranças profissionais, cheguei ao **terceiro caso**: o casal Zara e Vítor. Zara procurou-me para uma terapia individual porque não conseguia superar o trauma que vivenciou por ocasião de seu casamento – organização, cerimônia e festa –, que envolvia seus pais, suas crenças, seus conceitos e seus preconceitos, e também a forma como eles, os noivos como um casal, enfrentaram tudo isso. Na sua fala inicial, Zara trouxe um aspecto importante sobre o rito de passagem casamento: o papel da família de origem nesse momento.

Ao se falar em casamento, de modo geral, a ênfase, é colocada na cultura e nos indivíduos que estão mudando de fase. Muitos autores falam das influências das famílias de origem na escolha do (a) parceiro (a) e no contrato que determina o padrão relacional do casal. Friedman, porém, introduz uma nova visão: a do papel central que a família exerce nesses ritos, "nos possibilitando inclusive dizer que é a família que está fazendo a transição para um novo estágio de vida naquele momento". (FRIEDMAN, 2001, p. 106).

O mesmo autor também aborda alguns mitos que dificultam a percepção do papel da família nesse rito; dentre deles, um em específico, o qual tem muito significado na questão trazida por Zara: a crença de que a cerimônia em si é o rito de passagem.

Eu costumo dizer, em relação a isso, que casamento é uma questão de sentimento e postura, de estado emocional, pois existem pessoas que nunca tiveram uma cerimônia e estão muito mais casadas que outras que a tiveram formalmente, talvez até com uma grande festa para coroar o ritual. Há pessoas que, mesmo casadas há muitos anos, não se diferenciam das famílias de origem, não deixam de ser filhos dependentes, emocional ou financeiramente. O conceito de diferenciação, muitas vezes confundido com distanciamento físico ou briga, tem a ver com autonomia, autoconhecimento e autoestima. Pressupõe uma análise, pelo indivíduo, de valores, crenças, comportamentos de sua família de origem, para separar e escolher aqueles com os quais concorda e mantém daqueles que deseja reformular, sem perder o afeto e o respeito pelos seus ancestrais, mas permitindo-se ser diferente, coerente consigo mesmo.

Voltando à história do casal, Zara era filha de uma família curitibana, muito próspera, tradicional e de ascendência italiana. Vítor vinha de uma família de comerciantes, de origem japonesa, não tão abastada quanto a de Zara, que não residia no mesmo estado. Os pais de Zara eram muito preconceituosos e não viam essa união com bons olhos; acreditavam que o desejo de Vítor era tirar proveito da situação privilegiada de Zara. Resolveram fazer uma festa reservada de casamento, em sua residência, só para convidados de sua família. Não deram opção para convidados de Vítor, recebendo apenas seus pais e irmãos. Isso causou um estresse grande entre os noivos; porém, eles sentiram-se obrigados a aceitar a exigência dos pais de Zara, pois eram eles que custeavam a festa, e os noivos nem pensaram que tudo poderia ser arranjado de forma diferente. Na verdade, Zara submeteu-se, pois foi ameaçada de ser deserdada por seu pai caso se rebelasse a tal imposição. No entanto, não contou esse detalhe a seu noivo, mas disse apenas que não conseguia afrontar seus pais. Os convidados de Vítor podiam assistir à cerimônia religiosa, mas não poderiam frequentar a recepção.

Vítor e seus pais fizeram de conta que aceitaram a condição e distribuíram os convites para seus convidados; porém, em segredo, alugaram um espaço em Curitiba e organizaram, também, uma recepção. Não contaram nada a Zara. Chegado o dia do casamento, foram todos para a igreja, assistiram à cerimônia, tiraram fotos da cerimônia e, na saída, Vítor comunicou a Zara que passariam em um local para tirar fotos antes de ir à casa de seus pais. Era uma mentira parcial, pois no local era realizada a festa organizada pela família dele. Zara só soube da verdade ao chegar e sentiu-se traída por Vítor, o qual não lhe contara sobre a festa, muito menos sobre o fato de que os pais dele não compareceriam à casa dos pais dela. O casal discutiu um pouco, cumpriu o protocolo nessa festa e seguiu para a outra.

Ao chegar lá, novo atrito: como contar tudo isso à família de Zara? Vítor assumiu esse papel, contando aos sogros. O clima ficou pesado, a noiva chorou, e sua mãe, então, levou-a ao quarto, confrontando-a com a mentira dele, dizendo que tinham razão, que ele não era confiável, pois tinha feito tudo escondido dela. Completou seu discurso dizendo à Zara que fizeram (ela e o marido) uma boa aplicação financeira em seu nome e que isso nunca deveria ser falado a Vítor, para que ele não se aproveitasse dela. Era um dinheiro para os seus luxos, os quais, com certeza, Vítor não conseguiria pagar.

Zara aceitou o segredo e, cada vez que comprava algo mais valioso e Vitor questionava de onde vinha o dinheiro, respondia que isso não interessava a ele, que ela "virava-se". Vítor começou a desconfiar que Zara tivesse um amante, e isso foi criando um abismo entre o casal. A comunicação foi ficando cada vez mais agressiva, desrespeitosa e desqualificativa. Zara queixava-se desse fato a seus pais, os quais sempre lhe respondiam da mesma forma: diziam que tinham mesmo razão; que ele não a respeitava; que só dava atenção para o que vinha da família dele; que fazia o mesmo que fez no dia do casamento, uma aliança com os pais; que tentaram avisá-la, sem sucesso; que deveria separar dele, voltar para casa e seria recebida de braços abertos.

Em relação às lealdades invisíveis que falava no caso anterior, nesse a cobrança é explícita, sem rodeios, e o preço é alto: escolher entre cumprir o seu desejo, a sua escolha de cônjuge ou seguir a ordem, o legado familiar. Ela seguiu o que aprendeu durante toda a vida: a família de origem é soberana, não se questiona a hierarquia, não se afronta o poder econômico, e separou-se. No entanto, como não conseguia se sentir feliz com essa resolução, procurou-me para terapia. No processo terapêutico, foi percebendo: que sua atitude também foi desleal com Vítor e que se tratava de uma dupla traição; o quanto ainda estava ligada aos legados de sua família de origem; como poderia ter negociado com Vítor se falassem abertamente das dificuldades que estavam enfrentando e dos sentimentos que tudo isso despertava neles.

Nesse sentido, McGoldrick (2001) fala da importância de uma terapia pré-casamento para o jovem casal ou até para as famílias ampliadas lidarem com os seus sentimentos e dos demais familiares envolvidos no rito, eliminando ou minimizando os conflitos subjacentes e favorecendo a comunicação, a diferenciação, a intimidade e a convivência no futuro.

A terapia com Zara foi interrompida quando ela se sentiu pronta para procurar Vítor e tentar resolver os males entendidos, as mágoas, as questões em aberto, assim como para, quem sabe, retomar a relação. Não sei como isso se deu, pois ela foi para a cidade onde ele morava e nunca mais fez contato comigo.

O capítulo 08 também pode complementar esse estudo no aspecto da infidelidade financeira.

O **quarto caso**: o casal Mariana e César procurou-me há mais de vinte anos, por questões de sexualidade: não conseguiam engravidar. Relataram que fizeram todos os exames, que constataram que nada havia de orgânico ou funcional, e que o médico que os atendia sugeriu que procurassem um terapeuta. Já na primeira consulta, relataram que a vida sexual não era muito prazerosa, mas acreditavam não ser essa a causa da dificuldade; que estavam muito incomodados, pois ambos vinham de famílias muito férteis (*sic* Mariana). Como exemplo, citaram a mãe e a avó materna dela, que tinham muitos filhos, inclusive dois com a mesma idade (um tio e um irmão de Mariana), ambos mais novos que ela. O fato de as histórias de fertilidade familiar ser trazido com frequência e eloquência chamou-me a atenção e, como terapeuta familiar, pedi para conhecer as famílias de origem. O pedido foi aceito de imediato pelo casal. Inclusive, Mariana falou: eu não sei bem por que, mas acho que isso vai salvar meu casamento.

Essa fala de Mariana alertou-me mais ainda e resolvi chamar primeiro a sua família. Pedi que viessem todos os que pudessem. Vieram: a avó materna, seu pai, sua mãe, seus quatro irmãos e o filho temporão da avó. Nesse dia, soube que o avô materno morava em uma chácara da família, na grande Curitiba, e que só esporadicamente vinha ver a família, mas não se hospedava na casa dos pais de Mariana. Ele e a esposa estavam meio separados havia muito tempo (*sic* avó). Na sessão, após a apresentação de cada um, usei a técnica da escultura familiar, que é uma técnica não verbal e tridimensional, criada pela terapeuta familiar Virgínia Satir na década de 1960.

> O escultor, um membro da família ou terapeuta, deve criar uma imagem-escultura, posicionando cada membro da família com base no grau de proximidade e distância mútua percebida, atribuindo gestos, posturas, movimentos característicos e uma maneira específica de olhar [...] todos deverão permanecer em silêncio [...] de modo a 'sentir' [...]. Depois, realiza-se uma sessão de *feedback*. (ANDOLFI, 2019, p. 89).

Eu utilizei a técnica de forma um pouco diferente. Pedi ao irmão mais novo de Mariana que fizesse uma composição tridimensional, como se fosse para tirar uma fotografia, e que representasse a forma como ele percebia a relação entre os membros dessa família e que incluísse, no lugar que ele deveria ocupar, a terapeuta que atendia comigo (nessa época, atendíamos com duas terapeutas familiares na sala, no sistema de co-terapia); ao término da sua construção, ele ocuparia o seu lugar, em substituição à co-terapeuta. Todos os membros da construção, um de cada vez, tinha sua posição ocupada pela co-terapeuta para que pudesse observar "de fora" a escultura. Todos os membros passaram pela posição de escultor, seguindo a ordem do mais novo à mais velha, Mariana. Como essa técnica é muito demorada, usamos mais de uma sessão terapêutica para chegar na vez de Mariana construir a sua escultura.

Nesse dia, ela chegou muito nervosa, tremendo e chorando muito, dizendo não saber a razão de tal descontrole. Quando ela fez a escultura, colocou a família como estivessem em um barco: o pai e a mãe na frente, comandando o leme do barco; os irmãos distribuídos de forma aleatória, fazendo o "corpo" do barco; a avó sentada no meio do barco, em uma posição confortável; o jovem tio em uma posição equivalente a dos outros rapazes; ela, Mariana, no fim do barco, representando o porão. Quando terminou a construção da escultura e viu o todo, Mariana deu um grito e, tremendo a ponto de quase não conseguir ficar em pé e chorando compulsivamente, falou em tom angustiado e muito alto: não sou eu que estou no porão com os ratos, mas minha mãe; ela é que é tratada como louca, como lixo! Ela é que é desrespeitada pelo "doente" do meu pai e pela "sem vergonha" da minha avó.

Nesse estado emocional, ela começou a mudar as posições dos familiares de forma rápida, como se estivesse em transe. Tirou a mãe do lado do pai e colocou-a jogada no porão. Com as mãos, desfez seus cabelos, abriu-lhe a roupa (como se estivesse rasgada), tirou a co-terapeuta do porão e a colocou fora do barco, olhando para o mesmo, com expressão de horror. Deixou os irmãos e o tio na mesma posição, mas desviou os seus olhares para fora do barco, para o além. Por fim, pegou a avó e colocou-a ao lado do genro. Fez com que os dois se abraçassem e olhassem nos olhos. A emoção que tomou conta de todos foi indescritível!

Quando a imagem foi desfeita e houve uma conversa, para elaborar o acontecido, veio a revelação do segredo: sogra e genro eram, realmente, amantes. A mãe de Mariana percebia que o marido saía da cama no meio da noite e ia para o quarto de sua mãe, mas não conseguia escancarar a situação, e isso a deixava literalmente fora de si. Mariana contou que, por diversas vezes, presenciou, escondida, o pai entrando ou saindo do quarto da avó e, muitas vezes, ouviu os sons vindos lá de dentro. O pai e a avó de Mariana reconheceram que eram apaixonados, mas que nunca se autorizaram a assumir publicamente a relação. O pai, inclusive, reconheceu que já era apaixonado pela sogra quando casou com a mãe de Mariana. A avó contou que o seu marido sabia e, por isso, tinha se isolado na chácara, com vergonha.

Esse atendimento aconteceu em meados de novembro, e outro foi marcado para a primeira quinzena de dezembro, para o casal que me havia procurado inicialmente. Eles não compareceram. Em seguida, viajaram de férias, e o retorno ficou marcado para meados de fevereiro. Porém, no início de fevereiro, recebi um recado da minha secretária pedindo para ligar urgentemente para Mariana. Fiquei muito apreensiva, fiz a ligação e qual não foi minha surpresa quando ouvi entre soluços: doutora, não aguentei esperar a consulta; acabo de sair do médico, e aconteceu um milagre: estou grávida!

Nunca mais tive notícias dessa família. Qualquer interpretação que eu fizer sobre o caso será mera especulação teórica, pois não tenho a comprovação da continuidade dos atendimentos. De alguma forma, porém, essas sessões foram libertadoras para Mariana. Framo (2002) sugere que a participação da família de origem na terapia de casais é a aplicação clínica do conceito que fala da influência velada da transgeracionalidade nas relações atuais. No caso de Mariana, acredito que o segredo guardado era tão pesado que a impedia de seguir sua vida, de tornar-se mãe e demonstrar concretamente que tinha uma vida sexual ativa e que sentia prazer. A gravidez seria a concretização da vivência de sua sexualidade.

O **quinto caso**, de outra família que me procurou ao longo desses anos de prática profissional, foi o de Pedro, Mariza e seus dois filhos (Vicente, de oito anos, e Manoel, de cinco). Quem tomou a iniciativa de procurar o atendimento foi o marido. O pedido inicial era uma dificuldade com o filho mais velho, Vicente, em relação a limites.

Após a primeira consulta, pedi para ver os quatro membros da família juntos, para uma Entrevista Operativa Familiar, a EOFa (SICURO, 2011). O objetivo seria perceber o padrão relacional e de comunicação familiar em uma situação operativa lúdica. Após uma apresentação por parte de cada um dos membros, a *consigna* dada à família foi: construam algo usando os toquinhos de madeira coloridos que estão dentro do baú. Todos se sentaram no chão para cumprir a tarefa, sendo que o pai foi o primeiro a fazê-lo. A mãe sentou-se afastada do pai e entre os dois filhos. No decorrer do cumprimento da tarefa proposta, pude perceber um superenvolvimento da mãe com os filhos, um distanciamento do casal, apesar das tentativas de Pedro para formar uma dupla com Mariza. Cada vez que ele fazia uma proposição, a esposa submetia a ideia à aprovação dos filhos, não fazendo o mesmo quando a sugestão de ação vinha dos filhos. Resolveram construir uma casa. Mariza determinou que ela e os filhos construíssem a casa e que a Pedro caberia construir a área externa.

Os responsáveis pela casa foram cuidadosos, a construção ficou firme, sólida, não caiu nenhuma vez durante a construção, mas não tinha janelas, nem portas para o lado onde Pedro trabalhava. A casa tinha diversos cômodos; entre eles, dois quartos, ambos no piso superior: um com uma cama de casal e outro com duas camas de solteiro, além de uma copa com uma mesa retangular e seis cadeiras, sendo três de cada lado da mesa. Na mesa, as crianças colocaram ícones representando as pessoas: a mãe entre os dois filhos e o pai sozinho do outro lado. Colocaram, também, outros ícones sobre as camas: a mãe e os dois filhos na cama de casal e o pai no outro quarto, o das camas de solteiro.

Ao final da construção, foi feita uma análise sobre a forma como essa equipe trabalhou, as semelhanças e diferenças desse funcionamento com a forma como as coisas acontecem na casa deles. Todos foram unânimes em dizer que, em casa, as coisas acontecem de forma muito parecida.

O encontro seguinte foi somente com o casal, quando foi possível falar mais abertamente sobre o funcionamento familiar: a hierarquia invertida, pois os filhos tinham mais voz que o pai perante a mãe; o superenvolvimento da mãe com os filhos, levando à exclusão da figura paterna e, consequentemente, desqualificando sua autoridade; a falta de cumplicidade entre o casal, ocasionando um sentimento de abandono e traição sentido por Pedro, da parte de Mariza. Compreenderam que o filho, não era problemático, mas sofria, pois ocupava uma posição que não lhe cabia dentro da estrutura familiar, formando um casal com sua mãe, e isso não era saudável para ele, nem para a família.

Na realidade, ele era quem trazia os pais para a terapia, de modo a que pudessem resgatar seu relacionamento, cuidar e transmitir segurança aos filhos, permitindo que cada um vivesse de acordo com o seu momento no ciclo de vida. Então, foi contratado um processo de terapia familiar, iniciando pelo subsistema casal, com o objetivo de rever crenças, modelos das famílias de origem, revisar contratos estabelecidos entre eles, desenvolvimento de unidade na comunicação dos pais em relação aos filhos, cumplicidade e intimidade do casal, restabelecimento da hierarquia para, depois, trazer os filhos novamente ao processo terapêutico.

Essa minha escolha coincide com a postura de Framo (2002), o qual trabalha com a família toda ou subgrupos até que a queixa do Elemento Portador do Sintoma (EPS) (EQUIPE, 1991) seja ampliada para a família e que os sintomas apresentados pela criança desapareçam ou diminuam consideravelmente.

Essas histórias familiares que escolhi para relatar e ilustrar o tema da (In) Fidelidade Transgeracional e seus Reflexos na Vida do Casal tornaram-se estórias na medida em que, para preservar o sigilo, a ética e a intimidade das famílias, seus nomes, época de atendimento e dados que não comprometessem a veracidade dos casos foram alterados.

Esses casos, embora todos tratassem do tema infidelidade transgeracional, possibilitaram-me abordar, mesmo que rapidamente, aspectos específicos a cada um e que foram amplamente trabalhados por ocasião de seus processos terapêuticos. São temas relevantes dentro da Terapia Familiar e já amplamente estudados por renomados profissionais da área:

Aline e José: repetições indesejadas, questões de gênero, crenças, valores, ciclo de vida, contrato secreto;

Francisco e Maira: dívidas existenciais, culpa, integração entre realidade e romantismo, diferenciação entre vínculo conjugal e vínculo filial, contrato, intimidade;

Zara e Vítor: ritos de passagem, ciclos de vida, preconceitos, mentira, teoria do apego (apego inseguro);

Mariana e César: segredo, sexualidade;

Pedro e Mariza: limites, hierarquia invertida, superenvolvimento de um dos pais com filhos, função materna, função paterna e função de casal, os sintomas do EPS como forma de proteger a homeostase do sistema familiar.

Esses casos permitiram-me, também, abordar algumas técnicas utilizadas com frequência na Terapia Familiar, como a entrevista, o genograma familiar e a escultura, como também apresentar a Entrevista Operativa Familiar (EOFa), criada pela equipe da Clínica Síntese, da qual faço parte há trinta anos.

Além disso, permitem-me abordar alguns aspectos comuns a todos eles, além da infidelidade transgeracional.

A necessidade de uma escuta cuidadosa, por parte do terapeuta, atentando não apenas para aquilo que é dito diretamente, pois é preciso perceber aquilo que fica "entre" o que pode ser visto. Por isso, ao ouvir a queixa de quem procura a terapia, é tão importante silenciar, ouvir, observar e buscar entender o que não está à disposição das vistas e dos ouvidos, mas o que se encontra "entre vistas" (BARBOSA, 2011). Também cabe ao terapeuta ampliar o campo de visão para, de forma sistêmica, incluir a família no processo avaliativo e chegar ao real significado do sintoma, assim podendo oferecer uma ajuda efetiva ao sistema familiar. Mudar a moldura da intervenção dos sintomas individuais para a história do desenvolvimento de uma família é uma mudança de paradigma e do próprio objetivo dos encontros terapêuticos (ANDOLFI, 2019).

Como cita Johnson (2012, p. 03-04),

> [...] nós, terapeutas de casal e famílias, necessitamos uma ampla teoria integrativa de relacionamento, que capture a essência da natureza de nossas ligações de amor, se nos propomos a entender [...] e ajudar os clientes a estabelecerem objetivos e a realizarem mais do que mudanças periféricas e transitórias [...] neste drama intrincado, multifacetado e desconcertante, ao qual chamamos amor e pertencimento.

Todos os seres humanos precisam sentir segurança na conexão emocional com as pessoas significativas e próximas: pais, companheiros, filhos. A esse tipo de afeto dá-se o nome de apego seguro, o qual, como afirma Johnson (2012), auxilia na resistência ao estresse e à incerteza; cria um contexto ótimo para o contínuo desenvolvimento da personalidade, na medida em que promove a confiança necessária para arriscar e aprender; e permite um afastamento para refletir sobre si mesmo (sentimentos e ações), o que é essencial para outro processo: o de diferenciação.

Diferenciação é outro tema presente em todos os casos. Segundo Andolfi (2002, p. 100),

> [...] quanto mais diferenciados somos, mais forte é a nossa identidade; melhor conseguimos nos manter íntegros nos conflitos com nosso parceiro e mais toleramos a intimidade com alguém que amamos, sem medo de perder o sentido de nosso ser como indivíduos.

Esse conceito de Andolfi coincide com o que observei nesses e nos demais processos terapêuticos que tenho acompanhado. Também acredito que é uma das tarefas mais difíceis na vida de uma pessoa, pois faz parte do processo de construção da autonomia, de seu lugar na sociedade. Consiste em revisão de valores, crenças, conceitos, comportamentos aprendidos ao longo de tantos anos com as pessoas significativas, que fazem parte da família de origem, com a qual se mantém ou não contato, através de tantas e repetidas interações, reais ou simbólicas. Para que aconteça, é preciso identificar o que foi transmitido, para depois separar o que ainda é útil e se quer levar junto, daquilo que não faz mais sentido, ou nunca fez, e que deve ficar para trás, como parte de um momento de história. Esse processo, que acompanha o ser humano pela vida toda, permite crescer, amadurecer, responsabilizar-se pelos sentimentos e ações, ser autônomo; porém, é importante que se faça isso sem perder o sentido de pertencimento, sem romper afetivamente com a história e com os ancestrais, o que nem sempre é fácil ou possível.

> Boa parte desse trabalho é educação. Eu vejo o que as pessoas fazem como resultado do que aprenderam [...] penso que todos somos capazes de aprender coisas novas a cada momento da vida. (SATIR, 1995, p. 35).

Eu concordo integralmente com a autora!

Outro aspecto comum a esses casos é a resiliência, definida por Walsh (2005, p. 04) como a capacidade de renascer fortalecido e com mais recursos de uma adversidade [...] É um processo ativo de resistência, reestruturação e crescimento em resposta à crise e ao desafio, o qual permite às pessoas curar suas feridas dolorosas, assumir suas vidas e ir em frente para viver e amar plenamente.

Para terminar, gostaria de deixar como oportunidade de reflexão, um poema de Madalena Freire (1992, p. 59), já citado em outras publicações, mas que me parece muito relevante para esse momento, pois aborda o processo de diferenciação:

> Eu não sou você,
> Você não é eu,
> Mas sei muito de mim
> Vivendo com você.
> E você, sabe muito de você vivendo comigo?
> Eu não sou você,
> Você não é eu,
> Mas encontrei comigo e me vi
> Enquanto olhava para você.
> Na sua, minha insegurança,
> Na sua, minha desconfiança,
> Na sua, minha competição,
> Na sua, minha birra infantil,
> Na sua, minha omissão,
> Na sua, minha firmeza,
> Na sua, minha impaciência,
> Na sua, minha prepotência,

Na sua, minha fragilidade doce,
Na sua, minha mudez aterrorizada.
E você se encontrou e se viu, enquanto olhava para mim?
Eu não sou você,
Você não é eu,
Mas foi vivendo minha solidão que conversei com você.
E você, conversou comigo na sua solidão
Ou fugiu dela, de mim e de você?
Eu não sou você,
Você não é eu,
Mas sou mais eu, quando consigo lhe ver, porque você me reflete
No que eu ainda sou,
No que já sou e
No que quero vir a ser...
Eu não sou você,
Você não é eu,
Mas somos um grupo,
Enquanto somos capazes de, diferencialmente,
Eu ser eu, vivendo com você,
E você ser você, vivendo comigo.

REFERÊNCIAS BIBLIOGRÁFICAS

ANDOLFI, Maurizio. A terapia familiar multigeracional: instrumentos e recursos do terapeuta. Belo Horizonte: Artesã, 2019.

ANDOLFI, Maurizio. A terapia de casal como processo transformativo. *In*: ANDOLFI, Maurizio. (Org.) A crise do casal: uma perspectiva sistêmico-relacional. Porto Alegre: Artmed, 2002. p. 99-121

ANTON, Iara. A escolha do cônjuge. Um entendimento sistêmico e psicodinâmico. Porto Alegre: Artmed, 2000.

BARBOSA, Laura. M. S. Primeira entrevista... é o momento de quê? In: BARBOSA, Laura. M. S. (Org.) Avaliar para nós é... Pinhais: Melo, 2011. p. 131-137.

BERTIN, Ivone. Repetições In(desejadas): uma questão de família. Taubaté: Cabral, 2004.

CANEVARO, Alfredo. *Nec sine te nec tecum vivere possum*. Terapia trigeracional para as simbioses de casal. *In*: ANDOLFI, Maurizio. (Org.) A crise do casal: uma perspectiva sistêmico-relacional. Porto Alegre: Artmed, 2002. p. 79-98.

CARTER, Betty; MCGOLDRICK, Monica. As mudanças no ciclo de vida familiar: uma estrutura para a Terapia Familiar. In: CARTER, Betty; MCGOLDRICK, Monica. (Org.). As mudanças no ciclo de vida familiar: uma estrutura para a Terapia Familiar. 2. ed. Porto Alegre: Artmed, 2001. p. 07-29.

EQUIPE DA SÍNTESE. Processo diagnóstico da dificuldade de aprendizagem num enfoque sistêmico. **Revista Psicopedagogia**. São Paulo, n. 22, p. 33-39, 1991.

FRAMO, James. Uma abordagem transgeracional à terapia de casal, à terapia familiar e à terapia individual. In: ANDOLFI, Maurizio. (Org.) **A crise do casal: uma perspectiva sistêmico-relacional**. Porto Alegre: Artmed, 2002. p. 73-78.

FREIRE, Madalena. O que é um grupo? In: GROSSI, Esther; BORDIN, Jussara. (Org.) **A paixão de aprender**. Petrópolis: Vozes, 1992. p. 59-68.

FRIEDMAN, Edwin. Sistemas e cerimônias: uma visão familiar dos ritos de passagem. *In*: CARTER, Betty; MCGOLDRICK, Monica. (Org.). **As mudanças no ciclo de vida familiar: uma estrutura para a Terapia Familiar**. 2. ed. Porto Alegre: Artmed, 2001. p. 106 -130.

IMBER-BLACK, Evan. Os segredos na família e na terapia familiar: uma visão geral. In: IMBER-BLACK, Evan. (Org.) **Os segredos na família e na terapia familiar**. Porto Alegre: Artes Médicas, 1994. p. 15-39.

JOHNSON, Susan. M. Introdução ao apego. Um guia terapêutico para lidar com os vínculos primários e sua renovação. *In*: JOHNSON, Susan M.; WHIFFEN, Valerie. E. (Org.) **Os processos do apego na terapia de casal e família**. São Paulo: Roca, 2012. p. 03-16.

MCGOLDRICK, Monica. A união das famílias através do casamento: O novo casal. In: CARTER, Betty; MCGOLDRICK, Monica. (Org.). **As mudanças no ciclo de vida familiar: uma estrutura para a Terapia Familiar**. 2. ed. Porto Alegre: Artmed, 2001. p. 184-205.

MINUCHIN, Salvador. **Famílias**: funcionamento e tratamento. Porto Alegre: Artes Médicas, 1990.

OLIVEIRA, Virgínia. A. C. R. F. Uma conversa sobre famílias. *In*: BARBOSA, Laura. M. S. (Org.) **Avaliar para nós é...** Pinhais: Melo, 2011. p. 79-88.

SATIR, Virginia. A mudança no casal. *In*: ANDOLFI, Maurizio; ANGELO, Claudio; SACCU, Carmine. (Org.) **O casal em crise**. São Paulo: Summus, 1995. p. 29-37.

SANTOS, Lais Rocha. **Crenças e vivências da infidelidade na contemporaneidade**. Dissertação. Mestrado em Psicologia. Programa de Pós-graduação e Pesquisa em Psicologia. Universidade Federal de Sergipe, São Cristóvão, Sergipe, 2018. Disponível em: https://ri.ufs.br/bitstream/riufs/9288/2/LAIS_ROCHA_SANTOS.pdf. Acesso em: 12 set. 2019.

SICURO, Vera Lucia Germano. A família no processo de avaliação da aprendizagem. *In*: BARBOSA, Laura. M. S. (Org.) **Avaliar para nós é...** Pinhais: Melo, 2011. p. 153-164.

TAPAJÓS, Paulinho; CAYMMI, Danilo; SOUTO, Edmundo. **Andança**. 1968. Disponível em: https://www.letras.com.br/paulinho-tapajos-danilo-caymmi-e-edmundo-souto/andanca. Acesso em: 12 set. 2019.

WALSH, Froma. **Fortalecendo a resiliência familiar**. São Paulo: Roca, 2005.

capítulo 8

NA RIQUEZA E NA POBREZA, ATÉ QUE A INFIDELIDADE FINANCEIRA NOS SEPARE ...OU NÃO.

Elenise Fernandes Xavier

> Amor é desejável. Dinheiro, absolutamente indispensável.
>
> Jane Austen

INTRODUÇÃO

Os relatos históricos me tocaram desde sempre, e meu consumo literário nunca deixou de lado os títulos baseados em fatos, que contam as origens do mundo e que explicam, de alguma maneira, o porquê das coisas e dos seres humanos serem como são. Esta é a matéria-prima para o meu trabalho ser como é hoje. A partir deste hábito que mantinha por puro prazer, surgiu o meu olhar sobre o dinheiro como foco de muitas questões humanas, senão todas. Guerras nascem e acabam por sua causa. Nesses tempos sombrios, as pessoas fogem, mas levam com elas suas joias, símbolo maior do poder e da segurança. Parte crucial da história mais lida no mundo não apenas envolve, mas tem o dinheiro como estopim.

> Então Judas Iscariotes, um dos doze discípulos, foi ter com os principais sacerdotes e perguntou: "Quanto estão dispostos a pagar-me para entregar Jesus nas vossas mãos?" E eles deram-lhe trinta moedas de prata. 16 A partir dali, Judas mantinha-se atento, à espera de ocasião para atraiçoar Jesus e entregá-lo. (BÍBLIA, Mateus 26: 14-16)

Judas traiu Jesus por dinheiro. A partir da constatação de que o dinheiro move o mundo, seja por meio do poder ou pela promessa de segurança, já não existe a hipótese de não o entender como pano de fundo para o meu trabalho como terapeuta. Com o passar dos anos, a prática em consultório apenas corroborou para que eu continuasse a colocar a questão financeira como parte importante de meus acompanhamentos. Percebi uma demanda em consultório, em atendimentos individuais, casal e de família, que tinha como denominador comum as questões financeiras.

Quando falamos de conjugalidade e fidelidade, ele também se destaca. No início dos tempos, os casamentos eram arranjados economicamente em todas as classes sociais. Eles tinham como objetivo a sobrevivência dos menos abastados e a manutenção e/ou aumento da fortuna dos mais ricos. O amor, se houvesse, era uma consequência do convívio (LINS, 2017).

Hoje, acreditamos em relacionamentos baseados no amor, mas esquecemos que, essencialmente, ele continua sendo um negócio. Uma espécie de "*joint venture*"[13], com cada uma das partes envolvidas entrando com sua própria cultura, história e crenças e, considerar todas as mudanças sociais e suas consequências para as relações contemporâneas, a possibilidade da separação. Não proponho aqui deixar o amor de lado, mas demonstrar o que tenho estudado e visto na prática: o amor e o dinheiro andam juntos e se auto influenciam. Como afirmam Censi, Folle e Pauli (2018, p. 77): "O dinheiro permeia os laços familiares contemporâneos a ponto de ser considerado um aspecto predominante na análise da relação".

Com o panorama econômico das últimas décadas, os problemas de ordem financeira se agravam. Vivemos em um país com incertezas financeiras, e toda essa instabilidade tem tido um grande impacto na vida do indivíduo e também nas relações familiares. Hoje, todos conhecemos alguém que tenha perdido o emprego, ou que esteja com dificuldades financeiras. É por isso que se faz tão necessário levantar a questão financeira como tema importantíssimo dos processos terapêuticos, e ponto ainda mais crucial quando o tratamos no universo conjugal.

---

13 Acordo entre duas ou mais empresas com objetivo comercial comum, por tempo determinado. As companhias unem seus recursos para o desenvolvimento de um negócio conjunto e dividem os resultados, sejam lucros ou prejuízos. (DICIONÁRIO FINANCEIRO, c2017-2019)

Neste capítulo, falarei sobre o que chamamos hoje de "Infidelidade Financeira", que se refere essencialmente ao uso do dinheiro de forma não acordada entre o casal e/ou família.

O DINHEIRO E O SEU SIGNIFICADO

Para falar sobre a questão financeira e suas problemáticas nos relacionamentos conjugais, precisamos antes entender um pouco sobre o protagonista de tudo isso: o dinheiro. O dinheiro como conhecemos hoje é relativamente recente, e mais ainda os seus significados.

Procurando respostas sobre como chegamos ao dinheiro que usamos e significamos hoje, precisamos voltar no tempo, para o início da história da civilização, tempos em que os homens primitivos preocupavam-se essencialmente com o frio, a fome e a necessidade de abrigo: abrigavam-se em cavernas, alimentavam-se de frutos silvestres e carne de caça e pesca. A inteligência foi essencial para uma grande mudança de cenário: os homens então passaram a reparar no "outro", no seu semelhante, o que trouxe uma maior atenção às necessidades individuais e, se existe outro, existe um "eu". Neste momento, em que o indivíduo se percebe como ser único e que pode obter mais conforto é que surgem as trocas, que conhecemos como "escambo". (CASA DA MOEDA, c2015)

Esse sistema de troca direta durou muitos séculos e ainda está presente em certas sociedades de economia primária. Ele consiste basicamente em trocar o que sobrou "aqui" pelo que sobrou "ali": "(...) quem pescasse mais peixe do que o necessário para si e seu grupo, trocava este excesso com o de outra pessoa que, por exemplo, tivesse plantado e colhido mais milho do que fosse precisar" (BANCO CENTRAL DO BRASIL, c2000).

Com o passar do tempo, neste contexto, algumas mercadorias obtiveram maior interesse do que outras, tornando-se moedas-mercadoria. É o caso do sal, que além de ser de difícil obtenção, era ainda mais importante para os povos antigos porque servia como conservante de alimentos. Alguns termos utilizados hoje derivam desta prática: a palavra "salário" tem como origem a utilização do sal para pagamento de serviços. No Brasil, alguns itens tinham destaque nesta forma de transação comercial: cauri, pau-brasil, cacau, tabaco e pano eram itens muito valiosos (BANCO CENTRAL DO BRASIL, c2000).

Torna-se impraticável este modelo pelo volume de algumas dessas mercadorias e por serem muitas vezes perecíveis e de valor oscilante. Com a descoberta dos metais veio a solução.

> Por apresentar vantagens como a possibilidade de entesouramento, divisibilidade, raridade, facilidade de transporte e beleza, o metal se elegeu como principal padrão de valor. Era trocado sob as formas mais diversas. A princípio, em seu estado natural, depois sob a forma de barras e, ainda, sob a forma de objetos, como anéis, braceletes etc. (BANCO CENTRAL DO BRASIL, c2000).

Mais tarde, esses metais ganharam forma e peso definidos, bem como primitivos cunhos com indicação de valor. Surgem as primeiras moedas. As moedas como conhecemos hoje tiveram origem na Lídia, atual Turquia, no século VII a.C. Eram feitas de ouro ou prata, metais nobres, e os signos gravados também tinham o valor de beleza e expressão cultural. As figuras representadas nas moedas são associadas à história, à cultura, à riqueza e ao poder das sociedades e refletem a mentalidade de sua época. A escolha de metais nobres se dava pelo seu valor, claro, mas também por costumes religiosos. Acreditava-se na "existência de estreita ligação entre o ouro e o Sol, a prata e a Lua. Isso levou à crença no poder mágico destes metais e no dos objetos com eles confeccionados". (BANCO CENTRAL DO BRASIL, c2000)

Foi só no final do século IX que o cuproníquel e depois outras ligas metálicas passaram a ser empregadas. Agora, elas passaram a valer pelo valor gravado na face (o número gravado como, por exemplo, 10 centavos) e não pelo peso do metal. Todo o sistema monetário, que originou também as cédulas de papel, precisava de uma segurança. Surgem então os Bancos com seus cheques, depois os cartões de crédito e todo o complexo sistema bancário como conhecemos hoje (CASA DA MOEDA, c2015). No século XXI começam a surgir as moedas virtuais, ou criptomoedas, no entanto, o significado do dinheiro continua o mesmo.

Entendido de onde surgiu o dinheiro, agora podemos nos perguntar: mas afinal, o que ele significa? Essencial à sobrevivência humana, o dinheiro faz parte do cotidiano de todas as pessoas e, apesar de ter o mesmo poder, seu valor varia nos diferentes lugares do mundo. Por exemplo, euro X real, é assim que surge a máxima popular "quem converte, não se diverte". Necessitamos dele para alimentação, saúde, educação, e também para o suprimento das necessidades criadas pela sociedade (CAPRILES apud CENCI; GARBIN; LUZ, 2015), julgando-as superficiais ou não. Ele se tornou sinônimo de poder, beleza, felicidade e liberdade e, representando a força motriz do mundo, permeará os relacionamentos interpessoais e sociais (GROISMAN, 2013). Todavia, são poucos os estudos sobre os efeitos do dinheiro na vida do indivíduo. Ainda que seja desde sempre tema de discussão e interesse, fala-se muito em como adquiri-lo e multiplicá-lo (CAPRILES apud CENCI, GARBIN e LUZ, 2015), mas muito pouco sobre como ele se reflete no aspecto emocional do indivíduo e em suas relações.

Para Capriles, "[...] um dos maiores desafios diante do complexo mundo do dinheiro é compreender os seus inúmeros significados, já que este é usado como um projetor de expressões que está além de meros aspectos mensuráveis" (apud CENCI; FOLLE; PAULI, 2018, p. 78). O dinheiro pode ser lido como uma "metáfora para outras questões da vida que envolvem amor, justiça e poder que no dia-a-dia parecem não estar ligada a situação financeira" (CENCI; GARBIN; LUZ, 2015, p. 75). Sendo assim, o dinheiro é parte importantíssima e essencial na constituição do relacionamento conjugal. Podemos dizer que o amor também o é, mas como sabiamente afirma Russo: "para amar é necessário estar vivo, e na atualidade, quase ninguém o faz sem dinheiro". (apud CENCI; GARBIN; LUZ, 2015, p. 75)

INFIDELIDADE FINANCEIRA

O dinheiro é fator importante para a maioria dos casais na hora da decisão de ter uma vida conjugal. Por que ele deixaria de ser depois? Mais do que isso, para Costa, a maneira com que os cônjuges lidam com o dinheiro na relação reflete a maneira com que eles amam seus parceiros (2007). Ou seja, a relação entre conjugalidade e dinheiro é estreitíssima.

No entanto, ainda procuramos de todo modo desvencilhar amor de dinheiro, por construções culturais, ideais religiosos, tabus, mas me parece que é uma missão impossível. O dinheiro é um ponto crucial no relacionamento, "seja na direção de incrementar o relacionamento, quando há um manejo adequado, ou como dispositivo que facilmente ocasiona conflitos entre os cônjuges" (FALCKE; HART; MOSMANN, 2016, p. 263).

Um dos aspectos da disfuncionalidade do dinheiro na relação é o que chamamos de "Infidelidade Financeira". Infidelidade então, dentro deste contexto, não se refere apenas ao amor, sexo ou paixão com uma terceira pessoa, mas também à infidelidade relacionada à questão monetária.

O termo infidelidade financeira, que embora ainda seja utilizado em geral nos ambientes não acadêmicos, foi abraçado como nomenclatura em dados de pesquisa de mercado (NATIONAL ENDOWMENT FOR FINANCIAL EDUCATION, 2010). Para Falcke, Hart e Mosmann, (2016, p. 264), infidelidade Financeira "se refere à ideia de traição financeira, quando um dos cônjuges mente sobre questões relacionadas à omissão ou alteração de informações sobre o valor dos gastos e dívidas, contas bancárias e até mesmo outras fontes de renda".

Os estudos sobre o assunto ainda são contraditórios, mas apontam que o manejo do dinheiro está relacionado com aspectos afetivos e com a satisfação conjugal. Seria então a Infidelidade Financeira somente a ponta do iceberg? Um indicativo claro de como vai a relação? Ou, ao contrário, a qualidade da relação depende de como o casal atua no manejo financeiro? Mais do que isso, será que a infidelidade financeira se restringe a mentir sobre questões relacionadas às finanças? Acredito que a questão abrange um universo muito maior e mais subjetivo, já que subjetivas são as pessoas e seus entendimentos sobre como se deve manejar o dinheiro, como se deve amar e onde começa a infidelidade.

Um caso que atendi em consultório ilustra muito bem como a Infidelidade Financeira pode ultrapassar o simples mentir ou omitir sobre o manejo do dinheiro. Um casal com as famílias de origem bem estruturadas e organizadas financeiramente, mas com condições financeiras diferentes, ele de classe média/alta, ela de classe média/baixa. Nos primeiros meses de casamento, a elaboração de um planejamento financeiro já se mostrou uma tarefa difícil. Ficou definido, implicitamente, uma divisão orçamentária de 50/50. Ele ganhava mais do que ela, e gastava com parcimônia, evitando o que julgava supérfluo. Ela tem baixa remuneração logo, na divisão orçamentária, arcava proporcionalmente com custos mais altos do que ele. Diferente do marido, e devido às privações da infância e juventude, ela gostaria de gastar mais com pequenos luxos, como cortar e pintar os cabelos no mesmo dia. Ficou claro que a crença do esposo era de que bastaria apenas trabalhar e se organizar para conseguir o que se deseja, o que o impedia de perceber a necessidade da esposa, que ia além da questão monetária: ela queria ser cuidada. Para ele, era só um corte de cabelo, para ela era um desejo derivado da crença anterior ao casamento de que quando esse acontecesse, finalmente teria acesso aos pequenos luxos.

É fácil perceber que o conflito entre este casal está direta e indiretamente ligado ao dinheiro. A infidelidade acontece porque um dos parceiros tem dificuldade de estar atento às necessidades individuais do outro, fica rígido no manejo do dinheiro e a troca entre o casal não é contemplada. Tanto a rigidez do esposo, quanto o desejo da esposa vêm de crenças constituídas nas famílias de origem. Crenças essas que são constituintes do indivíduo sem que ele tenha plena consciência disso, mas que foram sendo formadas desde a primeira infância, no seio da família de origem:

> (...) a família de origem aparece como formadora de opinião, influenciando diretamente seus membros a partir de aprendizados cotidianos do padrão relacional conjugal e familiar incluindo inúmeras crenças, valores morais, éticos e religiosos". (CENCI, GARBIN e LUZ, 2015, p.76)

Outra situação que atendi em consultório ilustra um tipo de Infidelidade Financeira muito corriqueira. Ela acontece em um segundo ou terceiro casamento, e só é percebida quando o cônjuge falece deixando de contemplar a esposa atual.

Ela era viúva com três filhos do primeiro casamento. Ele também era viúvo, com quatro filhos do primeiro casamento. Ficaram casados por 15 anos morando em casas separadas, por conta dos filhos mais novos que ainda moravam com os pais. Quando surgiu a oportunidade de abrir uma empresa em uma cidade litorânea e ambos sempre gostaram de praia, resolveram se mudar e morar juntos. Ele trabalhava na empresa, ela cozinhava e cuidava da casa.

Mais de dez anos depois, ele ficou gravemente doente e ela cuidou do marido até seu falecimento. Quando aconteceu, descobriu que o marido deixara para ela apenas uma renda de um salário mínimo, o que não permitiu que continuasse com o padrão de vida anterior. Além disso, o apartamento no qual morava ficou para os filhos dele, sem usufruto para ela. Ela teve que sair da sua casa e mudar de cidade. A crença dela era de que o marido seria fiel, sem ela precisar solicitar uma contratação explícita. Para sua geração não cabia, inclusive, uma contratação desse tipo, visto que ela era mulher, dona de casa e dependente financeiramente dele. A crença dele não envolvia uma segunda esposa como sua responsabilidade, o que fez com que contemplasse apenas os filhos, uma atitude infiel em relação à segunda esposa.

Um terceiro caso que ilustra muito bem a infidelidade financeira envolve não apenas a díade, mas também os dois filhos, de 8 e 12 anos. Uma família de classe média com uma vida confortável, mas sem acesso à luxos. Existia o desejo, por parte de toda a família, de fazer uma viagem de férias no fim do ano. A ideia era alugar uma casa na praia e usufruir em família das festas de fim de ano no litoral. O combinado para que isso pudesse acontecer, visto que a renda da família era limitada, foi de que todos fizessem a sua parte economizando no que pudessem. A esposa começou a prestar mais atenção nos preços das coisas no supermercado, deixou de fazer as unhas no salão de beleza, reduziu para mensal a faxineira que era quinzenal. Os filhos abriram mão de fins de semana no *shopping* e brincadeiras nos espaços de criança, reduziram o consumo de alimentos supérfluos como biscoitos, chocolates e sorvetes e passaram a entender e respeitar a economia que estava sendo feita. O marido, por sua vez, também fez a sua parte lavando o carro em casa, reduzindo os *happy hours* com os amigos, entre outras coisas.

O fim do ano se aproximava e as economias para as tão desejadas férias na praia estavam no banco. Acontece que, vendo a possibilidade de usar o dinheiro para trocar de carro, um sonho alimentado a alguns anos, o marido não resistiu e cometeu a infidelidade. Trocou de carro, alegando que esse investimento também seria revertido para a família. Além da infidelidade em si, o pai colocou a confiança das crianças em jogo, tanto com relação a ele mesmo quanto com relação à possibilidade de fazer as coisas acontecerem na vida.

A FAMÍLIA DE ORIGEM[14]: LEALDADES E CRENÇAS

Como ficou claro no caso anterior, o modo como vivenciamos o dinheiro e nossas crenças com relação à ele estão conectadas às nossas experiências desde a primeira infância, quando somos inseridos na vida familiar. A família de origem é o que constitui a história do indivíduo e o que determinará seu comportamento futuro, em maior ou menor grau. Sendo o eixo central da vida do sujeito, é muito difícil que ele abandone suas regras em favor de um novo modo de organizar a vida. (GUIMARÃES, 2010)

Quando falamos de finanças não é diferente, o indivíduo tende a repetir o modelo financeiro da família de origem. Estudo desenvolvido por Cenci, Folle e Pauli (2018, p. 75) sobre o dinheiro para os casais contemporâneos concluíram que, de fato, o "significado atribuído ao dinheiro pelos casais [...] está intrinsecamente relacionado ao modelo aprendido em suas famílias de origem, fazendo emergir conflitos e exigindo um exercício de negociação para preservação da vida conjugal". Quando a nova díade se forma, ela dá início ao que, na psicologia sistêmica, chamamos de família nuclear. A família nuclear é formada por dois indivíduos diferentes, seguindo modelos financeiros diferentes originados da família de origem, que precisam entrar em um acordo. Não é simples! Cada um deles é leal aos valores da família de origem, ainda que inconscientemente:

> Existem valores aprendidos com a família de origem por uma via transgeracional que são nominados de lealdades invisíveis, em nome desta lealdade os cônjuges reproduzem filosofias de vida, rituais de como lidar com questões financeiras e tal lealdade pode conduzir a uma competição velada entre os casais envolvendo aspectos materiais e afetivos que podem ser medidos pelo dinheiro (GROISMAN apud CENCI; FOLLE; PAULI, 2018, p. 81).

Tendo em vista que as lealdades são invisíveis, o indivíduo reproduz o modelo sem se dar conta, comprometendo a harmonia do novo núcleo familiar. Mais do que o modelo financeiro, regras sobre como seus

14 Família na qual nascemos, formada por nossos pais e irmãos.

membros devem se relacionar com outras pessoas são impostas implicitamente pelas famílias de origem e transmitidas de geração em geração (MADANES e MADANES, 1997).

Um tipo de situação que aparece com certa frequência em consultório é quando um dos cônjuges sabota a relação destinando parte dos recursos do casal para projetos de familiares, sejam eles pais, mães ou irmãos, sem aviso ou prévio consentimento do outro. Na maioria dos casos que tenho atendido, percebo que aquele que faz o uso do dinheiro do casal, ou seja, que é financeiramente infiel, ao ser descoberto tem uma atitude chantagista, até mesmo abusiva, deixando o parceiro em situação bastante delicada e colocando em risco a estabilidade financeira e afetiva da díade.

O trabalho, nesses casos, está em estabelecer claramente os papéis e deveres de cada um para com sua família de origem e para com sua família nuclear. A dificuldade aparece de forma mais consistente quando a família de origem tem a crença de que possui direitos sobre as conquistas do casal. Os contratos desse casal precisam ser bem reelaborados, para que mágoas e ressentimentos possam ser dissolvidos.

O CONTRATO FINANCEIRO DO CASAL

Freud foi o primeiro a reconhecer o significado secreto do dinheiro. No entanto, ele viu apenas seu lado "repugnante e desprezível". Talvez esse seja o motivo pelo qual ainda tratamos o dinheiro como um tabu, indigno de rodas de conversa e outras situações sociais. E o tabu alcança as sessões de terapia, nas quais ele é evitado tanto por parte dos terapeutas quanto dos pacientes. Esses, de fato, raramente procuram terapia para lidar com problemas financeiros. No entanto, e é esse aspecto que nos interessa, sabemos que casamentos se desfazem muito mais em virtude da questão financeira do que por qualquer outra razão (MADANES e MADANES, 1997).

Falando de casais contemporâneos o problema se agrava, pois o modelo atual é "caracterizado por contornos sociais e culturais menos definidos [...] e exige dos cônjuges maior flexibilidade na sua relação" (BONA, *et al.*, 2017, p. 386). O modelo tradicional - o homem como provedor e a mulher responsável pelos cuidados com a casa e com os filhos - garantia papéis muito bem definidos, muito mais simples de serem seguidos, sem precisar entrar na questão monetária. Hoje, desde o primeiro encontro do casal o tabu é mais explícito: quem é que paga a conta? Se ele quiser pagar, ela pode acusá-lo de machismo. Se não quiser, pode ser um desapontamento. Se ela quiser dividir, corre o risco de "castrá-lo", ainda que muito sutilmente. Se não oferecer, ele pode achar injusto, e até "demodê". Partindo daí, podemos imaginar como esse quadro pode se desdobrar nos próximos passos do casal, até uma possível situação de conjugalidade.

> Existem diversas formas de pensar a questão financeira em uma díade. Nas relações de união informal, se sobressai o manejo de forma mais individualizada, já os casais legalmente casados tendem a manejar as finanças de forma compartilhada. Pahl ressaltou os estilos de gerenciamento do dinheiro como fator importante na convivência conjugal, e identificou quatro categorias: Sistema de gerenciamento total dos gastos, em que todo o ganho salarial é gerenciado por um único cônjuge, exceto os gastos pessoais do parceiro; Sistema de gerenciamento por mesada ou pensão, em que um dos cônjuges é o principal provedor financeiro, fornecendo um valor para as despesas da casa e mantendo um valor não revelado para outros gastos, inclusive seus gastos pessoais; Sistema de gestão compartilhada do dinheiro, em que ambos os cônjuges têm acesso ao dinheiro e ambos têm um papel ativo na tomada de decisões financeiras e Sistema de gestão independente do dinheiro, em que cada cônjuge tem um controle individual sobre sua renda e compromissos individuais com as despesas da casa. (PAHL *apud* FALCKE, HART e MOSMANN, 2016, p. 261)

O planejamento financeiro de um casal não é algo simples de se fazer. Temos as diferentes crenças derivadas da família de origem, muitas vezes contrastantes, o significado particular que o dinheiro tem para cada pessoa, as prioridades de cada um. Fato é que a maneira com que o dinheiro é manejado indica o grau de comprometimento na relação: quanto maior o nível de comprometimento, maior será a troca e o diálogo (BONA *et al.*, 2017). Estudo realizado em 2007 no sul da Inglaterra com 42 casais em sua primeira união indicou que casais que mantinham um gerenciamento independente antes do casamento e passaram a adotar sistemas conjuntos após o primeiro ano de união, notaram uma melhora na qualidade do relacionamento (FALCKE; HART; MOSMANN, 2016).

Coexistem na relação os significados do dinheiro para cada cônjuge, o que transforma a organização financeira do casal em uma teia de dilemas. Existe um "espaço de diálogo ou silêncio" sobre isso. (BONA, *et al.*, 2017, p. 38). Ou seja, a questão existe, seja ela discutida ou não pelo casal. Entre ditos e não ditos, fica explícito ou implícito um contrato financeiro, sendo as divergências financeiras, na minha visão, fortes preditoras do divórcio. Faz-se simples constatar que a solução precisa ser buscada, e não vejo outro meio para isso que não seja a desmistificação do tema e o consequente diálogo sobre ele. Como diz o ditado, "o combinado não sai caro".

Sobre a dificuldade de entrar em consenso sobre a vida financeira, tive uma experiência de atendimento bastante elucidativa. O caso mostra como a disfuncionalidade tende a acontecer quando as famílias de origem são de classe social, cultura ou nacionalidade diferentes. Nesses casos, é preciso ficar ainda mais atento, pois as experiências e, consequentemente, o valor dado às coisas também divergem.

O casal estava no início da vida à dois e bastante preocupados com o orçamento. A esposa era de origem mais simples, porém com nível cultural elevado. Filha de uma professora de português, inserida em um forte contexto literário que via no estudo o caminho para a independência financeira. Apesar de vir de uma família com nível socioeconômico mediano, tinha hábitos de desperdícios, de acordo com o marido. Coisas simples, como não apagar a luz e deixar restos de comida no prato. Também não tinha o hábito de fazer compras de gênero de primeira e de segunda necessidade de forma planejada, o que acarretava em produtos com prazo de validade vencido e frutas e verduras estragadas. Indo mais a fundo, também se verificou que ela não se preocupava em ter nenhum tipo de reserva financeira para eventualidades. Quando questionada sobre sua conduta com relação ao dinheiro o discurso era: "eu trabalho para me dar esses luxos".

O esposo, por sua vez, vinha de uma família com um olhar muito diferente. Também acreditava no modelo acadêmico como forma de estabilidade financeira, sendo ambos os pais economistas, mas com hábitos de consumo e planejamento muito diferentes, derivados de uma experiência traumática ocorrida na adolescência do rapaz. Na época, o pai havia decidido empreender, mas acabou falindo por conta da falta de experiência e da volatilidade do mercado. A mãe então teve que fazer frente sozinha às despesas da casa, o que exigiu uma contenção de gastos no macro e no microplanejamento. Os hábitos dessa época de vida ficaram definitivamente incorporados no rapaz.

São duas histórias de vida, dois universos de crenças e dois modelos financeiros muito diferentes. Tivemos que fazer uma releitura da história dos dois, para então planejar e contratar os aspectos financeiros que contemplassem os dois. Depois de uma época de muito aprendizado e trabalho em consultório, o casal conseguiu chegar a uma relação mais funcional e harmônica, crescendo muito enquanto indivíduos e tornando-se parceiros nas conquistas financeiras e crescimento da família. Este é um caso que deu certo, os dois mundos conseguiram chegar em um acordo. Como fazer isso? De um modo explícito ou implícito o importante é o estabelecimento de um Contrato Financeiro do Casal (O tema "Contrato" está mais aprofundado no capítulo 03).

CONSIDERAÇÕES FINAIS

O dinheiro não existe em si, ele é uma construção social, assim como o valor dado a ele é uma construção artificial. Porém, o dinheiro é a artificialidade mais concreta e material que conhecemos, porque gera mudanças radicais no real. De acordo com todos os estudos realizados para este trabalho unidos à minha experiência profissional, posso afirmar que uma das formas mais eficazes de trabalhar o dinheiro é desmistificando-o. Para isso, e antes de tudo, é necessário que aprendamos a falar sobre dinheiro, é necessário tirar a capa de lama colocada sobre ele, a ideia tão contraditória inclusive, do dinheiro como algo sobre o qual não se fala. Contraditória, porque, ao mesmo tempo, em que cultivamos uma distância, nos afastamos das suas reais formas e cores, o deificamos. Isso, talvez, também tenha relação com a crença comum, provavelmente de origem religiosa, de que não se pode olhar nos olhos de algo maior do que nós.

Tão central na vida de todos, o dinheiro também norteia a vida a dois e pode gerar uma série de divergências entre um casal, entre elas a Infidelidade Financeira. Ele é motivo de separação de tantos casais, e geralmente não é identificado como razão.

> O grande charme do dinheiro está no fato de ele raramente se mostrar como vilão da história. Se não há dinheiro para um jantar romântico, o problema é percebido como falta de romantismo; se não há dinheiro para levar as crianças no parque, o problema é percebido como falta de carinho e quando a renda do casal é maior, raramente marido e mulher chegam a um acordo sobre seus hábitos de consumo, o que também origina conflitos. (CERBASI, 2014, prefácio)

Vilão ou Deus, fato é que se queremos desenvolver uma parceria conjugal que funcione, precisamos olhá-lo nos olhos, e neste caso isso significa ter diálogo. A ideia, para evitar esse problema presente na vida de tantos casais e pivô da separação de tantos desses, é que as pessoas conversem abertamente sobre o dinheiro. Se necessário, processos terapêuticos individuais e de casal podem ser de grande ajuda. Nas sessões, serão abordados aspectos que envolvem o dinheiro, como culpa, vergonha e mitos. No caso da questão conjugal, contratações e recontratações poderão ser feitas e validadas por meio das mais diversas abordagens da terapia sistêmica.

REFERÊNCIAS BIBLIOGRÁFICAS

BANCO CENTRAL DO BRASIL. Origem e evolução do dinheiro: escambo. [S.I.] c2000. Disponível em: <https://www.bcb.gov.br/acessoinformacao/legado?url=https:%2F%2Fwww.bcb.gov.br%2Fhtms%2Forigevol.asp> Acesso em: 19 jul. 2019.

BÍBLIA ONLINE. Disponível em: <https://www.bibliaonline.com.br/ol/mt/26 > Acesso em 01 ago. 2019.

BONA, Camila *et al*. Dinheiro e conjugalidade: uma revisão sistemática da literatura. Temas em Psicologia. Porto Alegre, v. 25. n. 1, 385-399, mar. 2017.

BUCHER-MALUSCHKE, Júlia; CARDOSO, Luciana. O casal face as finanças: revisão da literatura. Revista do Nufen. Belém, v. 9, n. 3, 2017.

CARMO, Rogério; SANTOS, Angélica. Família, afeto e finanças: como colocar cada vez mais dinheiro e amor em seu lar. 3. ed. São Paulo: Editora Gente, 2012.

CASA DA MOEDA DO BRASIL. Origem do dinheiro. [S.I.] c2015. Disponível em: <https://www.casadamoeda.gov.br/portal/socioambiental/cultural/origem-do-dinheiro.html> Acesso em: 19 jul. 2019.

CENCI, Cláudia; GARBIN, Angela; LUZ, Suzana. Dinheiro e conjugalidade. Revista de Psicologia da IMED. v. 7, n. 1, p. 72-78, 2015.

———; FOLLE, Patrícia; PAULI, Jandir. Conjugalidade negociada: elementos para compreensão do significado que casais atribuem ao dinheiro. Actualidades em Psicologia. v. 32, n. 124, p. 75-90, 2018.

———; HABIGZANG, Luísa. Dinheiro e conjugalidade: posicionamento e estratégias conjugais para resolução de dilemas financeiros. Revista Interinstitucional de Psicologia. v. 12, n. 1, p. 159-174, 2019.

CERBASI, Gustavo. Casais inteligentes enriquecem juntos: finanças para casais. Rio de Janeiro: Sextante, 2014.

COLLINS, Victoria. Os casais e o dinheiro: um guia do casal atualizado para o novo milênio. São Paulo: Riddel, 2006.

COSTA, Gley P. O amor e seus labirintos. Porto Alegre: Artmed, 2007.

EKER, Harv. Os segredos da mente milionária: aprenda a enriquecer mudando seus conceitos sobre o dinheiro e adotando os hábitos das pessoas bem-sucedidas. Rio de Janeiro: Sextante, 2006.

FALCKE, Denise; HART, Jennifer; MOSMANN, Clarice. Manejo do dinheiro pelo casal e infidelidade financeira. Estudos e Pesquisas em Psicologia. Rio de Janeiro, v. 16, n. 1, p. 260-276, 2016.

GROISMAN, Moises. Minha família & Meu dinheiro: a história familiar comanda seu dinheiro? Rio de Janeiro: Núcleo-Pesquisas, 2013.

GUIMARÃES, Cleide. Até que o dinheiro nos separe: a questão financeira nos relacionamentos. São Paulo: Saraiva, 2010.

HOJI, Masakazu. **Finanças da família**: o caminho para a independência financeira. São Paulo: Ed. do Autor, 2007.

KROM, Marilene. **Desvendando mitos**: o uso da leitura evolutiva e instrumental mítica. 2. ed. Belo Horizonte: Artesã Editora, 2016.

LINS, Regina N. **A cama na Varanda**: arejando nossas ideias a respeito de amor e sexo. 10. ed. São Paulo: Editora Best Seller, 2017.

MADANES, Claudio; MADANES, Cloé. **O significado secreto do dinheiro**: ...e como ele atua nas famílias despertando amor, inveja, compaixão e raiva. Campinas: Editorial Psy, 1997.

capítulo 9

TEXTURAS VIRTUAIS DOS VÍNCULOS CONJUGAIS

Ana Beatriz Pedriali Guimarães | Analuíza S. Antunes Cunha | Daniela Bertoncello

> Correndo de um lado para outro, trabalhando muito para alcançar metas e vencer na vida, ou estudando para competir nos círculos universitários, muitos homens e mulheres se afastam de seus amigos e parceiros amorosos, deixam de ter tempo para cultivar suas relações e sentem-se solitários e carentes. A internet, onipresente na vida daqueles que permanecem online o dia inteiro, pode ser um caminho para dar vazão a essas necessidades insatisfeitas. Estando muitas horas conectados, muitos indivíduos acabam por buscar em relacionamentos virtuais a companhia que já não conseguem encontrar no chamado mundo "real"
>
> (PRADO, 2016, p. 100)

Desde que o amor existe, o expressamos nas mais variadas formas. Primordialmente, o amor só podia ser manifestado presencialmente, com palavras, gestos e olhares. Com a evolução da escrita surgiram belos poemas, cartas e bilhetes entregues em segredo, como forma de expressão do amor. Quando surgiu a comunicação a distância, apareceu também, junto a ela, a ansiedade da espera pelas juras de amor entre casais apaixonados que, muitas vezes, estavam separados por variados motivos sócio históricos. Atualmente, com a revolução tecnológica, o amor permanece causando impactos através de sua expressão, seja pelo coração acelerado ao receber *emoticons* apaixonados em forma de coração, no meio do dia no *WhatsApp*, seja por mensagens de amor trocadas por *e-mail*, garantindo que as regras do bom relacionamento a dois sigam de modo ampliado para as redes sociais e para o mundo virtual.

Trazemos o relato recente de um cliente no consultório, sobre a importância de seu atual namoro: "foi a primeira vez que apresentei alguém para minha família e que mudei meu *status* de solteiro para 'em um relacionamento sério' no meu Facebook!" Hoje em dia, torna-se necessário administrar as relações no ambiente real e no ambiente virtual, incluindo um contrato conjugal com cláusulas que contemplem estes dois mundos. Se já era difícil administrar um relacionamento face à face, com certa privacidade, agora a demanda encontra-se na era daquilo que se torna público em segundos. Por vezes, isso ocorre até como algo desejável, quando a pessoa monitora a própria importância para o outro através de postagens de fotos, número de curtidas e corações digitais, mas muitas vezes também produzindo uma fogueira de brigas e desentendimentos, quando a intimidade se torna pública demais ou quando se percebe uma parte dela sendo compartilhada especialmente com outras figuras virtuais.

A parafernália digital que se tem à disposição hoje é diversa e só tende a aumentar. *Smartphones* abrem portas para um universo sem precedente, com aplicativos de namoro, sexo, traição, redes sociais, acesso ilimitado à pornografia e contato com o outro, tão distante e tão perto ao mesmo tempo. Não existe mais horário adequado, tempo adequado, conteúdo adequado, pois se vive um momento sem contornos claros para o pertencimento ao universo virtual e já se lida com essas consequências nos consultórios, levando terapeutas a refletir sobre o efeito da revolução tecnológica na sociedade, no desenvolvimento do ser humano e nas relações conjugais.

Em nenhum momento se pretende aqui demonizar a revolução tecnológica, assim como outras revoluções que antecederam a história da humanidade, tais como a agrícola, a industrial e a científica, ou seja, temos todos que encarar que a revolução tecnológica veio para ficar. Trouxe consigo avanços inestimáveis em todos os campos, globalizando o conhecimento e os seres humanos, diminuindo fronteiras geográficas e possibilitando avanços inquestionáveis, mas como todo Yin tem seu Yang, ao mesmo tempo em que se ouvem histórias com finais felizes de casais unidos pela tecnologia, também existe um punhado de histórias sobre problemas conjugais propiciados por ela. A tecnologia não é algo bom ou ruim, o que se deve colocar em discussão é o uso que se faz dela, definindo até onde devem ir suas margens, para que não inunde as relações a ponto de afogá-las, enfim, mostrando-se necessário também definir a ÉTICA na tecnologia.

Ao mesmo tempo em que o mundo está na palma das mãos, o ser humano sente-se mais solitário. Pode-se teclar (o que é bem diferente de falar) com qualquer pessoa no mundo, em qualquer momento do dia e em qualquer idioma, mas está se tornando um ser mais recluso, ansioso e depressivo, pois acaba perdendo a rede real que conecta olhares, toques e palavras. Vive-se muito *touchscreen* e pouco *touchskin*[15]. Berdichesky (2016) relatou que cada vez é mais comum se deparar com pessoas muito competentes em suas funções profissionais, porém incapazes de lidarem com sentimentos e relacionamentos sociais, constituindo-se como pessoas que só fluem nas redes sociais tecnológicas. Tornam-se mais preocupadas em registrar momentos do que realmente vivê-los e, surpreendentemente, parecem não se importar com esta mudança. A trama do jogo resulta em ter que estar sempre em movimento, feliz e criativo para a validação frente ao outro. O mundo se tornou urgente e narcisista, e este contexto social dita as novas regras e normas das relações amorosas. Na era digital, surge a necessidade de o terapeuta lidar com o amor virtual, a exposição virtual, o ciúme virtual e claro, a infidelidade virtual.

Se for adicionada a esta leitura da modernidade, a percepção de Scheinkman (2005), de que o que leva as pessoas à infidelidade conjugal é, em grande parte, a necessidade do indivíduo e não a preocupação com sua conjugalidade, teremos a receita perfeita para uma era de dissabores amorosos. Parece que a tecnologia é uma grande aliada da infidelidade. Esta autora relata que, apesar da percepção de que a infidelidade envolve traições e decepções, o ato de trair não está diretamente relacionado à traição, decepção e danos à relação. A infidelidade está muito mais relacionada às necessidades individuais daquele que trai, traduzida como a busca de uma conexão emocional específica, autodescoberta, segurança, novidade ou liberdade, podendo estar ainda relacionada à busca de uma parte perdida do self ou uma tentativa de trazer vitalidade durante um período de perda, ou até mesmo fazendo parte de um processo de individuação. Ou seja, infidelidade pode ter mais relação com individualidade do que com conjugalidade. Uma das autoras lembra claramente, em um atendimento de casal que realizou, sobre a fala de um marido que inicialmente deixou tanto a terapeuta como a esposa, perplexas. Ao se voltar para sua esposa ele indignadamente disse: "Isso (referindo-se ao seu caso extraconjugal recém-descoberto através de mensagens no celular) não tem nada a ver com você!" Pelo fato da terapeuta já ter refletido sobre o artigo de Michele Scheinkman, pôde então compreender a frase

15 Em tradução literal, touchskin significa toque na pele. A relação é feita com o touchscreen, que é o toque na tela.

enunciada pelo cliente, e ao questioná-lo sobre com o que tinha a ver então a sua infidelidade ele, como uma criança impaciente que parecia falar o óbvio sem ninguém entendê-lo, respondeu: "eu traí porque precisava me sentir vivo!"

O resultado da parceria entre infidelidade e tecnologia é como o da fome com a vontade de comer. Prado (2016) ressaltou que com o surgimento da *internet* aliada ao uso de câmeras e vídeos, as possibilidades de trocas sexuais e íntimas tornaram-se muito mais acessíveis e rápidas, além de oferecerem um "plus" ao que é o anonimato e a facilidade de encerrar a relação com apenas um *click*. Quanto mais individualistas, solitários e com dificuldades para expressão e diálogo nas relações, mais a *internet*, as redes sociais, os aplicativos e as companhias virtuais convertem-se em fontes de alívio e busca de respostas para os vazios pessoais.

INFIDELIDADE VIRTUAL: CONCEITO, PESQUISAS E PECULIARIDADES

A infidelidade virtual nada mais é do que um jeito novo de trair utilizando meios tecnológicos. Seria muito bom se pudéssemos defini-la de forma tão simples, mas sabemos que o conceito de infidelidade em geral perpassa o campo dos valores individuais e dos contratos conjugais. A mesma problemática recai sobre o conceito de infidelidade virtual, pois o que é sentido como traição por uma pessoa pode não ser sentido exatamente da mesma forma por outra pessoa. Conceituar a infidelidade virtual é importante em contextos que vão além do trabalho de terapia de casal. No âmbito jurídico, por exemplo, considera-se uma troca de mensagens íntimas de um dos cônjuges com um terceiro, motivo suficiente para um pedido de divórcio? Como os mediadores de conflitos de casais lidam com isso? Se um terapeuta de casal não perceber tal ato como grave, deverá afinal considerar a queixa de um dos cônjuges como dramática e perpassada simplesmente pelo ciúme? Essas e muitas outras situações promovem reflexões sobre o tema da infidelidade virtual.

Na literatura, não se tem um consenso sobre o que é infidelidade virtual, justamente porque este conceito é desenvolvido por cada casal na sua relação. No contrato conjugal vão se estabelecendo cláusulas para a fidelidade em todos os contextos. Para um determinado casal, troca de mensagens com terceiras pessoas sobre sua vida íntima poderá ser considerado traição por um deles, enquanto que para outro não, podendo ser visto apenas como um direito à privacidade. Um dos membros do casal poderá considerar que sexo virtual e *sexting*[16] não caracterizará infidelidade, já que não houve contato presencial, enquanto que o outro lado poderá sentir-se profundamente traído e magoado.

Helsper e Witty (2010) realizaram um estudo investigando o que os casais esperavam um do outro, como regras de etiqueta, e chamaram este conjunto de diretrizes de *netiquette* do uso da *internet*. Os casais relataram que os dois deveriam passar tempo similar na *internet*, no entanto, as mulheres referiram maior desaprovação sobre o uso exagerado da rede por parte de seus parceiros, bem como demonstraram ser mais autocríticas em relação ao seu próprio tempo na *web*. A respeito das atividades que o outro faria e que poderia causar descontentamento, o topo da lista foi ocupado por apaixonar-se por alguém *online* e experienciar o *cybersexo,* mas cabe ressaltar aqui que, quando existe desentendimento quanto a estes comportamentos entre o casal, as mulheres se apresentam como as mais preocupadas e intolerantes. Em seguida, apareceu a preocupação com apostas em jogos *online* e possíveis perdas financeiras para o casal. Uma diferença apresentada entre as esposas e maridos é que estes se importavam menos se elas navegassem em *sites* "adultos", porque consideravam que suas esposas não se interessariam pela pornografia. Ao contrário, as esposas acreditavam que seus maridos consumiriam pornografia, por isso limitavam mais seus parceiros nestas atividades. Uma hipótese destas autoras para este dado é que os homens não exigem tanto de suas esposas para que sejam "mentalmente fiéis" a eles, no entanto, as mulheres parecem ser mais preocupadas em serem as únicas a ocuparem o campo da fantasia de seus parceiros.

O importante no trabalho com infidelidade é que cada membro do casal possa definir e, principalmente, verbalizar o que considera infidelidade virtual. O que o Terapeuta não deve carregar é a crença de que a infidelidade, por ser virtual, não é tão impactante para os envolvidos. Witty (2003) indicou que na maior parte das vezes, as pessoas consideravam seus relacionamentos virtuais tão reais e intensos quanto os presenciais, ou seja, para quem traiu *online* ou *off-line*, o envolvimento fosse sexual ou emocional, seria o mesmo. Outra crença comum sobre relacionamentos virtuais é de que eles seriam meramente sexuais. Witty e Quigley (2008) relataram que os homens são mais propensos a acreditar que mulheres se envolvem sexualmente quando estão também envolvidas emocionalmente, e as mulheres acreditam que os homens buscam sexo mesmo quando não estão em envolvimento emocional amoroso. No entanto, homens e mulheres não acreditam que a busca de *cybersexo*

---

16 Sexting é o termo utilizado para troca de mensagens com conteúdo sexual.

esteja relacionada a envolvimento amoroso. Este é um grande engano, pois muitas pessoas iniciam conversas longas com desconhecidos, estabelecendo vínculos emocionais intensos, contando segredos e intimidades guardadas e demonstrando que a *internet* permite tal abertura para desabafo com estranhos, em que o maior risco para os casais, portanto, não decorreria do sexo virtual e sim do vínculo emocional com esses terceiros relacionais (PRADO, 2016).

Apesar de ambos os gêneros sofrerem com a infidelidade virtual, várias pesquisas mostram algumas diferenças entre homens e mulheres pertinentes ao mundo virtual, a começar pelo uso da internet. Mulheres utilizam menos e possuem menos habilidades com o computador e a rede, o que justificaria os menores índices de vício em jogos, internet e pornografia. As mulheres também são mais comedidas com os riscos que assumem via internet, no entanto, se envolvem mais emocionalmente em suas interações virtuais bem como relatam que encerrariam seus casamentos caso descobrissem uma infidelidade virtual de seus parceiros. Para as mulheres, a troca virtual, seja sexual ou emocional, é levada mais a sério como uma traição do que para os homens (WITTY, 2003; HELSPER; WITTY, 2010).

A prática clínica tem revelado que a abertura de mais este canal de infidelidade tem trazido um cenário ainda mais traumatizante. Como bem colocado por Klein e Hintz (2018, p.3), "a experiência da traição apontada como uma das mais dolorosas experiências humanas ganhou um palco e plateia", podendo-se assistir diariamente histórias de infidelidade, comentando e julgando duramente as partes, como somente a proteção de uma tela permite. Quando um dos membros do casal descobre no celular ou no computador a infidelidade de seu parceiro, muitas vezes tem acesso a todas as mensagens íntimas e detalhadas, podendo ler, ver e às vezes até ouvir a traição. Esta experiência é muito mais traumática do que ficar sabendo por terceiros ou achar uma nota de cartão de crédito de motel esquecida em um bolso qualquer (PRADO, 2016). Uma das autoras lembra-se de um caso específico em que a cliente, após descobrir a infidelidade de seu marido, trouxe aos prantos para a sessão nada mais nada menos do que 50 folhas impressas de conversas e *e-mails*, com trechos sublinhados e destacados, para mostrar que seu marido utilizava as mesmas frases, elogios e até os mesmos apelidos carinhosos também com a amante. O primeiro trabalho foi convencê-la de que a obtenção destes detalhes estava deixando esta experiência ainda mais traumática, mas, ao mesmo tempo, era a porta de acesso ao mundo clandestino do parceiro.

Outra vivência que mostra esta característica impactante e traumática da infidelidade virtual pode ser exemplificada pelo conhecido escândalo envolvendo um dos maiores *sites* de traição dos Estados Unidos, o *Ashley Madison*. Em 2015, esse *site* cujo *slogan* é "A Vida é Curta. Curta um Caso®" e que oferecia garantia de sigilo para quem desejasse ter um caso extraconjugal, foi invadido por hackers e várias informações pessoais de mais de 30 milhões de usuários foram abertas. Muitas pessoas descobriram infidelidades ou foram descobertas, recebendo em seus *e-mails* as conversas de seus cônjuges que estavam traindo, causando muita dor, e até mesmo alguns casos de suicídio foram notificados na ocasião. Hoje, estes dados já foram transformados em gráficos e um deles mostra que o Brasil é o país com maior número de usuários (com exceção da América do Norte), sendo São Paulo a cidade com mais cadastros no Ashley Madison. Mesmo após este escândalo, os criadores do *site* declararam que 5,7 milhões de contas novas foram abertas apenas em 2017 (IG, 2015; GIANTOMASO, 2018). Infidelidade dá dinheiro! No entanto, estas empresas parecem não se importar com as consequências de seu produto, nestes casos, a *internet* permite que os casos extraconjugais não sejam descobertos somente pelo cônjuge, mas também pelos amigos, chefes, colegas de trabalho, vizinhos, enfim, pelo mundo, e uma vez que as informações entram na rede, nunca mais as pessoas conseguem apagá-las ou controlá-las.

A PRESENÇA DA PORNOGRAFIA NAS RELAÇÕES CONJUGAIS

Outro tema importante que não se pode deixar de abordar dentro do contexto das relações no ambiente virtual é a pornografia. O primeiro impasse que se encontra é na própria definição de pornografia, gerando diferenças no entendimento de cada pessoa sobre o que considerar como pornografia, podendo variar consideravelmente. Baumel (2019, p. 64) realizou uma pesquisa com homens e mulheres sobre o tema e relata que para ambos a pornografia foi definida "como material com conteúdo sexual, que remete à sexualidade; que retrata situações que envolvam o ato sexual, inclusive com conteúdo erótico e com sexo explícito". No entanto, a autora referiu que para os homens a pornografia é vivenciada como uma diversificação da sexualidade enquanto que para as mulheres possui uma conotação "suja" e fora dos limites, algo que não deveria ser acessado. Os homens utilizam a pornografia para a satisfação pessoal, aprendizado e nos momentos de carência sexual na relação, já as mulheres percebem o uso da pornografia como um benefício para o relacionamento, permitindo a exploração conjunta da sexualidade.

Tanto homens como mulheres apontam benefícios para a relação com a utilização da pornografia juntos (incentivo para algo diferente, diálogo entre o casal, desinibição e maior intimidade). Quanto aos aspectos negativos, foram apontados pela autora: a preocupação com o desenvolvimento de um vício pela pornografia, idealização do corpo e performance sexual e a mudança de comportamento de homens na relação com mulheres, colocando-as em uma posição de objeto e submissão e estimulando inclusive a violência. Outro aspecto negativo é a possível percepção de uma das partes do casal como infidelidade quando utilizada de modo individual e não conjugal (BAUMEL, 2019).

Outro estudo interessante sobre o impacto do uso da pornografia nas relações é o de Da Silva e Esteves (2018), mostrando que o uso da pornografia pelo casal, quando feita conjuntamente, possui um efeito benéfico para a relação, aumentando a intimidade, comunicação, dedicação e satisfação relacional e sexual. Já o consumo solitário da pornografia é visto como mais prejudicial do que benéfico, principalmente quando praticado pelo homem que busca a satisfação pessoal pela masturbação. O uso individual por parte da mulher, pode ser até benéfico, pois ela utiliza a pornografia como parte da sua relação com o parceiro, mas, apesar de melhorar essa relação, nem sempre está associada à melhora da autoestima feminina. Ou seja, a mulher parece fazer uso da pornografia em nome da relação enquanto o homem a faz para a sua própria satisfação. Uma importante associação da pornografia com a melhora da relação é a sinceridade. Quando existe um segredo entre o casal sobre este consumo, a pornografia muitas vezes pode ser vivenciada como infidelidade.

A pornografia pode criar um terreno fértil para a infidelidade. Struthers (2010) que estudou profundamente os efeitos da pornografia nos homens, afirma que a pornografia corrompe a capacidade de intimidade. Os homens tendem a iniciar o contato com a sexualidade através da pornografia, ainda muito jovens. Atualmente, o fácil acesso dos adolescentes à vídeos e imagens faz com que muitas vezes desenvolvam uma trajetória sexual não saudável. A utilização da pornografia desde a adolescência cria um campo de negação, minimização do problema e o jovem passa a entender os atos sexuais que assiste como normais e esperados nas relações reais. Uma cena sexual tradicional talvez já não o excite mais e com isso são buscados vídeos de orgias, acrescidos de violência, cenas de pedofilia, enfim, apresentando a pornografia em forma de escalada. Este jovem passa não só a não conseguir criar uma relação de intimidade real, como pode começar a esperar e achar normal atos desagradáveis ou violentos.

Vale citar aqui um caso de um jovem de 20 anos, Carlos, que não conseguia se relacionar sexualmente com as mulheres, apesar de relatar uma intensa vida sexual virtual. Via vídeos e se masturbava várias vezes ao dia e não conseguia mais se excitar diante de uma garota da sua idade. Queria ir direto ao ato, pensava dar muito trabalho a conquista e a criação do vínculo e da intimidade, porém sentia-se vazio, faltava alguma coisa. Carlos precisou de uma intervenção sobre os efeitos do vício da pornografia para que pudesse encerrar seus casos virtuais e pudesse se relacionar com as mulheres na vida real. Precisou aprender a se aproximar das garotas sem ser invasivo ou muito direto, pois as espantava. Uma das intervenções mais intensas, para estes casos, sugerida por Struthers (2010) é fazer com que este jovem veja as atrizes dos vídeos como seres humanos com sentimentos, interesses, realmente como um ser real. Quando se passa da objetificação para a humanização, o tesão pode findar, pois é preciso vínculo e intimidade para que o desejo surja.

FANTASIA, CONTROLE E CIÚME NAS "REALIDADES" VIRTUAIS

> "Eu não procuro, eu acho".
>
> Pablo Picasso

Inúmeras pessoas adentram o cenário virtual sem necessariamente carregar consigo a intenção de vivenciar algum tipo de experiência extraconjugal. Na tentativa de buscar contato com amigos, parentes longínquos, velhos conhecidos do campo pessoal e profissional, encaram também o desafio de entrar em contato com muitas pessoas que conheceram há pouco tempo ou trocaram poucas palavras cotidianas. Exatamente nesse universo tão impessoal, a intimidade pode paradoxalmente se desenvolver, trazendo notas ao silêncio das madrugadas, instantes de alegria em meio à conflitos conjugais, e até mesmo esperança na escuridão de vínculos repletos de solidão. Sim, porque a rede virtual é gigante, demonstrando números cada vez mais crescentes.

Sofia chegou ao consultório relatando que passava muito tempo usando seu smartphone. Apesar desse hábito causar certo incômodo, já que tirava um tempo necessário à realização de outras coisas rotineiras, ela sentia-se tentada a visitar cada grupo a que pertencia nas redes sociais. E foi assim que Sofia se deparou com Alex, de perfil carismático e inteligente, ele dava demonstrações 'escritas' de que tinha cultura, repertório e humor. Os olhos e ouvidos virtuais de Sofia conectaram-se fantasiosamente àquele universo tão distante de um desconhecido agora tão conhecido. Estavam *linkados* através de uma plataforma virtual de conhecimento. Alguns até arriscariam dizer que era coisa do destino. Sofia e Alex estavam conectados pela rede acadêmica e ambos eram sedentos por trocas intelectuais. Não demorou muito para que Sofia também chamasse a atenção de Alex, muito embora com uma foto de perfil escolhida a dedo por ela, não foi exatamente por esse detalhe relacionado à beleza que Alex, lá do outro lado da tela, viu em Sofia uma mulher inteligente e espirituosa. Em poucos dias, Alex e Sofia conversavam no privado, trocavam materiais científicos e experimentavam a sensação de um sonho se tornando realidade. Tudo isso constituiria um belo roteiro romântico se não fosse o tom dramático que a história tomou, quando Henrique, marido de Sofia, acessou as mensagens abertas no smartphone da esposa em certa ocasião. Henrique era um homem ciumento, desconfiado e via os movimentos de Sofia com preocupação no casamento. Há tempos ele percebia que ela estava se desconectando da relação que já tinha 5 anos, pois nos últimos meses, dava mostras de que não estava tão sólida como antes.

De repente, havia um triângulo dentro da rede, que imediatamente gerava um impacto capaz de furar a tela, tal qual a queda de um smartphone ao chão. Essa ocorrência ultrapassou a virtualidade e invadiu a conjugalidade. O binômio conexão x desconexão subiu à gangorra e movimentou os contratos relacionais, registrando baixas e altas no nível de intimidade por todos os lados, demonstrando a força que existe no mundo virtual e a fragilidade aparente dos laços presenciais. Ambos são reais, mas, por vezes, a presença física fica derrotada pela constante presença emocional entre as pessoas no mundo virtual.

De acordo com Canezin e Almeida (2015), redes sociais e ciúme se entrelaçam, devido à constância da inclusão digital ao cotidiano das pessoas, sendo que as fronteiras ficam rasas e permissivas a esse ilimitado palco de atores e atrações sociais. Eles investigaram as implicações dessa intersecção nos vínculos conjugais e apresentaram reflexões importantes, explicando o comportamento conjugal em relação aos próprios perfis do casal nas redes sociais, seja de modo compartilhado, privativo ou oculto, seja com acesso aberto, fechado e até mesmo falso. Muitas são as formas que o casal pode se comportar no mundo virtual, a fim também de obter controle sobre o parceiro, principalmente em situações de desconfiança, que preferencialmente vêm manifestas e vestidas pelo ciúme.

Marcela era uma cliente elegante e polida, tinha um cargo bem remunerado e vinha de uma família de muitas posses. Apesar da segurança financeira, ela não se sentia segura diante de Túlio, um homem de perfil sedutor, rodeado socialmente por muitos amigos e amigas, dispersos por sua história de vida retratada nas redes virtuais. Marcela não se sentia tranquila com essa situação, pois sempre se deparava com curtidas, elogios e comentários que lhe pareciam muito suspeitos em relação ao seu namorado. Certa vez, decidiu que faria um perfil falso para abordar Túlio e observar como ele a trataria. Poderia ser um jogo arriscado, mas ela foi em frente. E foi assim que Marcela de certa forma 'montou uma arapuca' para Túlio, que caiu rapidamente na armadilha da namorada. Com os *prints* dos diálogos em mãos, Marcela teve o apoio da família e das amigas para findar seu relacionamento com ele, tendo a certeza de que os sinais emitidos naquele campo de batalha virtual demonstravam marcadores reais do mundo aqui fora. Marcela percebeu que sua insegurança e ciúme também colaboravam para que ela cuidasse mais da vida do seu parceiro e administrasse com menor intensidade suas próprias relações sociais.

Perel (2018) apresentou o ciúme fazendo articulações sociais, culturais, literárias e artísticas, e expôs a complexidade dessa emoção intensa, contraditória, furiosa, vulnerável, capaz de provar do próprio veneno, conduzindo com riscos até para matar ou mesmo para morrer. Vemos na clínica o quanto esse padrão emocional tem sua força na própria vulnerabilidade. São comandos distintos, mas ligados por uma fiação comum. Afinal, o ciumento habitualmente exerce um controle sobre o outro, capaz de dar-lhe muito poder, pois suas desconfianças o obrigam a estar ligado permanentemente fazendo-o funcionar por dois, por três, por quantos estiverem envolvidos naquela relação.

Há muitos anos, chegou à clínica um casal de namorados que tinha o ciúme como ferramenta de existência. Ele era o ciumento, ela era a dependente do ciúme dele como prova 'infalível' do quanto ele a amava. Foram muitas ocasiões em que saíam das festas e, em meio a fortes discussões, ele batia nela. Seja porque ela havia se vestido de um modo que ele desaprovava, seja por ela ter ido ao banheiro pelo caminho mais movimentado do bar, ou tão somente porque ele havia percebido algum sinal, decodificado por ele, como traição. Ela era uma jovem comprometida com aquela relação e naquele contrato, o compromisso não bastava, nem mesmo a fidelidade, pois o ciúme era doentio. Em muitas ocasiões, ela saía de todas as redes sociais virtuais a que pertencia, pois cansava de passar vergonha e medo, sentindo-se humilhada e arrasada diante daquele palco virtual, que parecia espiar com lupa tudo que lhe acontecia. Foi um doloroso processo para que ela percebesse que precisaria trabalhar sua autoestima, seus padrões de codependência e sua bagagem trazida de seu mundo real. Depois de muitos anos, ela reapareceu com novo perfil nas redes sociais, e mais do que com uma nova imagem ou *status*, possuía especialmente uma nova forma de ser e estar nas relações.

Não sabemos tudo que está por detrás das fotos postadas, retiradas ou impedidas de constar nas redes sociais, assim como não sabemos o real significado de pertença de cada habitante virtual e suas implicações ou repercussões sobre os mais variados tipos de vínculos existentes. Realmente fica delicado compreender os processos internos e relacionais que se estabelecem para a movimentação das interações sociais na rede. Nem tudo que parece, é. Nem tudo que é, aparece. E talvez, nem tudo que é e parece, realmente vai sempre ser daquele modo, pois é fugaz. No dia seguinte, outro *post* poderá substituir o anterior, outro status de relacionamento poderá suplantar o *ex-status* e assim, a tela se abre, apresentando a atualização do dia. De permanente, talvez fique a fantasia advinda da constante novidade que permeia as redes sociais, os novos e velhos amigos que surgem, os que se tornam uma dimensão maior, os que se vão porque se tornaram vazios e a certeza de que os vínculos reais precisam ser fortes e resistentes, diante da força que se propaga no cenário virtual do qual não estamos imunes, nem quando estamos fora dele. Sabe por quê? Um dia ocupado com uma posição lá dentro, nunca se sairá completamente. Todos os registros permanecem de algum modo, criptografados ou estocados nas nuvens, salvos por terceiros ou impressos nas memórias alheias.

REFERÊNCIAS BIBLIOGRÁFICAS

BAUMEL, Cynthia Perovano Camargo. Uso de Pornografia e Sua Influência na Satisfação Com os Relacionamentos Amorosos. 2019. 229f. Tese (Doutorado em Psicologia) – Universidade Federal do Espírito Santo, Vitória, ES, 2019.

BERDICHESKI, Javier. *Amor, Sexo E-Internet: el impacto de la tecnología en las relaciones humanas*. Buenos Aires: Ediciones Lea, 2016.

CANEZIN, Paulo Franklin Moraes; ALMEIDA, Thiago de. O Ciúme e as Redes Sociais: Uma Revisão Sistemática. Pensando Famílias, v. 19, n. 1, p. 142-155, jun. 2015.

DA SILVA, José Manuel Sá; ESTEVES, Manuel António Fernandez. O Impacto do Consumo de Pornografia nas Relações de Intimidade: uma revisão teórica. 2018. 31f. Dissertação (Mestrado Integrado em Medicina) – Faculdade de Medicina da Universidade do Porto, Lisboa, Portugal, 2018.

GIANTOMASO, Isabela. Brasil é o 2° País Com Mais Usuários No Site de Traição Ashley Madison. TechTudo. mar. 2018. Disponível em: https://www.techtudo.com.br/noticias/2018/03/brasil-e-o-2-pais-com-mais-usuarios-no-site-de-traicao-ashley-madison.ghtml

HELSPER, Ellen J.; WHITTY, Monica T. *Netiquette Within Married Couples: agreement about acceptable online behavior and surveillance between partners*. Computers in Human Behavior, v. 26, n. 5, p. 916-926, 2010.

iG São Paulo. Hackers Vazam Dados de Site de Traições; São Paulo é Líder em Usuários. Tecnologia & Games. São Paulo, ago. 2015. Disponível em: https://tecnologia.ig.com.br/2015-08-20/hackers-vazam-dados-de-site-de-traicoes-sao-paulo-e-lider-em-usuarios.html

KLEIN, Ana Carina Motta; HINTZ, Helena Centeno. A traição que caiu na rede: sofrimento alheio? Pensando famílias, Porto Alegre, v. 22, n. 1, p. 18-28, jun. 2018.

PEREL, Esther. Ciúme. In: ———. Casos e Casos: Repensando a Infidelidade. Rio de Janeiro: Objetiva, 2018. p. 90-103.

PRADO, Luiz Carlos. A Face Virtual da Infidelidade Conjugal. In:———. As Múltiplas Faces da Infidelidade Virtual. Porto Alegre: Arte em Livros, 2016, 2. ed. p. 97-112.

SCHEINKMAN, Michele. Beyond the Trauma of Betrayal: reconsidering affairs in couples therapy. Family Process, v. 44, n. 2, p. 227-244, 2005.

STRUTHERS, William M. *Wired for Intimacy: how pornography hijacks the male brain*. Ilinois: IVP Books, 2010.

WHITTY, Monica Therese. *Pushing the wrong buttons: Men's and women's attitudes toward online and offline infidelity*. CyberPsychology & Behavior, v. 6, n. 6, p. 569-579, 2003.

———; QUIGLEY, Laura-Lee. *Emotional and sexual infidelity offline and in cyberspace*. Journal of Marital and Family Therapy, v. 34, n. 4, p. 461-468, 2008.

capítulo 10

INFIDELIDADE E TRAUMA: COMO SE ENTRELAÇAM

Andréa Toneli Rodrigues

Retrato

Eu não tinha este rosto de hoje, assim
calmo, assim triste, assim magro, nem estes
olhos tão vazios, nem o lábio amargo.

Eu não tinha estas mãos sem força, tão
paradas e frias e mortas; eu não tinha
este coração que nem se mostra.

Eu não dei por esta mudança, tão simples, tão certa,
tão fácil: - Em que espelho ficou perdida a minha face?

Cecília Meireles

Imagine o cenário: duas pessoas se conhecem, se sentem atraídas uma pela outra, começam a desenvolver um relacionamento, dividem sonhos, brigam e fazem as pazes, compartilham experiências boas e ruins, fazem votos... "na alegria e na tristeza, na saúde e na doença, na fartura e na pobreza... até que a morte nos separe". Pode ser que gerem filhos, certamente terão momentos de apoio mútuo, de ajustar discordâncias, mas estão caminhando lado a lado, aparentemente, cumprindo seus votos, seus contratos, até que de repente se descobre uma infidelidade. Pode até ser que não seja no "de repente", que se vá desconfiando aos poucos, suspeitando aqui e ali de algo, de mensagens, do comportamento que teve mudanças. O fato é que quando se tem a confirmação da suspeita, o impacto emocional é inevitável. E é exatamente neste contexto que infidelidade e trauma se entrelaçam.

O tema deste capítulo me fez pensar em alguns convites de casamento que recebi, referindo-se à cerimônia como o enlace matrimonial e parece irônico ou trágico que este enlace um dia possa vir a entrelaçar infidelidade e, possivelmente, trauma. Ninguém espera que isso aconteça. A expectativa em uma cerimônia dessas é de que sejam felizes para sempre, por mais que se saiba que a realidade de um casamento tem suas dificuldades, parece comum a busca desse pensamento mágico. Até mesmo quando assistimos um filme, esperamos por esse final feliz e da sensação de continuidade da felicidade a dois, e nos frustramos quando no final não é bem isso o que acontece.

Em geral, espera-se. Espera-se fidelidade e lealdade. Espera-se confiança e segurança. Espera-se transparência e verdade. Espera-se compromisso e parceria. E tudo isso, na alegria e na tristeza, na saúde e na doença, na fartura e na pobreza, até que a morte os separe; até que o não esperado pode acontecer.

O IMPACTO EMOCIONAL: AMPLIANDO A VISÃO

Por mais que infidelidade conjugal seja um tema historicamente antigo, quando ficamos sabendo de um caso de infidelidade, seja entre amigos, familiares, ou até mesmo apenas conhecidos, em geral, nos chocamos. Agora, imagine quem sente na pele essa situação.

Como uma bomba, que ao ser lançada tem um alvo específico, mas ao atingi-lo, o perímetro de destruição é bem maior, a infidelidade em uma relação faz, de certa forma, a mesma coisa. Não só o relacionamento é atingido, mas quem está em torno dessa relação: filhos, parentes, amigos e por vezes até o trabalho (LUSTERMAN, 2005). Pode-se gerar diversos conflitos de lealdade. Uma mãe, por exemplo, que descobre a infidelidade de seu filho, pode ficar dividida entre o amor que sente por ele e o respeito e o amor que tem por sua nora e netos, principalmente se a terceira pessoa envolvida se torna o relacionamento oficial. Pode-se gerar nos filhos do casal o conflito de ter que escolher entre um dos pais, a quem apoiar. Muitos filhos se sentem traídos juntamente. E mesmo o pai ou a mãe, tendo desempenhado um excelente papel parental, nestas circunstâncias, isso pode parecer irrelevante, e o filho voltar-se contra aquele que teve o envolvimento extraconjugal. Amigos do casal também podem entrar em conflito de lealdade, pois, pode parecer que estão apoiando o comportamento do cônjuge infiel caso continuem mantendo a amizade. Como podem proceder, de maneira que quem foi traído não se sinta mal? Quantas demissões acontecem por envolvimentos extraconjugais no trabalho. Quantas situações embaraçosas vive uma pessoa que conhece a família de seu parceiro de trabalho e também é ciente do caso que este tem com outra colega. Enfim, muitas pessoas, no entorno, acabam sendo atingidas por uma situação de infidelidade conjugal.

Até aqui, considerei mais a perspectiva das pessoas que estão envolvidas com a infidelidade de maneira passiva. Mas é relevante ampliar a visão para a perspectiva de quem foi ativo na infidelidade. Pode ser que essa pessoa carregue sobre seus ombros os danos gerados pelos seus atos e com frequência se traumatize pela descoberta do seu cônjuge (LUSTERMAN, 2005). Em geral, a tendência popular é considerar quem trai o algoz da relação, "mas nem sempre a vítima da traição é a vítima na relação", como afirma Esther Perel em sua palestra "Repensando a infidelidade... uma palestra para quem já amou" (2015). Essa afirmação me fez lembrar de um caso que acompanhei, de uma mulher que, na época, estava para completar 60 anos, casada, dois filhos, e tinha um marido muito bronco, era rude com ela, sem muito zelo com sua própria aparência, de perfil mais dominador. Ela era o oposto dele, delicada, quase frágil, mansa. Eles tinham uma relação difícil, da qual ela não conseguia sair. No decorrer do processo terapêutico ela me relatou que anos antes tivera um envolvimento amoroso extraconjugal, que durou pouco tempo, pois ambos se sentiam muito mal com a situação e optaram por não ir adiante com aquele relacionamento. Mas ela sentia saudades da forma como ele a tratava, como ele olhava pra ela. Seu marido não era a vítima na relação, certamente era o algoz. E ela não ficava confortável com a ideia de tê-lo traído. Então, se faz necessário, ampliar a visão sobre o autor da infidelidade, e considerarmos a possibilidade de que este também pode sofrer um impacto emocional mediante as mesmas circunstâncias. A ideia aqui, não é em hipótese alguma vitimizar o autor da traição, mas considerar as consequências emocionais que podem ser geradas a partir de sua atitude. Em um estudo, Costa e Cenci (2014), procuraram compreender a percepção e o sentimento que os homens infiéis tinham de sua relação oficial e as motivações para trair. Todos os participantes referiram categoricamente que compreendiam a infidelidade como uma questão negativa, que destrói a relação e gera sentimentos de arrependimento e culpa que perduram por muito tempo. Segundo os respondentes, a experiência provoca sentimentos ruins, mas também serve para que se tenha clareza de que a opção de trair não foi a melhor para que a relação conjugal voltasse a ser satisfatória.

Continuando na ideia de ampliar a visão, é importante incluir a perspectiva da terceira pessoa do triângulo amoroso (PRADO, 2016). No senso comum, essa terceira pessoa, em geral é muito mal vista. Mas que impactos traumáticos ela pode vivenciar? É, claro que tudo vai depender do contexto da situação. Há muitos casos de pessoas que se envolveram em uma relação sem saber que o parceiro (a) era casado (a). Outras poderiam estar buscando o amor romântico que não viviam na relação oficial, como no caso citado acima. Nem sempre essa terceira pessoa é como aquela retratada nas telenovelas, como pessoas intencionalmente destruidoras de lares. E, sim poderá sofrer severo impacto, até mesmo via retaliações e reprovações das pessoas ao seu redor e envolvidas no processo.

O fato é que os lados envolvidos em uma infidelidade conjugal descoberta ou revelada sofrem e muito. Násio (1997, p. 25-26), propõe duas definições de dor psíquica, sendo que na primeira ele define:

> (...) como o afeto que resulta da ruptura brutal do laço que nos liga ao ser ou à coisa amados. Essa ruptura, violenta e súbita, suscita imediatamente um sofrimento interior, vivido como um dilaceramento da alma, como um grito mudo que jorra das entranhas.

Na segunda definição ele propõe um ponto de vista metapsicológico e explica:

> (...) que a dor é o afeto que exprime na consciência a percepção pelo eu — percepção orientada para o interior — do estado de choque, do estado de comoção pulsional (trauma) provocado pela ruptura, não da barreira periférica do eu, como no caso da dor corporal, mas pela ruptura súbita do laço que nos liga ao outro eleito. Aqui, a dor, é dor do trauma.

É muito difícil dimensionarmos a profundidade e a extensão de uma dor psíquica. Além do sofrimento interno sentido, a pessoa nestas circunstâncias fica propensa a comportamentos de risco, como bem menciona Bowlby (2015)[17] que amantes repudiados podem fazer coisas insensatas ou perigosas para si mesmo e para os outros. O choque de uma descoberta de infidelidade, pode fazer com que muitas pessoas percam a cabeça e cometam assassinatos, suicídios, vinganças cruéis. Vemos todos os dias casos nos jornais que relatam essas histórias. Além dessas situações de risco, a pessoa que vivencia uma traição, pode também desenvolver sintomas do Transtorno de Estresse Pós Traumático (TEPT) (PRADO, 2016, p. 71), que serão discorridas a seguir.

---

17 A primeira edição de *The making and breaking of affectional bonds* é do ano de 1979, editado pela primeira vez no Brasil em 1982. Esta citação se refere a 5ª edição, de 2015.

FALANDO SOBRE TRAUMA

Sílvia chegou a mim em uma condição muito fragilizada, depois da infidelidade do marido, do qual já estava separada há quase um ano. Seu olhar não tinha vida, havia uma máscara de tristeza na sua face, desconfiada, quase evitativa no contato pessoal. Eles estavam morando fora do Brasil quando a infidelidade aconteceu. Tinham dois meninos, um de cinco e outro de três anos. Ela começou a perceber o comportamento diferente do marido. Os conflitos conjugais foram aumentando e houve claro afastamento dele da família. Ela, embora tendo sido alertada, não poderia acreditar que o marido estava traindo-a, confiava muito nele. Até que certo dia o flagrou beijando uma pessoa do seu círculo de relacionamento, a qual havia ajudado muito. A partir daí Sílvia começou a desenvolver dependência do álcool. Eles tiveram que voltar para o Brasil, onde se separaram. Ela perdeu o trabalho, o marido, ficou com as crianças e estava tendo que se reinventar no meio desse furacão que a assolou. Tinha problemas pra dormir, a cena do beijo não saía de sua mente, quase todas as noites tinha pesadelos com essa situação, o álcool era usado na tentativa de anestesiar sua dor. Embora não quisesse pensar no seu marido, ele não saía de sua mente, sentia saudades dele e de quando o casamento era bom, e acabava por se recriminar por isso. Todo esse quadro gerou uma desordem não só na vida sentimental, profissional, familiar, mas principalmente no interior de Sílvia. Uma nítida desordem se instalara na sua mente e nas suas emoções. Os sintomas que Sílvia apresentava: revivência da cena, entorpecimento, pensamentos repetitivos e intrusivos, pesadelos, insônia, dificuldade de concentração, são alguns dos sintomas típicos de Transtorno de Estresse Pós-Traumático (TEPT) que logo adiante citarei com base no Manual Diagnóstico e Estatístico de Transtornos Mentais.

O conceito de TEPT é mais recente e começou a ser desenvolvido após a Guerra do Vietnã, pois os soldados que retornavam apresentavam inúmeras queixas de lembranças das experiências intensas que viveram no campo de batalha, e foi sendo ampliado ao longo do tempo (VIOLA, *et al.*, 2010). Em geral podemos dizer que o que precipita um trauma são eventos marcantes de diversas ordens, como guerras, assaltos, acidentes, situações de exposição, abuso sexual, problemas de relacionamento. Tais eventos podem resultar em TEPT. O DSM-5 (DSM-5, 2014, p. 271-280) apresenta um capítulo tratando sobre os transtornos relacionados a trauma e estressores, nos quais a exposição a um evento traumático ou estressante é tido como critério diagnóstico e envolve os seguintes sintomas[18]:

---

18 Os tópicos listados são um resumo do que consta no DSM-5 e foram reescritos de forma a simplificar a linguagem e facilitar o entendimento.

- Lembranças intrusivas angustiantes, recorrentes e involuntárias do evento traumático.
- Pesadelos de repetição relacionados ao evento.
- Reações dissociativas (p. ex., flashbacks) nas quais o indivíduo sente ou age como se o evento traumático estivesse ocorrendo novamente.
- Sofrimento psicológico intenso ou prolongado mediante uma situação parecida com a situação traumática.
- Evitação persistente de estímulos associados ao evento traumático.
- Lapsos de memória, não conseguindo por vezes lembrar de fatos do evento traumático.
- Estado emocional global negativo e crenças ou expectativas negativas persistentes e exageradas a respeito de si mesmo, dos outros e do mundo (por ex: medo, pavor, raiva, culpa ou vergonha).
- Pensamentos distorcidos persistentes a respeito da causa ou das consequências do evento traumático que levam o indivíduo a culpar a si mesmo, ou os outros.
- Vida social, relacional e profissional prejudicadas.
- Tendência a não experimentar felicidade, satisfação, alegria.
- Irritabilidade e surtos de raiva com pouca ou sem provocação, geralmente expressos sob a forma de agressão verbal ou física em relação a pessoas e objetos.
- Comportamento imprudente ou autodestrutivo.
- Estado de alerta, hipervigilância.
- Resposta de sobressalto exagerada.
- Problemas de concentração.
- Distúrbios do sono.
- Despersonalização: sentimento de estar fora do corpo ou em câmera lenta.
- Desrealização: o mundo ao redor é sentido como irreal, onírico, distante ou distorcido.

Barret e Fisch (2017), fazem uma classificação diferenciando Estresse, Estresse Traumático, Transtorno de Estresse Pós-Traumático e Trauma Desenvolvimental Complexo, como os quatro níveis de reatividade ao Estresse, através do seguinte quadro:

Quadro 01: Quatro níveis de reatividade ao estresse

Estresse	Qualquer demanda no sistema corporal.
Estresse Traumático	Consequência da Exposição ao Trauma. Interrupção do Fluxo. Sensações: medo, desamparo, urgência, raiva, ansiedade, tristeza. Ímpetos: luta, fuga ou congelamento
TEPT (transtorno de estresse pós-traumático	Exposição a eventos considerados como ameaças de vida, intoleráveis ou que possam causar danos ou morte. A experiência do trauma torna-se mais intrusiva. Evitamento de dicas dos sextos sentidos (visão, som, olfato, paladar, toque, mente). Hiperexcitação em resposta ao acionamento dos sentidos
Trauma Desenvolvimental Complexo	Resultado de múltiplos eventos traumáticos e reação aos eventos. Os eventos traumáticos começam na infância - Complexidade ▸ Vitimização múltipla ▸ Efeitos contextuais interativos ▸ Ansiedade ▸ Depressão ▸ Desregulação emocional ▸ Pensamentos e sentimentos intrusivos ▸ Distúrbio de identidade ▸ Esforço para evitar / entorpecer ▸ Distúrbio Relacional ▸ Hiperexcitação aos eventos internos e externos

Fonte: Barret e Fisch (2017)

Em cada coluna, é descrita uma pequena diferenciação das reações aos eventos estressores, em termos de intensidade e qualidade e as possíveis consequências comportamentais e psicológicas, que podem surgir frente a um evento estressor. A primeira coluna, por exemplo, se refere às reações que vão envolver mudanças fisiológicas típicas do estresse, ou seja, gerar aumento da frequência cardíaca, respiração acelerada, rubor, irritabilidade, sudorese, tremor. A segunda coluna se refere às reações que vão demandar mais recursos emocionais ou acionar respostas de luta, fuga ou congelamento. A terceira coluna se refere a um nível de reatividade bem mais intenso, com aqueles sintomas do TEPT citados acima em pleno desenvolvimento. E a quarta e última coluna diz respeito a um comprometimento muito mais complexo em termos de respostas emocionais e, consequentemente, comportamentais. A reatividade, depende de cada pessoa e é muito subjetiva. Três pessoas diferentes expostas ao mesmo evento estressante, podem reagir de maneiras totalmente diferentes. Tomando como exemplo a situação de uma traição, que é o nosso evento base, uma pessoa poderia brigar muito pelo relacionamento, discutir, questionar, tentar reatar, como em um movimento mais de luta; outra, poderia simplesmente não querer ver a pessoa ou conversar com ela para ter explicações, terminaria o relacionamento e pronto, em um movimento mais de fuga; e ainda uma terceira pessoa poderia paralisar, não conseguir ir trabalhar, não conseguir fazer as coisas da sua rotina pessoal, como se uma apatia a dominasse de forma global. Claro, estes são meros exemplos, e frente a uma traição, as pessoas podem ter inúmeras maneiras de reagir e sentir, até mesmo mesclando essas reações, o que pode ser bem comum. É importante aqui considerar que a reatividade é um processo humano, não há como prevermos como se reagirá mediante a qualquer evento estressor, isso dependerá da estrutura de cada um. Particularmente, gosto da ideia de Levine que traz uma postura um tanto quanto crítica do termo TEPT, principalmente referente à palavra transtorno ou distúrbio, embora admita que a nomenclatura ofereça uma legitimidade científica. No seu olhar "essa abordagem enfraquece e marginaliza aquele que sofre, aumentando sua sensação de alienação e desespero" (LEVINE, 2012, p. 44). Ele não vê o trauma como uma doença, mas como "uma experiência profunda de 'des-conforto' ou 'des-ordem'" (LEVINE, 2012, p. 45) Para ele, o trauma não está no evento, mas no modo como respondemos a ele (Levine e Frederick, 1999). Como o sistema (lembrando que somos considerados um ser bio.psico.social.espiritual) da pessoa exposta ao evento o experienciou e o significado atribuído à esta vivência, têm grande peso na traumatização. E, reforçando o que já mencionei acima, outro fator de grande importância nessa questão é como se deu o desenvolvimento desta pessoa. Netto, traz uma perspectiva que abrange com clareza este ponto:

> (...) Nenhum ser humano sobrevive sem um cuidador que assegure a incorporação das necessidades mínimas de sobrevivência (alimentação, contato, higiene, segurança, regulação emocional/fisiológica), durante todo o seu extenso período de dependência. E essa qualidade de relação primordial irá modular não só a forma como o indivíduo subsequentemente regulará suas emoções, fisiologia, e impulsos, como também a capacidade que terá para estabelecer relações com seus pares e se adaptar aos desafios emergentes. (NETTO *et al.*,2016, p. 129)

Podemos então, pressupor que no que diz respeito à traumatização diante de uma situação de infidelidade conjugal, as vinculações parentais, os tipos de apego (ver capítulo 05), a história de vida, a história familiar relacionada a este tema e, claro, o momento de vida atual, serão de grande importância na dimensão do impacto da infidelidade para traumatizar ou não a pessoa. Penso que tanto o conceito como a sintomatologia do TEPT podem ser orientadores, para nós terapeutas, sobre que terreno estamos pisando, com o que estamos lidando e assim direcionar o trabalho da melhor maneira possível.

A partir dessa reflexão, entendemos que traumas fazem parte da nossa vivência, do nosso desenvolvimento, principalmente na infância, quando muitas vezes não temos recursos emocionais suficientes, ou defesas organizadas para lidar com determinadas situações. Entretanto, mesmo enquanto adultos, podemos passar por eventos que nos chocam demais, nos geram uma sobrecarga no sistema psíquico e no organismo como um todo e, dependendo do que já se vivenciou e dos padrões que foram desenvolvidos de sobrevivência, o trauma pode ser mais ou menos intenso, pode ou não desenvolver sintomas. Prado também traz essa ideia quando coloca que nem todos os casos extraconjugais determinam traumas e diz que "devemos buscar entender melhor o que leva alguns indivíduos a vivenciar uma situação de infidelidade como uma experiência traumática importante". (2016, p. 72)

Buscando conhecer a origem da palavra trauma, me deparei com um significado interessante, o termo se origina do grego *traûma*: ferida, dano ou avaria (CONSULTÓRIO ETIMOLÓGICO, 2019). Fez muito sentido pra mim, os significados desta palavra na sua origem. Aplicando o termo ao tema aqui tratado, o trauma de uma traição, gera uma ferida muito dolorosa, uma dor na vida da alma que não encontramos palavras para descrever, somente quem a viveu talvez pudesse fazê-lo, "talvez", pois muitas dores não são possíveis de serem descritas, são apenas sentidas. Sim, gera danos, perturbações, um estado de confusão sobrevém, não se possui uma defesa imediata para lidar com isso. Danos para a relação, danos para os filhos, em muitos casos, são eles que descobrem a infidelidade de um dos pais. E, realmente, gera avaria, estrago, perdas: perda da confiança, do sentido da história do casal e muitas vezes da própria identidade.

SITUAÇÕES QUE PODEM POTENCIALIZAR A TRAUMATIZAÇÃO

Lembro-me de um filme, no Brasil traduzido como "Simplesmente Amor" (Love Actually, 2003), de Richard Curtis, onde a personagem de Emma Thompson, Karen, encontra um colar no casaco do marido, Harry, interpretado por Alan Rickman, e se alegra pressupondo que o mesmo seria entregue a ela na noite de Natal, e guarda-o novamente no bolso do casaco crente que em breve o receberia. No momento tão aguardado da entrega de presentes, ela pega o seu, abre ansiosamente, esperando encontrar o colar. Para sua surpresa, ela ganha um CD. Imediatamente tem um choque e percebe toda a situação, disfarça, visto que está diante dos filhos e do marido, mas dá um desculpa e se retira para poder chorar. A cena impressiona, pois, em seguida aparece a amante do marido usando o colar, então mostra as fotos das crianças e a esposa sozinha no quarto, chorando. Esta cena é de uma sensibilidade muito grande e mobiliza diferentes sentimentos em quem assiste: raiva, indignação, compaixão, desprezo, dor, enfim... imagine vivenciá-los na vida real. Descobrir que está sendo traída na noite de natal, na presença dos filhos, tendo a noção de que, por hora, você é a única a saber da situação. Ter que sair de fininho para poder chorar e não explodir de raiva e dor diante de sua família e gerar um dano maior ainda, por algo que não foi você que precipitou. Muito difícil!

Poderíamos descrever e é bem provável que cada um de nós conhece histórias muito tristes, carregadas de emoção e drama sobre o momento da descoberta e o contexto da traição. Prado (2016) explana algumas situações que podem influenciar na intensidade do impacto em quem sofreu a ação podendo tornar a experiência mais traumática, são elas:

- História pessoal de abandono familiar, violência física ou sexual.
- História pessoal de infidelidade no passado em outras relações amorosas.
- Como estava o relacionamento conjugal no contexto da traição. Em um momento de crise no casamento as pessoas acabam ficando mais vulneráveis, entretanto, se a relação estava boa, equilibrada, isso pode gerar um nível de incompreensão ou choque maior.
- Com quem foi a traição. Certamente se a terceira pessoa do triângulo amoroso é alguém do convívio familiar ou do grupo de amigos a situação se agrava pois poderíamos dizer que foi uma dupla traição.
- Quando se descobre que a infidelidade é com um (a) parceiro (a) do mesmo sexo e pode-se gerar aqui também a ideia de dupla traição.
- Quando se descobre a traição através de uma doença sexualmente transmitida que foi adquirida. Além do dano emocional, as consequências trazem danos físicos para o cônjuge, muitas vezes irreversíveis.
- Quando a condição emocional do cônjuge traído é desfavorável devido a algum tipo de transtorno de humor ou de personalidade.
- Quando o cônjuge traído possui uma autoestima muito elevada, é muito autoconfiante e seguro de si. Pode não compreender como alguém tão especial foi preterido e trocado por outro. Tendem a se tornar controladores e resistentes a aceitar a situação.

Poderia acrescentar também algumas outras variáveis como:

- Quanto tempo durou essa relação até ser descoberta. Há casos em que a traição durou quase quanto o casamento, o que faz pensar e sentir que se teve uma vida de engano. E, certamente, isso influenciará neste impacto. O que não quer dizer que uma traição de pouca duração é menos grave.
- As características físicas da terceira pessoa, como padrões de beleza, idade.
- A forma como foi descoberta a traição. Foi-se descobrindo aos poucos, com pequenas desconfianças, mudanças de comportamento; ou foi no "de repente", estava tudo bem, não havia desconfianças e flagrou o marido ou a esposa com outra pessoa.
- O surgimento de uma gravidez, por exemplo, sendo que o marido havia feito vasectomia. Ou então, um casal onde a esposa é estéril e a amante engravida.

Enfim, essas são algumas das muitas variáveis que podem influenciar no impacto emocional gerado por uma infidelidade.

UMA PROPOSTA TERAPÊUTICA

Uma pessoa traída, traumatizada, em linhas gerais, está dilacerada, se sentindo destruída, trocada, talvez até culpada. Está lidando com sentimentos antagônicos de amor e ódio, oscilando entre a tristeza profunda e raiva intensa. Seus pensamentos estão povoados de perguntas sem respostas. Muitas vezes perde o rumo da vida. Está em um constante movimento de expansão e contração. Angústia, confusão, decisões a serem tomadas. A sensação é de que o mundo caiu sobre sua cabeça. E tudo isso faz todo sentido. Bowlby nos explica que:

> os vínculos afetivos e os estados subjetivos de forte emoção tendem a ocorrer juntos (...). Assim, muitas das mais intensas emoções humanas surgem durante a formação, manutenção, rompimento e renovação de vínculos emocionais. Em termos de experiência subjetiva, a formação de um vínculo é descrita como apaixonar-se, a manutenção de um vínculo como amar alguém, e a perda de um parceiro como sofrer por alguém. (BOWLBY, 2015, p. 98).

A pessoa que vivencia uma infidelidade, pode senti-la como uma ruptura com o ser amado e essa ruptura leva, em geral, a um sentimento de perda, que está diretamente associado ao luto. Essa ruptura também pode ser sentida como a perda de si ou de sua identidade, a pessoa não se sente conectada consigo mesma e com sua vida; pode ser vivenciada ainda como a perda da relação. A percepção que tenho é a de que esta pessoa pode vivenciar múltiplos lutos: luto da relação; luto da família; luto do formato anterior da família, em caso de separação; luto do cônjuge que ela pensava conhecer; luto de quem ela era antes de tudo acontecer.

Apresento, portanto, uma proposta de Bowlby (2015, p. 115) quando expôs sobre o tema "Separação e perda na família" para se trabalhar o luto. Ele descreve 4 fases desse processo, que creio, podem ser orientadoras para se melhor compreender as pessoas que passam pelo mesmo. São elas:

1. Fase de torpor ou aturdimento, que normalmente dura de algumas horas a uma semana e pode ser interrompida por acessos de consternação e/ou raiva extremamente intensas.
2. Fase de saudade e busca da figura perdida, que dura alguns meses e, com frequência vários anos.
3. Fase de desorganização e desespero
4. Fase de maior ou menor grau de reorganização.

Bolwby (2015) coloca que para darmos uma ajuda efetiva para uma pessoa nestas circunstâncias de perda, é necessário procurarmos enxergar as coisas do ponto de vista da pessoa e aceitarmos seus sentimentos por menos realistas que possam ser. Ressalta a importância de não nos anteciparmos para trazer a realidade necessariamente, mas darmos espaço e encorajarmos a pessoa a falar dos seus sentimentos sem julgamentos, até que vai elaborando os mesmos a ponto de poder lidar com a realidade.

Situações como a de Sílvia, que sentia saudades do marido não são incomuns. Sentimentos que aparentemente não deveriam estar lá, como a saudade, nesta situação, invadem a pessoa sem pedir licença. Reprimir esse sentimento impede o luto de ser elaborado. Deixá-lo fluir, no entanto, com a proteção do setting terapêutico e o acolhimento sem julgamento do terapeuta, permite a fluidez e aos poucos o "deixar ir".

Levine e Frederick (1999) fazem uma interpretação interessante do mito da Medusa que de certa forma nos mostra um caminho para se trabalhar com traumas. Neste mito grego, Perseu foi enviado a uma perigosa missão. Deveria ir ao encontro de Medusa, a única das Górgonas que era mortal, para que arrancasse sua cabeça. Quem fitasse os olhos em Medusa, um monstro representado por uma mulher com abissais serpentes no lugar dos cabelos, presas de bronze e asas de ouro, era imediatamente transformado em pedra. Antes de partir, Perseu foi se aconselhar com Atena, a deusa da sabedoria e da estratégia. Ela o orientou para jamais olhar diretamente para a Medusa e lhe ofereceu um escudo protetor. Perseu venceu o monstro, cortando sua cabeça olhando pra Medusa através do reflexo do seu escudo, ou seja, não olhando diretamente pra ela, e assim não foi transformado em pedra (MENDONÇA, 2018).

Aprendemos aqui, que um caminho para transformar o trauma é não o confrontar diretamente. Se o fizermos, e o encararmos de cabeça erguida, Medusa entrará em ação e nos congelará. Quanto mais lutarmos contra o trauma, maior será seu domínio sobre nós. O trauma parece ter um poder de sedução, Levine nos explica que "o trauma é tão impressionante que as pessoas traumatizadas se focam compulsivamente nele. Infelizmente, a situação que as derrotou uma vez, irá continuar a derrotá-las repetidamente" (LEVINE; FREDERICK, 1999, p. 67). Ele defende a ideia de se trabalhar com as sensações corporais, pois servem de um guia para refletir onde a pessoa experiencia o trauma e levá-la aos seus recursos instintivos, que cada pessoa possui, e uma vez que se aprenda a acessá-los, pode-se criar os próprios recursos para refletir e curar o trauma.

Tanto Levine (2012), quanto Bowlby (2015) enfatizam que fornecer uma base segura para o paciente, o que envolve confiança, vínculo e conexão são fundamentais para o bom andamento do processo. Essas reflexões sobre acolhimento, ressignificações, postura de não julgamento, respeito ao tempo do indivíduo, a conexão empática a ele e também visão dos seus potenciais e recursos, penso que poderiam ajudá-lo a sair deste quadro, sendo esta uma boa proposta para o trabalho terapêutico.

SOBREVIVENDO AO TRAUMA

Quando se está diante de uma pessoa que viveu situações muito adversas, traumáticas, verdadeiras catástrofes, se está diante de um SOBREVIVENTE. Sim, a pessoa sobreviveu, mas talvez ainda não saiba disso, pois seu olhar está preso na situação, na cena, na dor. Nosso trabalho implica em ajudá-la pouco a pouco a perceber que o perigo passou, a ameaça se foi, que ela ainda respira, que ainda está viva apesar dos pesares, dos grandes pesares. Embora pudesse achar que não viveria sem aquela pessoa, ou que a vida não tivesse mais cor, ou não tivesse mais cheiro. Aos poucos, é possível resgatar-se e ressignificar a sua história, fazer as pazes consigo mesma e validar cada momento vivido, seja de dor, de amor, de choro, de riso. Aos poucos se volta a sentir o cheirinho do café, se enxergar a luz da manhã, o calor do sol na pele, a brisa suave no rosto. Muitos casamentos se renovam depois de uma infidelidade, muitas pessoas passam a se conhecer melhor e descobrir coisas incríveis em si mesmas. Como Levine (2012, p. 47) diz "o trauma é um fato da vida. Entretanto, ele não precisa ser uma prisão perpétua".

Acredito que a principal caminhada e desafio de quem vive um trauma por infidelidade, é o reencontro consigo mesmo, a restauração de suas bases de confiança[19] e segurança[20], e não poderia deixar de mencionar o perdão.

O reencontro consigo mesmo envolve um lindo e profundo processo de se conhecer novamente e se agradar desse encontro. É comum, quando as pessoas se envolvem em um relacionamento amoroso, muitas vezes se diluírem no outro, esquecem-se de si mesmas, o olhar está sempre em agradar esse outro, então quando este, que é o objeto de amor principal, as decepciona, ou rompe com elas, ficam perplexas, perdidas, não sabem mais quem são, do que gostam ou deixam de gostar, às vezes até sua rede social possa ter ficado restrita e limitada ao parceiro/a. Essa retomada não é fácil, mas pode ser maravilhosa. O que estou falando tem a ver com resiliência, termo que vem da Física e designa "a propriedade de um corpo de recuperar sua forma original após sofrer choque ou deformação" e, no sentido figurado, se refere à "capacidade de superar, de recuperar de adversidades" (DICIONÁRIO PRIBERAM, 2018). Voltar ao seu estado original, recuperar-se, resgatar-se. Para Peres (2009, p. 93), "resiliência envolve flexibilidade, otimismo, ousadia, autoestima e autoconfiança para ressignificar o que houve a favor do crescimento humano". Claro, tudo a seu tempo. Entendo que a primeira parte de recuperação desse processo é passar pela dor.

À medida que esse reencontro se sedimenta e pode-se ressignificar a situação, a relação com o outro e consigo mesmo, é natural que as bases de confiança e segurança também se reestabeleçam, o que é fundamental para a construção e manutenção da próxima relação que se criará, seja com o mesmo cônjuge, seja com outra pessoa, ou ainda, consigo mesmo.

E por último, creio que a cereja do bolo desse processo é poder oferecer o perdão (ver capítulo 11). Perdão para o outro, para si mesmo, o perdão para a vida. Acredito pessoalmente que o perdão libera as pessoas

---

19 A palavra confiança vem do Latim Confidentia, de Confidere, acreditar plenamente, com firmeza, formada por "Com", intensificativo, mais "Fidere", Acreditar, crer, que deriva de Fides, fé e segurança.

20 A palavra segurança é um adjetivo e um substantivo de dois gêneros, com origem no termo em Latim securus, que significa "sem temor, garantido", derivando-se de sine cura, que quer dizer "sem cuidados", ou seja, está saudável, não precisa mais de cuidados especiais

das correntes que as atam à dor, à mágoa, ao outro que feriu. O perdão cicatriza a ferida que estava aberta e cicatriz não dói. Encerro este capítulo com a mesma escritora com quem iniciei, Cecília Meireles, com sua poesia Retrato. Que esta frase possa ficar de inspiração para as marcas que a vida deixa:

"Aprendi com as primaveras a deixar-me cortar e a voltar sempre inteira."

...e por que não, mais forte?

REFERÊNCIAS BIBLIOGRÁFICAS

AMERICAN PSYCHIATRIC ASSOCIATION. Manual diagnóstico e estatístico de transtornos mentais: DSM-5. 5. ed. Porto Alegre: Artmed, 2014.

BARRET, Mary Jo; FISH, Linda Stone. Trauma, desenvolvimento complexo: cura dos relacionamentos e do cérebro. Workshop Internacional FTSA, Instituto da Família, Londrina, 2017.

BOWLBY, John. Formação e rompimento dos laços afetivos. São Paulo: Martins Fontes, 2015.

COSTA, Cristofer Batista da; CENCI, Claudia Mara Bosetto. A relação conjugal diante da infidelidade: a perspectiva do homem infiel. Pensando famílias, [online], v. 18, n. 1, p. 19-34, 2014. Disponível em: http://pepsic.bvsalud.org/scielo.php?script=sci_arttext&pid=S1679-494X2014000100003

LEVINE, Peter. A.; FREDERICK, Ann. O despertar do tigre: Curando o Trauma. São Paulo: Summus, 1999.

______. Uma voz sem palavras: como o corpo libera o trauma e restaura o bem-estar. São Paulo: Summus, 2012.

LOVE Actually. Direção: Richard Curtis. Produção: Tim Bevan. Reino Unido: Universal Pictures, 2003. 135 min.

LUSTERMAN, Don David. Helping children and adults cope with parental infidelity. c2005 Wiley Periodicals, Inc. Journal of Clinical Psychology. s. 61, p. 1439–1451, set. 2005.

MEIRELES, Cecília. Retrato, *In:* Viagem. Editorial Império,1939.

______. Desenho *In:* Mar Absoluto, 1945.

MENDONÇA, Brenda. Perseu, de Medusa a Andrômeda. Mitologia Grega. 13 mar. 2018. Disponível em: <https://mitologiagrega.net.br/perseu-de-medusa-a-andromeda>. Acesso em: jul. 2019.

NÁSIO, Juan-David. O Livro da Dor e do Amor. Tradução de Lucy Magalhães. Rio de Janeiro: Jorge Zahar Editora, 1997.

NETTO, Liana *et al*. Diálogos estendidos com a experiência somática. São Paulo: Scortecci, 2016.

ORIGEM DA PALAVRA: site de etimologia, c2019. Disponível em: <www.origemdapalavra.com.br > Acesso em: jul. 2019.

PEREL, Esther. Repensando a infidelidade: uma palestra para quem já amou. [recurso eletrônico]: março, 2015. Disponível em: <https://www.ted.com/talks/esther_perel_rethinking_infidelity_a_talk_for_anyone_who_has_ever_loved?language=pt> Acesso em: abril, 2019.

PERES, Julio. Trauma e superação: o que a psicologia, a neurociência e a espiritualidade ensinam. São Paulo: Rocca, 2009.

PRADO, Luiz Carlos. As múltiplas faces da infidelidade conjugal. 2. ed. Porto Alegre: Arte em Livros, 2016.

RESILIÊNCIA *In* Dicionário Priberam da Língua Portuguesa. 2018. Disponível em: <https://dicionario.priberam.org/Resili%C3%AAncia> Acesso em: jul. 2019.

VIOLA, Thiago Wendt et al. Trauma complexo e suas implicações diagnósticas: artigo de revisão. Revista de Psiquiatria do Rio Grande do Sul, vol.33, n.1, p. 55-62, 2011. Disponível em: <http://www.scielo.br/pdf/rprs/v33n1/v33n1a10.pdf>

capítulo 11

REPARAÇÃO E PERDÃO: PROCESSOS PARA A RECONSTRUÇÃO DA CONFIANÇA

Liliane Casagrande Sabbag

"A graça do perdão não é forçada;
Desce dos céus como uma chuva fina
Sobre o solo: abençoada duplamente,
Abençoa a quem dá e a quem recebe;
É mais forte que a força: ela guarnece
O monarca melhor que uma coroa;
O cetro mostra a força temporal,
Atributo de orgulho e majestade,
Onde assenta o temor devido aos reis;
Mas o perdão supera essa imponência:
É um atributo que pertence a Deus,
E o terreno poder se faz divino,
Quando, à piedade, curva-se a justiça."

WILLIAM SHAKESPEARE
O MERCADOR DE VENEZA

A descoberta de uma infidelidade constitui-se em uma das experiências mais perturbadoras e dolorosas, impactando tanto nos parceiros individualmente, como no relacionamento de casal. No parceiro que sofre a infidelidade, podem aparecer sentimentos de raiva, vergonha, ansiedade, depressão, impotência, vitimização, abandono, dificuldades de concentração e ruminação mental sobre o evento, semelhantes aos do estresse pós-traumático. No parceiro que a pratica, são comuns a culpa, arrependimento, angústia, ansiedade, depressão e ideação suicida, especialmente quando surge a possibilidade ou o término do relacionamento (SATLER; TAVARES; SILVA, 2017). Nos estudos sobre o tema, a dor da infidelidade é relacionada não apenas à questão sexual, mas ao segredo, mentiras e quebra de confiança, pois se entende que a infidelidade representa o rompimento de um contrato afetivo, implícito ou explícito, que representa a essência da relação, aquilo que se espera de cada um dos parceiros (ANDRADE; MELLO; DIAS, 2009; SAGER, 2004). É neste contexto de dor, sofrimento e confusão que surgem questionamentos sobre a possibilidade de reparação e perdão, o que também nos motivou a reservar um capítulo neste livro para o tema.

O PERDÃO

Uma das grandes dificuldades relacionadas ao conceito de perdão, é que ainda não existe consenso sobre sua definição (MCCULLOUGH; PARGAMENT; THORESEN, 2001). Do ponto de vista etimológico, o verbo perdoar tem sua origem no latim *perdonare*, que significa doar, conceder. Segundo estudos de Santana e Lopes (2012), o prefixo *per* também agrega o sentido de plenitude, o que coloca o perdão como um ato de doação em plenitude, uma virtude na qual se espera que as pessoas, assim como Deus, perdoem a quem lhes causa algum tipo de dano (SANTANA; LOPES, 2012; PIETRO-URSÚA *et al.*, 2012).

Os estudos sobre o perdão encontram-se, mais frequentemente, na teologia, moral e filosofia, além da literatura e dramaturgia. Shakespeare trata do tema em diversas obras como Rei Lear, Tito Andrônico, A Tempestade, mas é na peça O Mercador de Veneza, de 1594, que segundo Maluf e Aquino (2006), encontra-se sua fala mais famosa, reproduzida no início deste capítulo. A cena se passa em um tribunal de Veneza, durante um julgamento, no qual Pórcia, interpretando o papel de jurista, pondera sobre o poder do perdão como processo voluntário, de dimensão elevada e transformador, tanto para quem oferece, quanto para quem o recebe.

No campo da psicologia, os primeiros trabalhos surgem a partir de 1930, mas é somente a partir dos anos 80 que aparecem avanços mais consistentes nas definições e pesquisas sobre o tema (MCCULLOUGH; PARGAMENT; THORESEN, 2001). No Brasil, as primeiras publicações ocorreram no início dos anos 2000, destacando-se as pesquisas do professor Dr. Júlio Rique Neto e col., responsáveis pela tradução e validação para o Brasil da Escala de Atitudes para o Perdão (EFI), que avalia a disposição dos indivíduos para perdoar (SANTANA; LOPES, 2012).

Para Pietro-Ursula *et al.* (2012), as pesquisas cresceram especialmente nas últimas décadas, tendo em vista os comprovados benefícios sociais, fisiológicos e psicológicos que o perdão produz, promovendo bem-estar e felicidade. A crescente complexidade das relações sociais, onde muitas das situações do cotidiano são vivenciadas com mágoa e ressentimento, tornam o tema cada vez mais relevante. No entanto, segundo as autoras, há uma tendência entre terapeutas de família e de casais de desvincular-se de temas que tenham qualquer conotação religiosa, o que pode privar a prática clínica deste importante recurso terapêutico. Reforçando esse entendimento, Groisman (2013) afirma que todos buscamos o perdão continuamente, seja por alguma palavra ou ato praticado, seja pela interpretação errônea da intencionalidade de algo realizado por nós, ou quando temos que perdoar a alguém. O autor ainda acrescenta que a questão do perdão alcança importância significativa nos processos psicoterápicos, também, em função de atos ou infrações cometidas no passado e que continuam reverberando no presente, causando dor emocional.

Diante da complexidade do tema e da diversidade de entendimentos e visões relacionadas à definição de perdão, McCullought *et al.* (2001), sistematizaram em três pontos os principais aspectos a serem considerados para uma compreensão mais profunda dos processos envolvidos no ato de perdoar:

1. se é um fenômeno interpessoal ou intrapessoal;
2. se consiste em uma substituição de sentimentos, pensamentos e/ou comportamentos negativos por outros positivos, ou na inclusão de aspectos positivos;
3. se é uma atitude extraordinária ou comum no dia a dia das pessoas.

Em relação ao primeiro ponto, o perdão considerado como um processo intrapessoal pressupõe a mudança de entendimento, sentimentos, comportamentos e motivações daquele que se sente ofendido em relação ao ofensor, independentemente de estar ou não engajado em um relacionamento com este. Esta visão coloca a pessoa ofendida no centro dos estudos, indicando preditores para o perdão, focando-se no processo de perdão e nas consequências para a pessoa que perdoa. Já no processo interpessoal, o foco está no relacionamento, ou seja, como os ofensores se comportam em relação aos ofendidos, como os ofendidos afetam os ofensores, como cada um colabora para as dificuldades de relacionamento.

Quanto ao segundo ponto, o perdão é entendido como a diminuição na frequência de pensamentos e atitudes negativas em relação ao ofensor, o que, na visão de McCullought *et al.* (2001), sugere que é possível perdoar sem se reconciliar.

Já no terceiro ponto, os autores afirmam que os teóricos que definem o perdão como algo extraordinário concentram seu foco nas pessoas que sofrem ofensas muito graves. No entanto, há de se considerar, também, que as ofensas variam em grau e que desapontamentos entre pessoas próximas costumam ser frequentes. Nesse caso, quando há arrependimento e pedido de desculpas, surge uma forma de perdão considerada menos profunda, ou mais comum. O interessante neste ponto é que um tipo de perdão pode conduzir ao outro, e vice-versa. Alguém que tenha experimentado o perdão extraordinário, pode ter mais facilidade de perdoar quando diante de situações de ofensa, bem como aquele que pratica o perdão comum, pode ter maior probabilidade de expressar o perdão extraordinário, caso necessário.

Desse modo, percebe-se que há variados pontos que dificultam uma definição consensual sobre o perdão. No entanto, como afirmam Santana e Lopes (2012), há consenso sobre o que não é perdão. Nessa perspectiva, perdoar a si mesmo ou a outros não significa:

- Esquecer a mágoa ou sofrimento;
- Reconciliar-se com o autor da ofensa ou afronta;
- Desculpar a ofensa, negá-la ou minimizá-la;
- Aceitar o comportamento que nos prejudicou;
- Abrir mão de valores que foram aviltados.

Para que se possa ter uma diretriz mínima quanto ao que é o perdão, utilizaremos a definição de Pargament *et al.* (2001, p. 304), que integra os aspectos intrapessoal e interpessoal. Para os autores, o perdão é "uma mudança intraindividual, prossocial, em relação a um transgressor percebido, que está situado em um contexto interpessoal". O que se deve buscar é a possibilidade de que a pessoa que está lidando com uma situação de mágoa adote atitudes mais positivas, que a permitam sustentar a decisão de perdoar (SANTANA; LOPES 2012).

EMPATIA, RESILIÊNCIA, MÁGOA E PERDÃO

Considerando a necessidade de requisitos para o ato de perdoar, Pinho e Falconi (2017), desenvolveram uma pesquisa com o objetivo de estudar variáveis que pudessem fomentar o perdão interpessoal, investigando o valor preditivo da empatia, da resiliência e da mágoa sobre o perdão.

Em seu estudo, as autoras citam a definição de perdão de Enright e Rique (2007, p.4).

> Disposição para abandonar o próprio direito de ressentimento, julgamento negativo e comportamento indiferente em relação a outrem que injustamente nos prejudicou, enquanto encoraja as qualidades desmerecidas de compaixão, generosidade e mesmo de amor em direção a essa pessoa.

De acordo com essa definição, o perdão ocorre quando a vítima modifica um padrão de respostas negativas em relação ao ofensor, substituindo-o por um padrão positivo que deve se dar no âmbito afetivo, cognitivo e comportamental. Para as autoras, essa mudança no padrão de resposta ocorre à medida que a vítima apresenta capacidade de empatia e resiliência.

O conceito de empatia utilizado no estudo foi o de Falcone *et al.* (2008, p. 323), que a definem como a

> [...] capacidade de compreender, de forma acurada, bem como de compartilhar ou considerar sentimentos, necessidades e perspectivas de alguém, expressando esse entendimento de tal maneira que a outra pessoa se sinta compreendida e validada.

Os autores apresentam teorias que apontam a empatia como um dos fatores mais importantes para a ocorrência do perdão, especialmente seu aspecto cognitivo, chamado de Tomada de Perspectiva (TP), ou seja, o esforço cognitivo para compreender intelectualmente o ofensor. Fitzgibbons (1986), afirma que a dimensão empática afetiva, ou Sensibilidade Afetiva (SA), também é importante para o ato de perdoar e parece ser consequência da compreensão cognitiva, ou seja, é necessário primeiro entender empaticamente a perspectiva do ofensor, para posteriormente experimentar a empatia afetiva em situações de mágoas e conflitos interpessoais. Embora a pesquisa aponte que TP antecede SA em casos de perdão, não se pode afirmar que uma dimensão tenha papel mais importante que a outra (PINHO; FALCONI, 2017).

Os autores também estudaram a resiliência como fator preditivo do perdão. O conceito de resiliência tem sido aplicado ao campo da psicologia nos últimos 30 anos para referir-se a traços individuais de personalidade. Segundo Osorio, Valle e col. (2009), a resiliência equivale à capacidade de recuperação de traumas, ao enfrentamento de situações estressoras e às habilidades de superação de obstáculos. No entanto, com o avanço das pesquisas, a resiliência tem sido considerada como um fenômeno sistêmico e inter-relacional, no qual os membros envolvidos avaliam e enfrentam os eventos estressores com base em seu sistema de crenças, visão de mundo e recursos disponíveis. Importante salientar que o processo de resiliência não se encerra no enfrentamento da situação, mas contempla, também, as prováveis modificações que ocorrerão nos padrões de organização da relação, comunicação e sistemas de crenças.

Segundo concluíram Pinho e Falconi (2017), as personalidades resilientes apresentam maior disposição para o perdão. Pode-se afirmar, a partir dessa pesquisa, que a possibilidade de adotar a perspectiva do outro, de vivenciar compaixão, de se envolver na solução de problemas interpessoais de maneira resiliente, bem como a flexibilidade para substituir respostas negativas por positivas em relação ao ofensor, caminham em uma mesma direção que favorece o perdão.

Com relação à mágoa, ocorre o inverso, ou seja, quanto maior o sentimento de mágoa causado pela ofensa, maior a dificuldade para perdoar. Em outras palavras, o grau de mágoa pode ser a maior barreira para o perdão. Para perdoar, a vítima precisa ser resiliente, experimentar empatia pelo ofensor e ser capaz de reduzir seus sentimentos de mágoa. O esforço cognitivo para compreender o ofensor empaticamente pode ativar a compaixão e reduzir a mágoa. Assim, se a vítima acreditar que pode, por si mesma, reduzir sua mágoa, e encontrar apoios para isso, poderá, de modo resiliente, perdoar. No entanto, ainda segundo os autores, essa capacidade varia dependendo do tipo de ofensa. Algumas pessoas podem ter maior vulnerabilidade para certos tipos de ofensa, de modo que não serão tão resilientes em alguns casos. O grau de mágoa envolvido na situação está diretamente relacionado à percepção da gravidade da ofensa sendo, portanto, variável de pessoa para pessoa. Desse modo, o tipo de vulnerabilidade de uma pessoa e sua disposição empática podem ser mais importantes na determinação do grau de mágoa do que a severidade da ofensa. Outro fator que pode contribuir para o perdão é o tempo, aumentando a disposição empática, a resiliência e, consequentemente, reduzindo a mágoa. Pinho e Falconi (2017), recomendam que é importante avaliar o grau de mágoa antes, durante e após o processo de perdoar.

INFIDELIDADE E PERDÃO

Na terapia de casal com casos de infidelidade, a eficácia do trabalho com o perdão tem sido pouco investigada, ainda que os casais reconheçam que o perdão contribui para a superação da dor, independentemente se permanecerão juntos ou se separarão (PIETRO-URSÚA *et al.*, 2012).

Quando os casais se formam, tendem a acreditar que a atração ou paixão que os uniu se manterá, e que encontrarão em seu parceiro a satisfação para suas carências e expectativas. É comum que, com o passar desse encantamento inicial, cada um dos parceiros passe a experimentar algum nível de frustração quanto a suas expectativas em relação ao outro e à vida a dois, podendo surgir a infidelidade (GROISMAN, 2013; PLATT et al., 2008). Estima-se que 25% dos casais da população em geral, e 50%

dos casais que procuram psicoterapia, vivenciaram a questão da infidelidade (HERTLEIN, 2009). Para Leeker e Carlozzi (2014), a infidelidade é um dos principais motivos que levam os casais aos consultórios de psicoterapia, e um dos importantes preditores do divórcio, que causa muita dor emocional nas pessoas envolvidas. Neste contexto, a confiança, ingrediente indispensável para um relacionamento funcional, sofre abalos significativos (GOTTMAN, 2014). Além das dores profundas que um ou ambos os parceiros relatam e vivenciam durante o atendimento em psicoterapia, surge o questionamento sobre a possibilidade de perdoar aquele que, na visão do ofendido, é o responsável pela crise. Assim, seguir com um relacionamento afetivo satisfatório e amoroso após uma experiência dolorosa ou traumática, que tenha abalado seriamente os laços de confiança, exigirá a capacidade de reparar e de perdoar.

Nas diversas formas de infidelidade ao contrato conjugal, como as mentiras, ausências, frieza, perda de interesse sexual, desrespeito, promessas não cumpridas, o que se experimenta em alto grau não é apenas a perda do outro, mas também sua desidealização (GOTTMAN, 2014). Segundo Recaltti (2016), quem é infiel perde a fisionomia familiar confiável e passa a ser uma presença estranha ao outro. O trauma da infidelidade reacende feridas antigas e abala certezas sobre as quais o ofendido construiu sua história e projetou o futuro. Desmorona a confiança no outro, ao mesmo tempo em que o sentido de mundo e o da própria existência ficam profundamente abalados. Diante de um quadro tão doloroso, será que o perdão é verdadeiramente possível? Ou o perdão só é perdão de verdade quando se ocupa do indesculpável. Como afirma Derrida (2004), perdoar o perdoável, o desculpável, não é perdoar. O perdão só cabe em relação ao que abala profundamente os alicerces do ser, aquilo que fere a essência mais profunda. Na perspectiva de Derrida (2004), perdoar o imperdoável é o maior ato de amor e a mais dura prova que os amantes podem ter que enfrentar.

TERAPIA DE CASAL E O PROCESSO PARA A RECONSTRUÇÃO DA CONFIANÇA

Clara me procurou para um atendimento de casal. Sua mensagem indicava um alto grau de sofrimento. Pedia uma sessão para ela e Ari, seu marido, esperando, em suas próprias palavras, que não fosse tarde demais. Por telefone, adiantou que se tratava de uma grave crise em seu casamento com a descoberta da infidelidade de Ari. Disse-me que ambos estavam decididos a tentar recuperar o casamento. Na primeira sessão, Clara relatou com dor e raiva os profundos sentimentos que a infidelidade de Ari havia despertado nela. Descobriu-se uma pessoa depressiva, sentia muita raiva, desejos de vingança e temia que sua dor nunca fosse diminuir. Ari, por seu lado, relatava profundos sentimentos de vergonha e arrependimento. As primeiras sessões foram bastante carregadas de emoções para ambos. Durante as sessões, Ari procurava meios de poder reparar a dor que causou em Clara. Ao longo da terapia puderam reconhecer como foram, ao longo do casamento, se afastando gradativamente um do outro, tendo poucos interesses e prazeres em comum, cometendo infidelidades consigo mesmos, com seus desejos, interesses, sonhos individuais e, também, com o contrato implícito do início do casamento. Ao longo da terapia, aprenderam a reconhecer melhor suas emoções, a escutar com mais empatia e a comunicar suas vulnerabilidades, desejos e interesses. Ari pode perceber o quanto havia se distanciado emocionalmente de Clara, o que o fazia se sentir solitário e em uma relação assimétrica com ela. Clara percebeu que acabara se tornando uma pessoa dependente de Ari e pouco se responsabilizava por sua vida e pela vida do casal. Perceberam que as motivações para o casamento foram muito mais relacionadas às frustrações de ambos com suas famílias de origem, e que um processo de transformação individual e na dinâmica do casal seria necessário para a reconstrução da confiança mútua. Neste caso, trabalhar o perdão foi fundamental e possibilitou que novos combinados baseados na honestidade, intimidade e conexão fossem estabelecidos de forma explícita. A forte determinação de Ari de não terminar o casamento, e a vontade de Clara de que não fosse tarde demais, eram os princípios que possibilitaram, a meu ver, que o processo de reconstrução da confiança entre eles fosse restabelecido. Ao final, Clara parecia muito mais fortalecida e consciente, responsabilizando-se mais por suas escolhas e comportamentos. Ari passou a compreender mais profundamente as dores emocionais vivenciadas no relacionamento com sua família de origem, passando a ter maior consciência em relação a suas escolhas atuais. Seus laços com as famílias de origem também se tornaram mais fortes e menos carregados de dor e culpa.

A história de Clara e Ari remete a uma das questões apresentadas por Groisman (2013) relativas ao ato de perdoar. Ele afirma que uma pessoa que não consegue perdoar se torna vítima das relações que estabelece no presente, pois fica presa ao seu passado, vitimizada e aguardando que os personagens do passado, vivos ou mortos, se arrependam do que fizeram, ou que pessoas de seus relacionamentos atuais supram suas carências, para que esse passado possa ser reescrito. No entanto, manter-se no passado representa manter-se na infância ou adolescência, ou esperar que pessoas do presente solucionem seus conflitos do passado.

Como figuras do presente não resolvem conflitos do passado, logo serão acusadas de desamor e desproteção, como no caso descrito em que Ari buscou suprir o que lhe faltou na infância, primeiramente em Clara, e depois na amante.

Do ponto de vista clínico, Groisman (2013, p. 132) propõe um modelo que chama de "terapia sistêmica do perdão", no qual parte do pressuposto de que o problema emocional da pessoa está ligado a uma situação relacional presente, que ativa um contexto traumático do passado, envolvendo uma ausência de perdão por parte dessa pessoa em relação a algum comportamento ou ausência de atitude de um ou ambos os pais. Na perspectiva do autor, caberá ao terapeuta contextualizar o ato e a possibilidade de a vítima perdoar o ofensor, sob uma visão sistêmica, ou seja, considerando que:

a. Todos os atos individuais são comandados por histórias e vozes familiares.
b. O ato não pode ser desvinculado do contexto familiar atual e passado, e tampouco do contexto racial, cultural e de gênero do ofensor e da vítima.
c. O transgressor, como todos nós, é influenciado pelas questões geracionais de sua família, e pelos acontecimentos atuais que estimulam sua história passada.
d. O ato de abuso é imperdoável, pelas marcas que deixa em quem o sofreu, enquanto a pessoa que o praticou pode ser entendida, podendo, portanto, ser perdoada.

Outra proposta de intervenção clínica é apresentada por Prieto-Ursúa *et al.* (2012). As autoras apresentam quatro pontos que encontraram nas diferentes práticas clínicas para estimular o perdão, e possibilitar o necessário processamento dos sentimentos e pensamentos. São eles:

1. Reconhecimento da ofensa e de sua importância, evitando-se a negação por um lado, ou a amplificação do dano causado por outro lado. O foco dessa etapa é ampliar as possibilidades de visão da ofensa em uma perspectiva mais objetiva e reduzir sentimentos de vitimização.
2. Entendimento do ponto de vista do ofensor, compreendendo suas limitações e contexto de vida, de modo que o ofendido possa reconhecer e modificar os próprios padrões destrutivos que perpetuam os atos injustos, o que não significa diminuir a responsabilidade do ofensor. Segundo os autores, esse entendimento é condição importante para o ato de perdoar, porque possibilita que ocorra a empatia, considerada por eles como o componente fundamental do perdão.

3. Sentimento de empatia pelo ofensor. Para as autoras, a empatia é o preditor mais importante para o grau de perdão ou de não-perdão. Afirmam que o perdão também é facilitado pelo grau de sofrimento ou mal-estar do ofensor, bem como por suas demonstrações de arrependimento e pedidos de desculpas.
4. Lembrança de situações em que o ofendido se sentiu grato por ter sido perdoado por pessoas a quem causou algum dano ou ofensa.

Já para Gottman (2014), é fundamental que o casal converse sobre a infidelidade, para que o fato possa ser processado. Afirma ainda que, para que a confiança seja restabelecida, é necessário superar o estresse que a infidelidade gerou. Acredita ser possível que os casais se recuperem de uma infidelidade sexual, apesar de que a retomada da confiança seja bastante desafiadora para os dois cônjuges. Gottman (2014, p. 146) também apresenta um modelo para o processo do perdão e reconstrução da confiança que denomina de "sistema de cura após um caso extraconjugal", que consiste em três fases:

Fase 1: Ajeitem - considerada pelo autor de extrema importância, pois nela, aquele que ofendeu deve expressar seu remorso constantemente, mantendo-se paciente e não defensivo. O cônjuge ofendido precisará de muitas provas de confiabilidade. O ofensor deverá escutar e compreender profundamente a dor do outro. O ofendido também precisará se esforçar para não se fechar para o perdão, portanto deverá cooperar. Somente dessa forma o casal desenvolverá uma nova compreensão de seu relacionamento. A primeira fase é composta, portanto, pela confissão, pela mudança de comportamento, provas de confiança, compreensão do que aconteceu de errado, esclarecimento claro dos motivos pelos quais o cônjuge que ofendeu deseja voltar ao relacionamento, e início do perdão, quando o cônjuge ofendido aceita as desculpas e começa a perdoar o ofensor.

Fase 2: Afinem - é a fase em que o casal irá se unir para construir um novo relacionamento, compartilhar fraquezas, reaprender a lidar com conflitos de maneira mais funcional.

Para o autor, o trabalho das fases 1 e 2 requer um terapeuta experiente, que se sinta confortável com emoções fortes, e que crie uma aliança de confiança com os dois cônjuges. Sugere que o novo compromisso do casal seja divulgado entre filhos, parentes e amigos íntimos, o que ajudará a criar uma rede de apoio das pessoas mais próximas do casal.

Fase 3: Acrescentem - refere-se ao aspecto sexual do relacionamento, pois para o autor, sem intimidade sexual prazerosa para os dois cônjuges, não é possível que o relacionamento recomece. A habilidade de afinar-se também na cama, de conversar sobre sexo e de estabelecer uma interdependência saudável é fundamental para a intimidade e para a realização do desejo de conexão.

O autor ressalta, no entanto, que nem todo o relacionamento pode e deve ser salvo. Se houver indícios de ambivalência de um ou de ambos os cônjuges, é importante avaliar com muito cuidado e honestidade. Se não houver real disponibilidade de um dos dois ou de ambos no sentido de reanimar a relação, é melhor que ambos utilizem seus recursos emocionais para seguir em frente.

Gordon e Baucom (1998) e Dupree et al. (2007), afirmam que em casos de infidelidade, é importante ressaltar que a responsabilidade pelo ato é da pessoa que se envolveu com uma terceira, embora seja necessário que ambos reconheçam e se responsabilizem pelas dificuldades vivenciadas no relacionamento. Alertam que, mesmo passada a crise, poderão ocorrer eventos que relembrem a ofensa, provocando reações emocionais como raiva e depressão, inclusive depois de anos de estabilidade da relação. Se o desfecho for pela separação, os autores ainda assim recomendam o processo de perdão, pois é necessário deixar as mágoas e ressentimentos no passado, para poder seguir em frente e reconstruir suas vidas. No caso de relacionamentos com filhos, além do perdão fortalecer o papel parental, possibilitará um ambiente familiar mais harmonioso e que atenda às necessidades dos filhos, evitando que o trauma prossiga para as gerações futuras.

Pode-se considerar então que perdoar é um processo complexo, que envolve muita energia psíquica, empatia, resiliência e tempo, não devendo ser realizado apressadamente, apenas por medo da perda ou para manter um relacionamento. Envolve que o ofensor assuma sua responsabilidade, sinta verdadeiro arrependimento e repare a ofensa. Quanto ao ofendido, é necessário que tenha ou desenvolva abertura para o perdão, e possa reconhecer sua responsabilidade no contexto. Só assim o perdão será um ato verdadeiramente transformador para ambos, independentemente da manutenção ou rompimento da relação. Nesse sentido, conforme afirmam Robles, Pessoa e Fontana (2015), antes de perdoar o outro, é necessário perdoar a si mesmo, uma vez que a maior e mais comum das traições é trair a si mesmo, para não trair o outro.

REFERÊNCIAS BIBLIOGRÁFICAS

ANDRADE, Morgana do Nascimento; MELLO, Ivana Suely Bezerra de; DIAS, Cristina Maria de Souza Brito. Sentimentos relacionados à infidelidade conjugal: um estudo com universitários. Revista de Enfermagem UFPE (on line). n. 3, v. 4, p. 882-889, out./dez 2009. Disponível em: <https://periodicos.ufpe.br/revistas/revistaenfermagem/article/viewFile/5580/4800>

DERRIDA, Jacques. *Perdonare*. Milano: Raffaello Cortina Editore, 2004

DUPREE, W. Jarred. *et al. Infidelity treatment patterns: A practice based evidence approach*. The American Journal of Family Therapy. n. 35, p. 327–334. 2007.

ENRIGHT, Robert. D.; RIQUE, Julio. *The Enright Forgiveness Inventory (EFI)*. User's manual. Madison: Mind Garden, 2007.

FALCONE, Eliane Mary de Oliveira *et al*. Inventário de Empatia (IE): desenvolvimento e validação de uma medida brasileira. Avaliação Psicológica. v. 7, n. 3, p. 321-334, 2008.

FITZGIBBONS, Richard P. *The cognitive and emotive uses of forgiveness in the treatment of anger*. Psychotherapy, v. 23, n. 4, p. 629-633. 1986.

GORDON, Kristina Coop; BAUCOM, Donald. *Understanding betrayals in marriage: A synthesizes model of forgiveness*. Family Process. v. 37, n. 4, p. 425-449. 1998.

GOTTMAN, John; SILVER, Nan. O que faz o amor durar? - como construir confiança e evitar a traição. 1. ed. Rio de Janeiro: Objetiva, 2014.

GROISMAN, Moises. A Arte de Perdoar: Terapia Sistêmica Breve no Casamento e na Infidelidade. Rio de Janeiro: Núcleo de Pesquisas, 2013.

HERTLEIN, Katherine *et al* (eds.). *Systemic Sex Therapy*. Routledge. 2009.

LEEKER, Olivia; CARLOZZI, Al. *Effects of Sex, Sexual Orientation, Infidelity Expectations, and Love on Distress Related to Emotional and Sexual Infidelity*. Journal of Marital and Family Therapy. v. 40, n. 1, p. 68-91. 2014.

MALUF, Sheila Diab; AQUINO, Ricardo Bigi de. (org.). Dramaturgia em cena. Maceió: Edufal, 2006.

MCCULLOUGH, Michael E.; PARGAMENT, Kenneth I.; THORESEN, Carl E. *The psychology of forgiveness: History, conceptual issues and overview*. *In*: M. E. McCullough, K. I. Pargament & C. E. Thoresen (eds.), Forgiveness: Theory, research, and practice. New York: Guilford Press, 2001. p. 1-14.

OSORIO, Luiz Carlos; VALLE, Maria Elizabeth Pascual do (org.). Manual de Terapia Familiar. Porto Alegre: Artmed, 2009.

PARGAMENT, Kenneth I., MCCULLOUGH, Michael E., THORESEN, Carl E. *The frontier of forgiveness: Seven directions for psychological study and practice*. *In*: MCCULLOUGH, Michael E., PARGAMENT K. I., THORESEN, Carl E. (eds.). Forgiveness: Theory, research, and practice. New York: Guilford Press, 2001. p. 299-319

PINHO, Vanessa Dordron de; FALCONE, Eliane Mary de Oliveira. Relações entre Empatia, Resiliência e Perdão Interpessoal. Revista Brasileira de Terapias Cognitivas. v. 13. n. 2. 2017.

PLATT, Rhi Anna L. *et al. Parental Conflict and Infidelity as Predictors of Adult Children's Attachment Style and Infidelity*. The American Journal of Family Therapy, v. 36, n. 2, p.149–161, 2008.

PRIETO-URSÚA, Mariá *et al. El Perdón como Herramienta Clínica em Terapia Individual y de Pareja*. Clinica Comtemporânea Madrid, España, v. 3, n. 2, p. 121-134, 2012.

RECALTI, Massimo. Não é mais como antes: Elogio do perdão na vida amorosa.1 ed. Rio de Janeiro: Zahar, 2016.

ROBLES, Deusa Rita Tardelli, PESSOA, Maria Silvia C., FONTANA, Olga Maria. Te perdoo por te trair(es). *In*: BENEDITO, Vanda Lucia Di Yorio (org.). Terapia de Casal e de família na clínica junguiana: teoria e prática. São Paulo: Summus, 2015.

SAGER, Clifford J. Contrato matrimonial y terapia de pareja. Buenos Aires: Amorrortu, 2004.

SANTANA, Rodrigo Gomes; LOPES, Renata Ferrarez. Aspectos Conceituais do Perdão no Campo da Psicologia. Revista Psicologia: Ciência e Profissão, v. 32, n. 3, p. 618-631, 2012.

SATTLER, Marli Kath; TAVARES, Ana Cristina Costa Nicola; SILVA. Isabela Machado da. A Infidelidade no Relacionamento Amoroso. Pensando Famílias. v. 21, n. 1, p. 162-175. jul. 2017.

capítulo 12

DO CONVENCIONAL ÀS NOVAS CONFIGURAÇÕES: CONCEPÇÕES DO AMOR E DA INFIDELIDADE

Janice Strivieri Souza Moreira

> Amor é fogo que arde sem se ver, é ferida que dói,
> e não se sente; é um contentamento descontente,
> é dor que desatina sem doer. É um não querer
> mais que bem querer; é um andar solitário entre
> a gente; é nunca contentar-se de contente; é um
> cuidar que ganha em se perder. É querer estar preso
> por vontade; é servir a quem vence, o vencedor;
> é ter com quem nos mata, lealdade. Mas como
> causar pode seu favor nos corações humanos
> amizade, se tão contrário a si é o mesmo Amor.
>
> Luis Vaz de Camões

Este sensível soneto português traz à tona as inquietantes questões que, ao longo da história da humanidade, permeiam o coração e a mente de homens e mulheres: O que é o amor? Como sabemos se o que sentimos é amor? Onde nos leva o amor? É, como anuncia o soneto, sofrimento e dor ou prazer e alegria? Para que precisamos dele em nossas vidas? Se não o sentíssemos, quem seríamos nós?

É interessante pensar que na medida em que Camões se utilizou de antíteses para falar do amor, talvez nos aponte o quão contraditório, complementar, assimétrico, paradoxal, pode ser esse sentimento e sua vivência. Todavia, mesmo sendo as perguntas que rondam o tema amor, por si só instigantes, e que há muito procuram respostas, ainda não findam a complexidade que as relações amorosas podem assumir em termos de formas e desafios.

Temos muito a aprender, pensar, construir socialmente sobre as relações amorosas: Poli amores? Amores românticos múltiplos? Assumir um compromisso de "casar" consigo mesmo? Eliminar o ciúme e poder circular livremente, e deixar o outro também circular em experiências de relações outras sem se sentir traído ou trair? O ser humano em sua criatividade provoca inúmeras e inimagináveis possibilidades!

O amor sologâmico[21], as experiências trisais[22], quadrisais[23] e assim por diante; as diferentes possibilidades no espectro da diversidade sexual, e as relações que daí se estabelecem; além das já conhecidas relações abertas, poligamia, sexo virtual, swings, são parte de uma nova concepção das relações amorosas de nosso tempo (LINS, 2013c). No ocidente, no transcorrer da Antiguidade, Idade Média, Modernidade, a relação monogâmica ganha status de legítima relação amorosa, entretanto, em tempos líquidos (BAUMAN, 2001; 2004), o amor assume novos contornos, novas perspectivas e, dessa forma, novos significados, inclusive frente às concepções de fidelidade e infidelidade.

Essa realidade, apenas conhecida em algumas de suas possibilidades e tão ainda desconhecida para grande parcela dos psicoterapeutas de casais, está se disseminando e colocando em xeque uma miríade de valores e crenças, que precisam ser revistas, refletidas e transformadas, para que façam eco às novas expressões afetivas da atualidade, de forma a superar preconceitos e conferir práticas que atendam às diversas necessidades da sociedade, de modo isonômico.

Como psicoterapeuta de famílias e casais há 32 anos, deparei-me, até o momento, com a experiência de acompanhar apenas algumas das inúmeras possibilidades de configuração de relacionamentos amorosos que a modernidade líquida apresenta. Muitas outras ainda são espaços de relacionamento desconhecidos em minha prática, porém a necessidade de novos movimentos, a procura de conhecer e ampliar minha experiência profissional, sempre esteve presente em minha trajetória. Assim, o tema aqui proposto me provoca a aprender mais, rever minha prática, pois a busca de novos olhares enriquece e me mantém viva profissionalmente. Sinto que quando aciono novos movimentos internos, estes movem recursivamente a vida daqueles que acompanho terapeuticamente. Assim

21 A sologamia diz respeito a casamentos solo, ou seja um "casamento" consigo mesmo/a.

22 Relações trisais são relacionamentos consensuais que envolvem três pessoas.

23 Relações quadrisais são relacionamentos consensuais que envolvem quatro pessoas.

surgiu o desenho desse capítulo: uma conversa comigo em voz alta; uma revisão de concepções, crenças e valores; um desafio reflexivo.

Nessa direção, a partir de um enfoque histórico que demonstre as transformações e relações de interdependência quando se pensa no amor, tenho a intenção de explorar este território, mesmo que timidamente, assim como também encorajar novas visões na prática interventiva clínica, pois creio que assim como eu, muitos outros profissionais também se questionam e estão atentos às novas demandas sociais.

Fica o convite: pensar sobre os questionamentos em aberto, buscar respostas (ou ensaios de respostas) sobre dificuldades, desafios, significados, tendo a clareza de que tudo ainda é muito incipiente, com muitas indagações pairando no ar.

O AMOR E O AMAR ROMÂNTICO: UMA CONSTRUÇÃO SOCIAL

Que pode uma criatura senão,
entre criaturas, amar?
amar e esquecer, amar e
malamar, amar, desamar, amar?
sempre, e até de olhos vidrados, amar?

Que pode, pergunto, o ser amoroso,
sozinho, em rotação universal,
senão rodar também, e amar?
[...]
Este o nosso destino: amor sem conta,
distribuído pelas coisas pérfidas ou nulas,
doação ilimitada a uma completa ingratidão,
e na concha vazia do amor a procura medrosa,
paciente, de mais e mais amor.

Amar a nossa falta mesma de amor,
e na secura nossa amar a água implícita,
e o beijo tácito, e a sede infinita.

Carlos Drummond de Andrade

O poema 'Amar' de Drummond traz a dimensão do amor como inerente à vida e faz questionar: seria mesmo o destino último da vida humana, o amar? Amar o que e quem? Amar o amor? Amar a si espelhado no outro? Amar quem o ama? Amar o outro justamente por ser um outro?

O tempo histórico do desenvolvimento, em um processo de se tornar humano, nos remete a pensar em uma hipotética impossibilidade de existência sem os laços de pertencimento; em que o ser e estar absolutamente só torna-se impensável; onde a busca eterna pela completude por meio do outro, ou melhor, de muitos outros, como um ser social que só assim existe, nos torna quem somos. Quase como um propósito: relacionar-se para viver e viver para se relacionar. Vínculo é a palavra.

E se, em meio a todos os questionamentos e controvérsias que a temática do amor e das relações amorosas suscitam, acrescentássemos um elemento à problematização: o amor romântico é socialmente construído! Sim, construído em um tempo e espaço específicos, e não natural e universalmente experienciado desde sempre e da mesma forma.

Tal afirmação pode ser corroborada nos estudos de Del Priore (2006) onde argumenta que ter no amor a base do casamento é uma das maiores mudanças que ocorreram nos últimos séculos. Esta ideia nos dá uma dica de que, ao longo da história, o amor nem sempre foi visto e vivido com o mesmo significado, e em alguns tempos, nem existido sob a perspectiva de importância que lhes conferimos hoje.

Mas de onde vem, tanto a concepção de amor como base do casamento e das relações amorosas, quanto a monogamia como ideal social?

Muitos são os elementos presentes nesses processos e princípios, desde aspectos políticos, econômicos, religiosos ou culturais, idiossincraticamente aprendidos no tempo-espaço em que se dão (LINS, 2013c). Tal temática apresenta grande complexidade para seu entendimento, e que aqui, de forma alguma se pretende esgotar, apenas oferecer elementos para reflexão.

Ao que tudo indica, aspectos relacionados à escolha de parceiros/as têm a ver com o desenvolvimento humano e com a capacidade de pensar, que se inicia com o Homo Sapiens (LINS, 2013a).

O patriarcado, possivelmente nasce no período neolítico[24], e com isto, a organização social começa a se modificar, assim como o papel de homens e mulheres. Segundo Lins (2013a), neste momento dois pilares assentam a dinâmica do relacionamento: o controle do homem sobre a fecundidade e a divisão de tarefas de homens e mulheres. Inicia aqui a construção sociocultural do que pertence ao masculino e do que pertence ao feminino.

---

24 Período pré-histórico também conhecido como Idade da Pedra Polida.

Um primeiro aspecto a se pensar é que a sexualidade e seu controle sempre estiveram no centro das concepções socioculturais de casamento, das relações amorosas, do lugar de homens e mulheres na tessitura social, dos comportamentos aceitáveis ou inaceitáveis. Conforme salienta Araújo (1997, p. 45), no Brasil Colônia:

> [...] das leis do Estado e da Igreja, com frequência bastante duras, à vigilância inquieta dos pais, irmãos, tios, tutores e à coerção informal, mas forte, de velhos costumes misóginos, tudo confluía para o mesmo objetivo: abafar a sexualidade feminina que, ao rebentar das amarras, ameaçava o equilíbrio doméstico, a segurança do grupo social e a própria ordem das instituições civis e eclesiásticas.

Esse é um claro exemplo do entrelaçamento entre as regras de moral e dos chamados bons costumes, e os interesses maiores dentro de uma dada sociedade. O controle por meio do vestir, agir, pensar e sentir denunciava (e continua a denunciar) a força que a sexualidade exerce sobre o viver humano. Assim, mecanismos de repressão tais como leis ou rígidas normas morais, possibilitavam demarcar "lugares" e "direitos", legitimando práticas sociais, que tornava justificado, por exemplo, matar uma mulher considerada adúltera (ARAÚJO, 1997).

Mais grave ainda parecia ser o que no período era denominado sodomia, ou seja, a homossexualidade sendo severamente condenada ao ponto de que seu julgamento era impiedoso e exemplar, conforme indica o Código Filipino (ORDENAÇÕES FILIPINAS, 1595), onde a pessoa assim considerada deveria ser queimada, bens confiscados e descendentes marcados por tal "pecado". Percebe-se assim, a extensão do controle social sobre a sexualidade.

Por conta da necessidade desse controle e manutenção dos valores sociais que imperavam e garantiam o casamento, no Brasil Colônia havia um conjunto de regras inquestionavelmente regulatórias, impondo obediência da mulher ao marido e propondo a este que a escolha da esposa deveria se pautar em valores como ser "virtuosa, honesta, honrada, e discreta", sem os quais o homem não a deveria escolher, a fim de não correr o risco de fazer um péssimo casamento, comprometendo a honra de toda uma família. Tais imposições sociais (e religiosas) iam sendo disseminadas de diversas formas, orais ou escritas (DEL PRIORE, 2006).

Nesse sentido, materiais que se assemelhavam a manuais de conduta, deixam à mostra a visão de perigo impresso na paixão, no amor que ultrapassasse a seara do que pregava o casamento, os bons costumes e as funções rigidamente estabelecidas nas condutas de homens e mulheres. A sexualidade precisava ser controlada por meio de claras normas que diferenciassem o lícito do ilícito, que sob pena de se tornar "doença", o desejo deveria ser domado, domesticado e até extinto das práticas conjugais.

O jogo de interesses que se configurava na sociedade, permeando dessa forma a concepção de valores que o casamento demandava para atingir seus objetivos, e assim exercer sua função social mais ampla, englobava essencialmente interesses econômicos e políticos, tendo como maestros muitos agentes sociais, entre eles, a família e a religião. A partir do Concílio de Trento (que ocorreu de 1546 a 1563), a monogamia fica estabelecida, assim como a ideia de indissolubilidade do casamento imposta, tornando importante que, na dimensão social, um sistema hierárquico que impõe obediência da mulher para com o homem se assente (DEL PRIORE, 2006).

Percebe-se desse modo, que para a manutenção da ordem das coisas, o Estado endossava a Igreja, e a Igreja endossava o Estado, a partir da constante vigília da sexualidade via uma miríade de regras, quase como mandamentos, que demarcavam o entendimento dos comportamentos pelo crivo de estereótipos sociais; concepção de luxúria e pecados; discriminação e exclusão social; apresentação de guias/manuais de vida conjugal com rígidos deveres e ameaças diretas e/ou veladas; condenação do amor erotizado; rotulação de relações pecaminosas, e assim por diante. Pretendia-se controlar riscos de que a expressão da sexualidade comprometesse o contrato social da época, tornando-se um movimento de domesticação do amor.

No decorrer dos séculos, algumas mudanças vão sendo forjadas, e na Idade moderna, se consolida a presença da Igreja no ritual de casamento, configurando dessa forma, novos compromissos:

> [...] o surgimento de um contrato que passou a exigir a presença de um padre e de testemunhas, a obrigatoriedade da promessa dos esposos, mais a presença do dote, das mãos sobrepostas, do anel e do princípio de indissolubilidade, as fronteiras entre as exigências do sacramento e as outras formas de convívio afetivo foram ficando cada vez maiores. Criou-se uma dicotomia. Por um lado, um sentimento regido por normas mais organizadas, além de critérios práticos de escolha do cônjuge: o chamado "bem-querer amistoso". De outro, o sentimento ditado por razões subjetivas, por vezes, inexplicáveis. Ou seja, lentamente construía-se um tipo de amor no casamento e, outro, fora [...] (DEL PRIORE, 2006, p. 72).

Nesse processo, no período do Renascimento, Igreja e Medicina passam a ser "inimigas" do amor. A medicina vê o amor como doença a partir de efeitos fisiológicos que confirmavam seu "perigo". Tal concepção segue no período do Iluminismo. A perda do controle que o amor proporcionava, contava com remédios da alma e do corpo: orações, penitências, sangrias, remédios farmacêuticos e naturais, massagens, caldos e toda sorte de estratégias para o controle da "patologia do amor", que dentre outras doenças, tais como a saudades, melancolia e a loucura amorosa, mereciam cuidado e atenção (DEL PRIORE, 2006).

Somente no século XIX é que este panorama que fragmenta amor e casamento começa a se esvanecer. Nesse século, ainda perdurava o controle da sexualidade, entretanto uma nova dinâmica surge, apesar da manutenção da clara diferença entre o lugar de homens e mulheres na sociedade e na relação conjugal e/ou amorosa (DEL PRIORE, 2006).

Na literatura, o romantismo traz para pauta um novo olhar para o amor como um estado sublime (D'INCAO, 1997), e com ele, novo espaço na percepção social, especialmente das mulheres que passam a ser leitoras ávidas desses romances contagiantes. Inaugura-se o casar por amor como ideal:

> A escolha, porém é feita dentro de um quadro de proibições da época, [...] Ama-se, porque todo o período romântico ama. Ama-se o amor e não propriamente as pessoas. [...] O amor parece ser uma epidemia. Uma vez contaminadas, as pessoas passam a suspirar e a sofrer ao desempenhar o papel de apaixonados. Tudo em silêncio, sem ação [...] suspirar, pensar, escrever e sofrer. Ama-se, então, um conjunto de idéias sobre o amor (D'INCAO, 1997, p. 234).

O romantismo, aliado à concepção de família burguesa e seu ideal, traz em si modelos do papel do homem e da mulher e de suas funções na sociedade. A mulher incorpora o ser mais frágil, e o homem, o mais forte, reforçando o papel da família patriarcal. A mulher casta e submissa agregava valor à escolha conjugal do homem. São os estereótipos de gênero se configurando (D'INCAO, 1997).

A sensibilidade está em pauta nesse período, no sentido de um excesso de sentimentalismo: "os românticos deleitavam-se em ser ostensivamente sentimentais, melancólicos, tempestuosos ou choraminguentos [...]" (LINS, 2013b, p. 103).

No Brasil, os casamentos entre famílias que detinham poder, dinheiro — as famílias ricas e burguesas — representavam possibilidades de as mulheres garantirem a manutenção ou ganho de *status* social, tendo assim, um sentido bastante pragmático. Isto faz pensar na cultura popular, que diz haver duas formas de uma pessoa ficar rica: pelo nascimento ou pelo casamento. Ser uma mulher casada conferia um lugar de respeito, além de que, lhe dava uma função relevante para os valores da época: "[...] contribuir para o projeto familiar de mobilidade social através de sua postura nos salões, como anfitriãs e na vida cotidiana, em geral, como esposas modelares e boas mães [...]" (D'INCAO, 1997, p. 229). Um papel que mantinha a hegemonia social.

Podia-se ver a aprendizagem de dança e música presentes na educação das mulheres pela influência europeia, o que era relevante na demonstração de atributos da *moça casadoira*. A possibilidade de encontros sociais que iam além da Igreja, em bailes e festas abre uma série de possibilidades no jogo amoroso.

Também as possibilidades de sedução da mulher se ampliam. Pés e mãos eram protótipos de beleza e desejo, especialmente pelo fato de que o restante do corpo se mantinha coberto. Além disso, também sinalizam *status* social importante para a escolha matrimonial:

> Pequenos, os pés tinham de ser finos, terminando em ponta; a ponta, era a linha de mais alta tensão sensual. *Faire petit pied* era uma exigência nos salões franceses; as carnes e os ossos dobrados e amoldados às dimensões do sapato deviam revelar a pertença a um determinado grupo social, grupo no interior do qual as mulheres pouco saíam, pouco caminhavam e, portanto, pouco tinham em comum com escravas ou trabalhadoras do campo ou da cidade, donas de pés grandes e largos. Os pés pequenos, finos e de boa curvatura, modelados pela vida de ócio, eram emblema de "uma raça", expressão anatômica do sangue puro, sem mancha de raça infecta, como se dizia no século XVIII. Circunscrita, cuidadosamente embrulhada no tecido do sapato, essa região significou, muitas vezes, o primeiro passo na conquista amorosa (DEL PRIORE, 2006, p. 159).

Apesar de a dinâmica social ter se modificado, possibilitando algumas novas aproximações entre homens e mulheres, o código de condutas continuava rígido. Além disso, o casamento continuava a ser visto como algo a ser definido com racionalidade e não guiado pelo sentimento, amor, paixão. Os casamentos arranjados por interesse ainda eram legitimados. Alianças entre famílias baseadas em interesses políticos e econômicos perduravam mesmo que fossem os noivos etariamente muito distantes (com idade para serem como pai e filha). A honra e a preservação dos bens eram fundamentais na escolha do casamento como forma de manutenção da posição social e material dentro do grupo social ao qual pertenciam, inclusive muitas vezes ocorrendo entre pessoas com laços consanguíneos. As questões de patrimônio, poder, preservação da linhagem, faziam com que o casamento se tornasse um contrato entre famílias e não uma escolha amorosa entre duas pessoas (DEL PRIORE, 2006).

A vida sexual dos casados também era envolvida por uma dinâmica em que os valores sociais definiam comportamentos, mantendo a risca a função sexual de homens e mulheres. Algumas práticas, que aos olhos de nosso tempo são curiosidades ou mesmo anedotas, naquele momento eram levadas a sério no contrato implícito e/ou explícito do casal:

> Os corpos estavam sempre cobertos e há registros orais de camisolas e calçolas com furos na altura da vagina. A nudez completa só começa a ser praticada no início do século XX; antes estava associada ao sexo no bordel. Tudo era proibido. Fazia-se amor no escuro, sem que o homem se importasse com o prazer da mulher. Na Europa, desenvolvera-se uma aritmética do coito, os homens contando e anotando em seus diários o número de vezes em que faziam sexo com suas esposas. Essa contabilidade [...] tinha por objetivo manter a mulher ocupada com gestações e sem interesse por outros possíveis parceiros. [...] tal contabilidade ajudava a não desperdiçar sêmen. Era importante controlar a gestão do esperma, da mesma forma como se controlava a gestão do dinheiro (DEL PRIORE, 2006, p. 184-185).

Com um código de conduta rigoroso, a classificação entre as *mulheres puras* e as *mulheres desencaminhadas* era notável: À mulher séria, pura, competia ser boa dona de casa e boa mãe; habilidosa em bordar, tocar piano e cantar; ter modos comedidos; ser reprodutora; ser fiel; frágil; evitar outras mulheres desencaminhadas e obedecer a seu marido. Ao homem, por outro lado, apesar de também enfrentar exigências em sua conduta, era-lhe concedido o direito de mandar e controlar sua esposa, além de satisfazer suas necessidades sexuais como algo socialmente natural. Desse modo, as relações extraconjugais dos homens eram plenamente naturalizadas, assim como também se torna legítimo o crime por "defesa da honra" quando o oposto se dava (LINS, 2013b).

Mulheres que buscavam prazer eram naturalmente consideradas doentes, pois era uma vivência antinatural já que poderia, na mentalidade da época, tornar-se uma *ninfomaníaca, louca ou histérica*, com direito ao dito hospício:

> Das teses de Medicina ao romance e destes para as realidades nuas e cruas do Hospício Nacional dos Alienados, a verdade era uma só: a sexualidade feminina era terreno perigosíssimo e era de bom tom não confundi-la com sentimentos honestos. Menos ainda, amor. A iniciação a práticas sexuais seguidas do abandono do amante levava à degeneração feminina. Acreditava-se que, uma vez conhecedora de atividades sexuais, as mulheres não podiam deixar de exercê-la [...]. (DEL PRIORE, 2006, p. 219).

Quanto medo da sexualidade! Ao ponto de se tornar grave doença e demandar cuidados imperiosos para detê-la!

Outro aspecto que não se pode perder de vista, é que até meados do século XIX no Brasil se estava em pleno regime escravagista. As relações entre homens brancos e mulheres negras, as ambiguidades entre prazer e preconceito, estavam amplamente presentes. Concubinatos de senhores e suas escravas, infidelidades masculinas autorizadas culturalmente e o prazer sendo buscado nas relações com prostitutas eram comuns (DEL PRIORE, 2006).

A passagem do século XIX para o XX trouxe transformações sociais emblemáticas, que afetam diversas áreas da vida social de forma importante. Uma dessas áreas é o casamento. Segundo Del Priore (2006, p. 242), ocorre uma "[...] fenomenal ruptura ética na história das relações entre homens e mulheres" onde a escolha amorosa recíproca, a ideia romântica do casamento, um maior posicionamento da mulher, vão dando um novo tom não só para o casamento, mas também para as relações sociais de forma essencialmente recursiva: um entrelaçamento entre mudanças recém-chegadas e a demanda de novas mudanças sendo potencializadas por estas.

A expansão do capitalismo, da revolução tecnológica com a consequente modernização da vida, da urbanização, a vinda de muitos imigrantes, etc., mobilizam relevantes mudanças no cotidiano social e, por conseguinte, nas relações amorosas, nos direitos civis e políticos das mulheres; casamentos entre brancos/as, negros/as, mulatos/as; as mudanças da zona rural para urbana (após a abolição, a mudança no retrato do setor agrícola); os casamentos não consanguíneos por conta das mudanças de territórios; a relação com o corpo e a saúde; ideais feministas; mudanças de vestimenta, dentre tantas outras, trazem para a pauta de transformações sociais o casamento romântico.

Por outro lado, a resistência às mudanças que se encaminhavam, pelo risco que traziam em seu bojo, potencializa a manutenção de regras rígidas para homens e mulheres, pois ainda assim, mesmo diante das mudanças sociais, a cultura machista imperava. O lugar das mulheres ainda estava fadado à tarefa de dona de casa. O espaço privado reservado à mulher (como *rainha do lar*), o espaço público ao homem. Territórios estes preservados desde muito tempo. Perante isto, o casamento continuava a não ser, apesar de tudo isso, um lugar de prazer. A repressão sexual feminina continuava. A dicotomia entre mulheres 'decentes' e as 'indecentes' era marcante. A virgindade ainda era um símbolo da castidade obediente e submissão da mulher.

A mulher permanecia com a responsabilidade de manter o casamento, de manter-se atrativa para o homem, sendo esta forma de união uma necessidade de proteção da imagem social da mulher. As feministas e sufragistas, decididamente não eram bem vistas.

Mas, com a Primeira Grande Guerra Mundial, uma crise se instala e impulsiona - apesar de não sem duras resistências em todos os campos da vida social (profissional, familiar, sexual...) um novo lugar para a mulher. As chamadas "uniões livres" ou "amor livre" assumiram a dianteira em sintonia com as visões políticas críticas. A possibilidade anunciada pelo divórcio, pela expressão de orientação homossexual, sexo antes do casamento, direito ao prazer sexual, liberdade contraceptiva, sacodem as bases até então tão bem estabelecidas. Nesta proposta de contrato social há uma inquietante necessidade, que aponta para a superação preconceituosa sobre a sexualidade da mulher, contrapondo-se a ideias eugenistas (DEL PRIORE, 2006).

Aqui não mais são os manuais de conduta social e religiosa que apontam como a mulher deve se portar, porém as revistas de circulação social e outros materiais dão essas advertências, regras e ameaças camufladas caso não se comportasse como uma "moça de família", para afinal conquistar um 'bom partido'.

O molde do controle da sexualidade, do amor e da paixão, que podem comprometer a honra das mulheres, se manteve por todos esses séculos. A superioridade do homem sobre a mulher, os filhos legítimos de 'mulheres sérias', os filhos ilegítimos das 'mulheres perdidas', a infidelidade masculina naturalizada e a feminina condenada, foram princípios da manutenção hegemônica de valores e crenças sociais estigmatizantes e desiguais. O perigo da sexualidade feminina. A felicidade conjugal baseada na satisfação do homem e na submissão da mulher, tudo isto está na base da domesticação do amor. Percebe-se claramente como as regras de conduta, seja via demarcação em manuais, revistas, livros, leis e/ou catecismos, imprimem durante todo esse percurso histórico, rigidez ao viver da sexualidade e do casamento.

No decorrer da história ocidental, é evidente como o lugar da mulher, em muitos períodos, foi de instrumento social. Um estar a serviço do homem, da família, dos filhos, da herança, estrutura social patriarcal, heteronormativa e monogâmica, mas não propriamente a serviço de seu desenvolvimento, autonomia e da conquista de um lugar social valorizado.

Quando o feminismo, como um movimento emblemático, traz à tona novos questionamentos e críticas a respeito do papel social da mulher, também mobiliza em âmbito público, a discussão da necessidade de novas dinâmicas, novas práticas e novas formas nas relações sociais. Denuncia o uso de imagens das mulheres na mídia, de situações de humilhação, a restrição representada no clássico papel feminino como dona de casa, e por aí afora. É a reivindicação de uma participação efetiva das mulheres nos espaços sociais (LINS, 2013b).

No desenrolar do século XX o ideal de casamento passa ao ideal do amor. O casar por amor e não por conveniência se torna um valor. A escolha amorosa tanto de homens quanto de mulheres torna-se a pauta do dia, assumindo relação direta com o também ideal de felicidade. A tônica que durou mais de quatro séculos, onde preponderavam os interesses econômicos, políticos e familiares, vai perdendo força (DEL PRIORE, 2006).

A revolução sexual ocorrida na década de 60 e 70 no mundo ocidental, juntamente à possibilidade da contracepção, oferece um maior controle sobre o próprio corpo e reivindicações de liberdade sexual, até então impossibilitadas. Esse movimento coloca holofotes no questionamento do amor heteronormativo, todavia, o entendimento da homossexualidade ainda permanecia (ou permanece?!) sendo visto como fora do padrão de normalidade, inclusive sendo este entendimento ressaltado e confirmado pelo Manual Diagnóstico e Estatístico de Transtornos Mentais (DSM) até sua edição III, anunciando a homossexualidade sob critérios de categoria diagnóstica (COSTA e NARDI, 2015).

Assim, entende-se que no Brasil a Lei do divórcio de 1977 (BRASIL, 1977); o movimento feminista; a revolução sexual; o advento da pílula anticoncepcional entre outros, são elementos que mobilizaram dinâmicas que desembocam em revisão de valores sociais/morais e trazem para a visibilidade da sociedade a crítica contra-hegemônica, que questiona valores tradicionalmente defendidos como normativos, inclusive o amor com direito ao *the end* dos contos de fadas: e viveram felizes para sempre!

Diante desse panorama, percebe-se que os estereótipos que regulam a sexualidade em cada momento da história definem referências, direitos, deveres e leis, mas, como não poderia ser diferente, um novo tempo anunciado sacoleja novamente as estruturas das relações sociais e de como estas são vividas a partir de suas regras, paradoxos, contradições e interesses de todas as ordens. Um elemento importante no rompimento da visão patriarcal se dá frente ao controle que as mulheres passam a ter de sua sexualidade e, em contrapartida, a perda do controle do homem sobre a fecundidade da mulher. Isto afeta sobremaneira a forma como as relações entre homens e mulheres irão se configurar, pois até então, tal controle fazia parte do poder masculino (LINS, 2012).

A atual sociedade apresenta características que fazem eco a muitas quebras de regras, concepções, valores e crenças dos tempos da modernidade. Estamos em um tempo histórico em que tudo se tornou fugaz, relativo, imediato, ambíguo. E, logicamente, esta nova dinâmica não poderia deixar de afetar o amor e as formas das relações amorosas (KOEHLER, 2019).

NOVAS EXPRESSÕES DAS RELAÇÕES AMOROSAS EM TEMPOS DE MODERNIDADE LÍQUIDA: DA MONOGAMIA AO POLIAMORISMO

As atuais discussões sobre construção de identidade envolvem uma perspectiva multidimensional e multicultural, trazendo para o debate as relações de interdependência nesse processo, dos aspectos políticos, econômicos, culturais, que apontam para uma superação do pensar exclusivamente intrapsíquico (BAUMAN, 2005; CUNHA, 2009; HALL, 2014, 2015).

No que tange às novas configurações amorosas, este é um elemento essencial na medida em que problematiza o entendimento das transformações sociais como totalidade e, dessa forma, também as relações amorosas e familiares. Um claro elemento a este respeito é a concepção atual da diversidade de identidades sexuais (KOEHLER, 2019; LINS, 2013c). As denominações heterossexual e homossexual já não retratam a totalidade da realidade atual. Minimamente, têm-se no vocabulário sobre a temática, termos como assexual[25], pansexual[26], transgênero[27], cisgênero[28], crossdresser[29], transexual[30] e muitos outros, sendo que, segundo estudos da ONU, hoje se concebe a existência de 112 gêneros. Isso indica a complexidade envolvida nas questões de identidades de gênero e de orientação sexual e, por conseguinte, nas relações amorosas que a partir daí se configuram (JESUS, 2012).

Muitos estudos internacionais demonstram a violação de direitos representada pelos preconceitos em relação à diversidade sexual e, pode-se pensar que em virtude disto, também com a diversidade de possibilidades de relacionamento afetivo. Tais concepções são por vezes sustentadas por discursos científicos, religiosos, culturais e políticos que por meio de sua ideologia podem criar espaços de preconceito e exclusão (COMISSÃO INTERNACIONAL DE JURISTAS, 2009).

---

25 Assexual: pessoa que não sente atração sexual, independente de gênero.

26 Pansexual: pessoas que sentem atração por outras pessoas independentemente de gênero ou sexo.

27 Transgênero: é uma expressão usada para designar pessoas que apresentam uma identidade de gênero que não correspondente ao sexo biológico no nascimento.

28 Cisgênero: há identificação com o gênero que corresponde ao sexo de nascimento.

29 Crossdresser: envolve o desejo de se vestir como uma pessoa do sexo oposto, porém não inclui necessariamente a orientação homossexual.

30 Transexual: pessoa que geralmente sente que "seu corpo não está adequado à forma como pensa e se sentem, e querem 'corrigir' isso adequando seu corpo à imagem de gênero que têm de si" (JESUS, 2012, p.15). Nem sempre envolve a cirurgia de transgenitalização.

É como se nesse momento de nossa história tudo que havia de sólido e definido tomasse outra forma. Todo o controle, proibição e dominação sobre as expressões do amor, sexo, prazer, vieram cobrar a fatura. Viver intensamente todas as escolhas, toda individualidade, toda liberdade, são tônicas da atualidade. Uma dessas expressões amorosas que parece ser emblemática é o poliamorismo.

Assim como há aproximadamente 5 mil anos, quando o patriarcado começa a se estabelecer e modifica sensivelmente a relação social e as funções de homens e mulheres, e o controle da fecundidade passa a ser do masculino (LINS, 2013a), ou quando nos anos 60 a pílula anticoncepcional faz uma revolução na vivência da sexualidade feminina, hoje temos uma nova quebra de paradigma no território amoroso.

> Nan Wise, uma psicoterapeuta que pratica o poliamor, reconhece que é necessária muita estabilidade emocional. Ela é casada com John Wise há mais de 20 anos e os dois mantêm uma relação amorosa com outro casal, Júlio e Amy. Como muitas dessas relações, Nan tem com John sua "relação primária", e com Júlio e Amy uma relação secundária, termos que servem para atribuir níveis de importância a quem participa de um mesmo grupo. 'As modalidades e escalas de valores desse tipo de relacionamento podem parecer complexos para quem desconhece como operam, mas o fenômeno está sendo mostrado em grupos de discussão (NAVARRO, 2016).

A fidelidade das mulheres, que esteve na pauta da estrutura social e familiar como um valor em séculos anteriores, especialmente por um controle da herança e do entendimento como possibilidade de controle da legitimidade dos filhos, vai tomando novo contorno e assumindo novos entendimentos ao abarcar outros valores sociais (LINS, 2013c).

Conforme Bauman (2001) propõe em sua metáfora da liquidez, temos atualmente um tempo que se opõe ao tempo sólido: vivemos uma modernidade líquida.

> [...] os líquidos, diferentemente dos sólidos, não mantêm sua forma com facilidade. Os fluidos, por assim dizer, não fixam o espaço nem o tempo. Enquanto os sólidos têm dimensões espaciais claras, mas neutralizam o impacto e, portanto, diminuem a significação do tempo (resistem efetivamente a seu fluxo ou o tornam irrelevante), os fluídos não se atêm muito a qualquer forma e estão constantemente prontos (e propensos) a muda-la; assim, para eles, o que conta é o tempo, mais do que o espaço que lhes toca ocupar; espaço que afinal, preenchem apenas "por um momento" (BAUMAN, 2001, p. 8).

Essa brilhante metáfora, que assumiu contornos de um vocábulo corrente em nossa sociedade, nos mostra o movimento intrínseco que permeia as relações de nossa sociedade e do viver humano. Os sólidos podem ser contidos, manter-se por longos tempos sob a mesma forma, intactos, apresentando uma característica de permanência, ao contrário dos líquidos que se esvaem, podendo assumir diversas formas, todo o tempo, a depender do continente que o envolve (apesar de que em certas circunstâncias dificilmente é contido), além disso, sua fluidez permite entrar em espaços que o sólido não entraria, contornar obstáculos onde o sólido ficaria impedido de seguir. Solidez fala do estático, liquidez fala do movimento contínuo (BAUMAN, 2001).

Trazendo tal metáfora, ou mais que isso, tal concepção, para o território da discussão acerca das relações românticas no momento atual, somos convidados a pensar no derretimento das sólidas ideias e ideais sobre as vivências amorosas. Hoje, vive-se uma miríade de sentimentos, expectativas e desejos conflitantes que por vezes, estão paradoxalmente conectados, buscando o pertencimento e a individualização no território do amor. Satisfação, prazer, individualidade, rapidez, fugacidade, volumes/quantidades, são parte do vocabulário — e, obviamente da vivência — amorosa e sexual no cenário da modernidade líquida. Segundo Bauman (2004, p. 19):

> A súbita abundância e a evidente possibilidade das 'experiências amorosas' poderem alimentar (e de fato alimentam) a convicção de que amar (apaixonar-se, instigar o amor) é uma habilidade que se pode adquirir, e que o domínio dessa habilidade aumenta com a prática e com assiduidade do exercício. Pode-se até acreditar (e frequentemente se acredita) que as habilidades do fazer amor tendem a crescer com o acúmulo de experiências; que o próximo amor será uma experiência ainda mais estimulante do que a que estávamos vivendo atualmente, embora não tão emocionante ou excitante quanto a que virá depois.

A concepção líquida das relações sociais está diretamente ligada a uma cultura de consumo, onde o amor, a paixão, a relação amorosa, podem, de certa forma, serem vividas como um produto a ser consumido, e que assim, é experienciado nas expectativas de "[...] pronto para uso imediato, [...] satisfação instantânea, resultados que não exijam esforços prolongados, receitas testadas, garantias de seguro total e devolução do dinheiro, [...]" (BAUMAN, 2004, p. 21). Dessa forma, traz promessas paradoxais de amores eternamente novos, fluidos, que se esvaem para outros virem. Está sempre no plural, no que virá, na novidade que vislumbra, no viver todo o tempo experimentando um eterno novo.

Nesse cenário de liquidez, falar de poliamor se torna um tema de certa forma espinhoso, na medida em que envolve, direta ou indiretamente, questionar conceitos construídos e mantidos por tanto tempo: monogamia; relações heteronormativas; identidade de gênero; expectativas ditas saudáveis do que deveria ser a configuração familiar, etc.

Entende-se por poliamor a vivência das relações românticas a partir de um contrato consensual, onde a relação amorosa e/ou sexual é vivenciada por mais de duas pessoas. Um pressuposto básico do poliamorismo é aceitar e defender a concepção de que cada pessoa é capaz de amar, ao mesmo tempo, mais de uma pessoa, sem que isso seja platônico, pecado, proibido ou infidelidade. Outro elemento fundamental dessa concepção é admitir "[...] a variedade de sentimentos que se desenvolvem em relação a várias pessoas e que vão além da relação sexual" (PEREZ; e PALMA, 2018, p. 4). E aqui vale ressaltar, de forma responsável e consensual. Um exemplo pode ser visto na experiência de pessoas que vem descobrindo a vivência poliamorista[31]:

> Os acordos entre poli-casais, assim como o formato das poli-relações, são diversos e passíveis de grandes metamorfoses, que acontecem conforme a fluidez das necessidades de cada um. Roberta, por exemplo, ainda não se sente à vontade para saber sobre as outras companheiras de Gabriel e, por isso, pediu para que o amado não lhe falasse a respeito. Contudo, a situação parece estar prestes a mudar. 'Outro dia, ela me pediu conselho sobre um rapaz com quem estava ficando. Fiquei surpreso; ela nunca tinha feito isso antes'. A nova atitude de Roberta deixa claro que ela está em processo de mudança e que, talvez, em um futuro próximo, esteja pronta para ouvir as experiências de Gabriel também (FAHEL, 2013).

Pesquisas brasileiras realizadas por Pilão (2012) evidenciaram que a honestidade é fator relevante no contrato poliamorista, pois na medida em que se diferencia das relações não-monogâmicas — como é o caso do *swing*, relações abertas e poligamia — implicam em uma relação simétrica, calcada na confiança. É importante perceber que nesse novo contrato relacional, não coexistem vários núcleos familiares, mas sim um único núcleo composto de várias pessoas que podem estabelecer relações simultâneas.

Isto significa questionar, a partir da desconstrução do ideal de família tradicional, o sentido do ser família e suas repercussões nas relações sociais mais amplas, inclusive, juridicamente falando, o próprio conceito de família frente à regulamentação de relações poliamorosas traz uma série de embates, ambivalências, conflitos e desafios.

---

31 No decorrer do texto serão apresentadas algumas falas a respeito da vivência de diferentes configurações de relacionamento amoroso disponibilizados na mídia, tendo como objetivo ilustrar as ideias desenvolvidas. Tal escolha se deve ao fato de que, conforme salientado na introdução do capítulo, a autora propõe um exercício reflexivo acerca do tema, apesar do fato de que o poliamorismo ainda não se manifesta como demanda clínica cotidiana.

É interessante perceber que o Estado assume em suas diretrizes conceitos (e preconceitos) sociais que advêm de demandas sociais, e muitas vezes se vê diante das necessidades de revisões e adequações, legitimando diversidades e diferenças, e se distanciando de concepções pautadas em valores meramente morais. Aqui é justamente o caso. Atualmente, têm-se demandas de regulamentação jurídica das relações poliamorosas, o que torna curioso o paradoxo: todo um movimento para sair do enquadramento social tradicional, leva à necessidade de um novo enquadramento jurídico. Parece ser a eterna necessidade de reconhecimento em ação. O primeiro caso de união estável registrada no Brasil foi em 2012, no Estado de São Paulo sendo que após este, outros casos de formalização ocorreram. Entretanto, o Conselho Nacional de Justiça, em 26/06/2018, proibiu os cartórios brasileiros de realizar escrituras públicas de relações poliafetivas (CNJ, 2018).

Na pesquisa realizada por Barra e Prates (2017), evidencia-se que a concepção de exclusividade sexual como expressão de amor romântico passa a ser percebida como possível de ser expressa e vivida com mais de uma pessoa, sem que isso gere sentimentos de traição. A lealdade se estabelece em relação ao contrato que o grupo define. É uma desconstrução de crenças e valores sociais de relação amorosa e familiar nos moldes tradicionais e hegemônicos. É a defesa de simetria de gêneros em termos de identidades e subjetividades, sempre conjugadas no plural. É a busca de uma relação com base de equidade. É um processo de desconstrução e de novas construções sociais acerca do amor e das relações amorosas e sexuais, como demonstra o depoimento abaixo:

> [...] aderir ao poliamor não significa desfazer-se imediatamente de antigos costumes. Mesmo o sentimento de culpa, ao relacionar-se com outros, pode levar um tempo antes de desaparecer por completo – dividir a si mesmo pode ser tão difícil quanto dividir o amado. 'Quando decidi ficar com a outra garota, tive medo de não me sentir à vontade e, também, de machucar Roberta, mesmo aquilo fazendo parte do novo trato', diz Gabriel [...]' (FAHEL, 2013)

Assim como o casamento por conveniência e o amor romântico, o amor líquido do século XXI também é expressão de uma realidade social historicamente construída. Inclusive os diferentes e possíveis arranjos no poliamorismo parecem ser expressão deste tempo líquido onde as identidades são revistas, onde o que antes era perene, hoje demanda movimento, onde o que propunha a modernidade como certezas, verdades , definições estabelecidas para todo o sempre, desmoronaram, desconstruíram verdades, liquidificaram. A esse respeito, o *blog* PolyPotugal (2019) traz uma interessante ideia em uma de suas matérias:

> Ainda antes de me identificar como poliamorosa senti necessidade de aprender mais sobre não-monogamias, estratégias de comunicação aberta e formas de luta contra a opressão patriarcal e mononormatividade. Foi nesse momento que uma amiga me falou do grupo PolyPortugal, [...] A realidade é que as ligações que criei ali foram muito mais fortes do que eu imaginei. As aprendizagens muito mais profundas. O sentimento de pertença muito maior do que noutras comunidades onde já estive [...] (POLYPORTUGAL, 2019).

Esta fala nos faz pensar sobre a emergência de pertencimento que os que se sentem 'diferentes' têm, até mesmo, e talvez principalmente, para preservar sua saúde psicológica e afetiva.

> [...] estes grupos poliamorosos são como oásis de sanidade, em que finalmente não faz mal assumir o que sentimos, o que somos, dizer o que realmente pensamos, partilhar o modo como realmente vemos o mundo e assumirmo-nos a nós próprios integralmente. Do meu ponto de vista estar com pessoas poliamorosas é como estar com pessoas veganas: é como vir respirar um pouco de ar fresco antes de voltar ao ar denso do manicómio do consumismo, nacionalismo, sexismo e todos os outros ismos que nos dão estrutura roubando-nos liberdade e sanidade (POLY PORTUGAL, 2019)

Mas, não é apenas o poliamor ou outras formas de relação não-monogâmica consensual que a sociedade líquida tem presenciado. A sologamia chama a atenção como uma nova expressão de autodeclaração de compromisso. O 'casar' consigo mesmo, ganha manchetes mundo afora. Obviamente, no Brasil, não é um casamento juridicamente oficializado, mas sim, um compromisso simbólico consigo, onde pode ocorrer uma cerimônia de autocasamento, por vezes bastante luxuosa, com riqueza e requintes de detalhes como em um casamento tradicional. Este investimento simbólico leva a pensar que hipoteticamente em alguns casos, o casamento solo diz respeito a aspectos de uma realidade onde há muita solidão, muitas dificuldades em estar em uma relação de intimidade com o outro, em um ritual de autocompromisso sentido como necessário para se sustentar ou seguir em frente, dentre tantas outras possibilidades. E, nesse sentido, vale a pena refletir de que processo psicológico se trata, uma vez que é preciso se utilizar de um ritual (por vezes público) para demonstrar um compromisso com seu próprio desenvolvimento psicossocial e com o fortalecimento do amor-próprio.

INFIDELIDADES: O SENTIDO PLURAL NA MODERNIDADE LÍQUIDA

Se pensarmos que o poliamorismo distancia-se de diversas dicotomias: nem poligamia nem monogamia; nem monogamia compulsória nem não-monogamia obrigatória; nem infidelidade nem fidelidade como exclusividade; nem relações essencialmente heteroafetivas nem essencialmente homoafetivas; nem valorização do homem sobre a mulher nem seu oposto, talvez alguns se perguntassem: Enfim, o que resta? Como se expressaria a infidelidade nesse contexto? Tudo vale?

As pessoas adeptas de práticas não-monogâmicas consensuais, entendem que muitos são os mitos e preconceitos a esse respeito. O vale-tudo é um deles, mas outros podem ser apontados: poliamor é orgia; é sinônimo de relação aberta; 'homossexualismo' camuflado; promiscuidade; 'falta de valores'. Hipoteticamente, pode-se pensar que tais ideias errôneas, indicam a tentativa de entender algo novo com uma lente que não se encaixa. É uma lente que não possibilita ler o texto, nem o contexto.

Pode-se ter como ilustração deste entendimento equivocado, a fala crítica de uma autodeclarada poliamorista, acerca de uma entrevista concedida, onde ocorreram distorções de seu discurso e, por este motivo, expõe no *site* Polyportugal o *e-mail* contendo sua resposta original ao jornalista, de modo a demonstrar a tradução distorcida do mesmo. Refere-se à pergunta, um amor não basta? (GUERREIRO, 2016)

> A pergunta sobre 'porque é que um só amor não basta' é totalmente incorrecta. É o mesmo que perguntar 'porque é que não basta ter um só amigo', ou 'porque é que não basta ter só um filho'. Falando de uma forma generalista, todas as pessoas acabam a desenvolver ligações afectivas de vários tipos, com várias outras pessoas ao longo da vida. Geralmente isto não é entendido como sendo uma questão de 'necessidade', mas algo que simplesmente vai acontecendo organicamente ao longo da vida.

E conclui em seu texto com uma crítica fortemente posicionada:

> "Para finalizar: porquê que um amor não basta? Um amor basta se eu disser que basta [...] A sociedade é que exige um único amor romântico. Possessividade. Objectificação. Mas há uma coisa que basta: atropelarem a nossa voz e aproveitarem-se de minorias para fazer um jornalismo arrogante"(GUERREIRO, 2016).

A fidelidade nas relações não-monogâmicas consensuais também muda de perspectiva. É preciso pensar em polifidelidade e poliinfidelidade, e inclusive em aparentes contradições (apenas aparentes): e quando sem um terceiro, instala-se a infidelidade, na medida em que desejar fidelidade (somente dois e não mais três ou quatro) se torna infidelidade ao contrato? Paradoxos como expressão do tempo atual.

Segundo consta no *site* Pitanga Club (c2019) (que também é um aplicativo), há regras e formas no poliamor. Este *site*, que tem por finalidade conectar pessoas que desejem experimentar relacionamentos poliamorosos, diz que as regras do poliamorismo e de relação aberta são diferentes. Na primeira, a infidelidade é se relacionar amorosa ou sexualmente com pessoas de fora da relação, e na segunda é permitido consensualmente se relacionar com pessoas fora da relação.

Ainda de acordo com o Pitanga Club (c2019), as formas podem ser denominadas como: em triângulo; em T, quarteto e quadrado. O primeiro caso é quando "três pessoas têm relações iguais entre si e todos interagem"; o segundo quando "três pessoas namoram, mas duas têm relação mais sólida. Geralmente ocorre quando um casal namora uma terceira pessoa"; o terceiro caso é "composto por quatro membros e pode existir relação entre duas ou mais pessoas do grupo" e o quarto caso acontece quando "todos se envolvem diretamente. Podem envolver homens e mulheres e normalmente todos são bissexuais". Isto demonstra o quanto as relações poliafetivas apresentam-se com uma identidade diferenciada de um casal tradicional.

Na medida em que o conceito de monogamia é revisto, repensado e desconstruído, a infidelidade nas relações amorosas também precisa ser concebida sob outras perspectivas. Nesse sentido, o conceito de lealdade em um relacionamento amoroso não-monogâmico consensual cede espaço para outra concepção, que abrange uma vivência da sexualidade baseada na confiança, no comum acordo e no respeito a este contrato. O ciúme teoricamente não tem lugar (LINS, 2013c).

A temática vai ganhando cada vez mais espaços sociais. A mídia cede lugar para inúmeras possibilidades de discussão, como é o caso do programa Amores livres, do Canal GNT (REDE GLOBO, 2015), que retrata uma série de experiências de relacionamentos não-monogâmicos consensuais. Nessas matérias, ao escutar as pessoas em seus relacionamentos trisais, abertos, poliamorosos, livres, fica-se com a impressão de vivências muito bem resolvidas, onde o ciúme tem um lugar diferente do que se costuma pensar. O relato dessas experiências e de tantas outras que vêm sendo expostas em *blogs*, *sites* e outras mídias, deixa à mostra que a relação amorosa múltipla, com consentimento mútuo, via muitas possibilidades de amor, baseia-se "[...] no amor livre, na responsabilidade, na compersão, no respeito à individualidade, na liberdade sexual, na equidade de gênero e no diálogo" [32] (PEREZ e PALMA, 2018, p.5). Sem dúvida um desafio que ainda pouco se sabe que desdobramentos terá;

32 Compersão, segundo o Site Vidapoliamor diz respeito ao sentimento de alegria ao ver seu(sua) parceiro(a) amoroso(a) feliz ao se relacionar com outra (s) pessoa (s):"[...] ter empatia, perceber que se alguém faz bem à pessoa que você ama, isso acaba fazendo bem a você também, entendendo que a pessoa amada está sendo bem cuidada, está feliz, e não está sendo lesada, magoada ou machucada dentro desta outra relação [...]" Disponível em: (https://vidapoliamor.wordpress.com/bem-vindoa-a-vidapoliamor/)

que novos tipos de conflito farão emergir; que novas questões levarão esses relacionamentos aos processos psicoterápicos. Além disso, quanto aos filhos dessas relações, o que sabemos? Que idiossincrasias esta nova geração apresentará? Que novos referenciais de amor e sexualidade serão desenvolvidos? Nada disso sabemos.

Assim, parece que a concepção de poliamor entrou no espaço vazio deixado pela concepção monogâmica, que no panorama da sociedade líquida traz um vácuo: como manter a concretude e estabilidade em um mundo onde tudo se tornou líquido? Mas como não manter tão líquido ao ponto de se esvair?

> Em vários momentos da minha vida amei mais de uma pessoa ao mesmo tempo. Mas sempre que isso acontece, você se sente na obrigação de ter que decidir entre elas. Não acho natural; não quero isso para a minha vida. Por que não podemos amar várias pessoas? Não amamos diversos amigos? Não amo meus três filhos? Cansei dessa história; aderi de corpo e alma ao poliamor. Sei que não é fácil encontrar parceiros que concordem com isso, mas estou tentando [...] (NAVARRO, 2016).

São muitas as questões que ainda esperam por respostas, outras que ainda precisam ser formuladas, e que demandam um pensar desapegado de conceitos anteriormente estabelecidos. Buscar novos crivos de leitura para as novas realidades sociais é a emergência que os profissionais da área da saúde têm em mãos, caso contrário, corremos o risco de criar e/ou alimentar inúmeros preconceitos e muito sofrimento para quem os vive.

UM CONVITE FINAL...

> João amava Teresa que amava Raimundo
> que amava Maria que amava Joaquim que amava Lili,
> que não amava ninguém [...]

O poema Quadrilha de Carlos Drummond de Andrade, um dos maiores poetas brasileiros, remete a pensar a complexidade do amar. Mas, como hipoteticamente nada se esgota, nada se acaba sem que novos ciclos se iniciem, o poeta continua instigando nossa reflexão como quem diz que ao não poder amar seu amor, morre-se a cada dia:

> [...] João foi para os Estados Unidos, Teresa para o convento,
> Raimundo morreu de desastre, Maria ficou para tia,
> Joaquim suicidou-se e Lili casou com J. Pinto Fernandes
> que não tinha entrado na história.

Inspirados pelo poema, talvez pudéssemos nos interrogar ainda um pouco mais: o quanto encontros e desencontros de amores, expectativas, desejos divergentes, fazem das relações amorosas uma saga previsivelmente imprevisível? E que me perdoe o poeta pela ousadia, por que não ao final dizer... que a todos amava e por todos era amado/a?

Qualquer forma de amor tem seus riscos e seus prazeres, assim como frear seus impulsos e desejos também os têm. Talvez para vários psicoterapeutas, ou mesmo profissionais de outras áreas que trabalham com as relações humanas e seus desafios, falar de poliamorismo, sologamia, inúmeras possibilidades de gênero, dentre outras expressões do mundo líquido, seja incômodo, entretanto são essas realidades que estão batendo à porta de nossos consultórios. Isto não quer dizer que a monogamia consensual inevitavelmente está com seus dias contatos, apenas significa que são realidades que coexistem e que nós, psicoterapeutas, temos no mínimo a obrigação ética de respeitá-las e assumir que vivemos em um mundo de enorme diversidade.

A importância de estudos sobre esse tema se faz presente por inúmeros motivos, dentre os quais poderíamos elencar o compromisso dos profissionais da saúde em elucidar movimentos e dinâmicas sociais, para que as pessoas não sejam marginalizadas, excluídas, rotuladas. Nesse sentido, é o compromisso com uma sociedade com maior equidade, vivência real em termos de direitos humanos e de justiça social.

Além disso, porém a *pari passu* com esse compromisso, ampliar a visão científica sobre o tema traz possibilidades de intervenção mais coerentes, competentes e éticas dos terapeutas de família e casal — que talvez precisem ser renomeados como, por exemplo, 'terapeutas de relações amorosas' — proporcionando um essencial processo de aprender sobre a sociedade em que vive sem que isso signifique levantar bandeiras pró ou contra. Apenas respeitar as relações humanas, sejam elas quais forem.

Pretendi então, a partir de um exercício reflexivo, ampliar perspectivas, abrir espaço para superação de resistências, preconceitos e dicotomias, pois, a meu ver, este também é nosso papel. É uma proposta — parafraseando Morin (2002) —, de "reformar o pensar para reformar o fazer" e, em última instância, para um "reformar a vida" (MORIN, 2013, p. 327).

A visibilidade e inteligibilidade científica de fenômenos, transformações e demandas sociais, e suas possibilidades de debate, potencializam a prevenção de preconceitos, exclusões e marginalizações socioculturais. É então, em sua essência, um processo de garantia de direitos para uma sociedade mais justa.

Proponho ao final, que o eco de tal proposta nos acompanhe na prática psicoterapêutica, aceitando o difícil exercício de coerência com os valores e demandas de nosso tempo, para que possamos ética e humanamente, não reproduzir preconceitos, juízos de valor, exclusões e sofrimento de quem deseja viver seus amores em paz com suas escolhas e sendo respeitado nesse direito.

REFERÊNCIAS BIBLIOGRÁFICAS

ARAÚJO, Emanuel. A arte da sedução: sexualidade feminina na colônia *In*: DEL PRIORE, Mary (org.). História das mulheres no Brasil. São Paulo: Contexto, 1997.

BARRA, Marina; PRATES, Amanda. Poliamor: relações de gênero e as dinâmicas da sexualidade em uma sociedade predominantemente monogâmica e heterossexual Pretextos - Revista da Graduação em Psicologia da PUC Minas v. 2, n. 4, jul./dez. 2017.

BAUMAN, Zygmunt. Amor líquido. Rio de Janeiro: Zahar, 2004.

———. Identidade. Rio de Janeiro: Zahar, 2005.

———. Modernidade Líquida. Rio de Janeiro: Zahar, 2001.

BRASIL. Lei 6515 de 26 de dezembro de 1977. Regula os casos de dissolução da sociedade conjugal e do casamento, seus efeitos e respectivos processos, e dá outras providências. Disponível em: <http://www.planalto.gov.br/ccivil_03/LEIS/L6515.htm> Acesso em: 01 jul. 2019.

COMISSÃO INTERNACIONAL DE JURISTAS. *Orientación Sexual e Identidad de Género y Derecho Internacional de los Derechos Humanos*. Guía para Profesionales No. 4. GENEBRA, 2009.

COSTA, Ângelo Brandelli; NARDI, Henrique Caetano. Homofobia e Preconceito contra Diversidade Sexual: Debate Conceitual. Revista Temas em Psicologia. v. 23, n. 3, 2015. Disponível em: <https://www.redalyc.org/pdf/5137/513751492015.pdf> Acesso em 01 set 2019.

CUNHA, Eduardo Leal. Indivíduo singular e plural: a identidade em questão. Rio de Janeiro: 7letras, 2009.

D'INCAO, Maria Ângela. Mulher e família burguesa. In: DEL PRIORE, Mary (org). História das mulheres no Brasil. São Paulo: Contexto, 1997.

DEL PRIORE, Mary. História do amor no Brasil. 2. ed. São Paulo: Contexto, 2006.

FAHEL, Fernanda. Poliamor exige maturidade emocional, respeito e muita compreensão. Blog Mundo Poli-amoroso. 08 dez. 2013. Disponível em: <https://mundopoliamoroso.wordpress.com/category/opiniao-e-pesquisa/> Acesso em 06 set. 2019

GUERREIRO, Marta. Quando um artigo não basta. Polyportugal. 04 jul. 2016. Disponível em: <http://polyportugal.blogspot.com/>. Acesso em: 07 set, 2019.

HALL, Stuart. Quem precisa da identidade? *In*: SILVA, Tomaz Tadeu da (org.); Identidade e diferença: a perspectiva dos estudos culturais. 15. ed. Petrópolis: Editora Vozes, 2014.

HALL, Stuart. A identidade cultural na pós-modernidade. 12ed. Rio de Janeiro: Lamparina, 2015.

JESUS, Jaqueline Gomes de. Orientações sobre identidade de gênero: conceitos e termos - Guia técnico sobre pessoas transexuais, travestis e demais transgêneros, para formadores de opinião. 2. ed. Brasília, 2012.

KOEHLER, Sonia Maria Ferreira. Violência de gênero: quando a liberdade das meninas incomoda. In: CANOSA, Ana Cristina; ZACHARIAS, Ronaldo. KOEHLER, Sonia Maria Ferreira (orgs). Sexualidades e violências: um olhar sobre a banalização da violência no campo da sexualidade. São Paulo: Ideias e Letras, 2019.

LINS, Regina Navarro. O livro do amor - Vol. 1. 4. ed. Rio de Janeiro: Best Seller 2013a.

———. ——— - Vol. 2. 4. ed. Rio de Janeiro: Best Seller 2013b.

———. A cama na varanda. 8. ed. Rio de Janeiro: Best Seller 2013c.

MONTENEGRO, Manuel Carlos. Cartórios são proibidos de fazer escrituras públicas de relações poliafetivas. Agência CNJ de Notícias. 26 jun. 2018. Disponível em: <https://www.cnj.jus.br/noticias/cnj/87073-cartorios-sao-proibidos-de-fazer-escrituras-publicas-de-relacoes-poliafetivas> Acesso em 17 set. 2019.

MORIN, Edgar. A cabeça bem-feita: repensar a reforma, reformar o pensamento. 7 ed. Rio de Janeiro: Bertrand Brasil, 2002.

———. A via para o futuro da humanidade. Rio de Janeiro: Bertrand Brasil, 2013.

NAVARRO, Regina. Da monogamia ao poliamor. Uol. 06 ago. 2016. Disponível em: <https://reginanavarro.blogosfera.uol.com.br/2016/08/06/da-monogamia-ao-poliamor/> Acesso em 06 set. 2019.

ORDENAÇÕES FILIPINAS. Disponível em <http://www1.ci.uc.pt/ihti/proj/filipinas/ordenacoes.htm>. Acesso em 21 mai. 2019

PEREZ, Tatiana Spalding; PALMA, Yáscara Arrial. Amar amores: o poliamor na contemporaneidade. Revista Psicologia e Sociedade. v. 30. Belo Horizonte, jun. 2018. Disponível em: <http://www.scielo.br/scielo.php?pid=S0102-71822018000100208&script=sci_arttext&tlng=pt> Acesso em 15 ago. 2019.

PILÃO, Antônio Cerdeira; GOLDENBERG, Mirian. Poliamor e monogamia: construindo diferenças e hierarquias. Revista Ártemis. v. 13, jan./jun.2012.

PITANGA CLUB. Site e aplicativo. c2019. Disponível em: https://pitanga.club/poliamor.html. Acesso em 07 set. 2019.

POLYPORTUGAL. Comunidade poliamorosa: porquê pertencer? 17 mar. 2019. Disponível em: <http://polyportugal.blogspot.com/ > Acesso em 06 set. 2019

REDE GLOBO. Canal GNT. Programa Amores livres. Disponível em: http://gnt.globo.com/series/amores-livres/ Acesso em 20 ago. 2019.

SOBRE AS AUTORAS / ORGANIZADORAS

DANIELA BERTONCELLO

CRP 08/3896

daniberton@ig.com.br

livroinfidelidadeconjugal@gmail.com

Psicóloga graduada pela PUC PR (1989); formação em Terapia Familiar Sistêmica (1992) e Terapia de Casal (1998) pelo Intercef; especialista em Psicologia Clínica pelo CRP PR; pós graduada em Magistério Superior pela UTP (1996); mestre em Psicologia Social e Saúde pela UTP (2020). Foi Coordenadora da Clínica Social (2008-2010), Vice Presidente (2012-2014) e Presidente da diretoria (2014-2016) da APRTF. Foi Coordenadora do CDC da ABRATEF (2016-2018). Atua clinicamente há mais de 30 anos, com ênfase em terapia de casal, familiar e individual. Uma das Coordenadoras dos Grupos I e II de Estudos Diálogos Científicos da APRTF, com ênfase no tema Infidelidade Conjugal.

ANALUÍZA S. ANTUNES CUNHA

CRP 08/08263

analuizasac@gmail.com

livroinfidelidadeconjugal@gmail.com

Psicóloga graduada pela PUC-PR (2001); formação em Psicologia Clínica no Hospital Psiquiátrico (2002); formação em Terapia Familiar Sistêmica e de Casal pelo Intercef (2003); Supervisora de Prática da Formação em Psicologia Clínica no Hospital Psiquiátrico Porto Seguro (2016-2019), Especialista em Terapia do Esquema pelo IPTC (2020). Psicoterapeuta de grupos e Psicóloga Clínica com ênfase no atendimento individual e casal. Uma das Coordenadoras dos Grupos I e II de Estudos Diálogos Científicos da APRTF, com ênfase no tema Infidelidade Conjugal.

THELMA ZUGMAN MAZER

CRP 08/0429

thelmazugmazer@gmail.com

livroinfidelidadeconjugal@gmail.com

Psicóloga graduada pela Universidade de Haifa, Estado de Israel (1975); formação em Terapia Comportamental (1980) pelo Instituto de Análise do Comportamento, Campinas; formação em Terapia Familiar Sistemica pelo Núcleo de Psicologia Clínica e pelo Family Center of Bershires (1987); co-fundadora e docente do Instituto de Terapia e Centro de Estudos da Família - Intercef (1986-2000); sócia fundadora da APRTF (1994) e fundadora da Clínica Social da APRTF. Atua clinicamente há mais de quarenta anos em terapia de casal, familiar e individual. Uma das Coordenadoras do Grupo I de Estudos Diálogos Científicos da APRTF, com ênfase no tema Infidelidade Conjugal.

SOBRE AS AUTORAS

ANA BEATRIZ PEDRIALI GUIMARÃES

CRP 08/08116

Psicóloga graduada pela PUC PR (2001); pós graduada em Dependências Químicas pela PUC PR (2003); formação em Terapia Familiar Sistêmica pelo Intercef (2005); mestre em Psicologia da Infância e Adolescência pela UFPR (2004); doutora em Ciências pela USP (2009). Professora de cursos de pós graduação. Psicóloga Clínica com ênfase em atendimento individual, casal e famílias. Uma das Coordenadoras do Grupo II de Estudos Diálogos Científicos da APRTF, com ênfase no tema Infidelidade Conjugal.

ANDRÉA DE SOUZA CARVALHO TOLEDO

CRP 08/08632-9

Psicóloga graduada pela Universidade de Guarulhos-SP (1992); formação em Terapia Familiar Sistêmica (2009) e Terapia de Casal (2014) pelo Intercef; especialista em Terapia Cognitivo Comportamental em Sexualidade e atendimento a casais, pelo IPTC (2019); formação em Terapia Focada nas Emoções pelo San Francisco Center for Emotionally Focused Therapy (2019). Foi Presidente da diretoria da APRTF (2018-2020). Membro no Napju - Núcleo de Apoio a Psicologia Jurídica. Atua clinicamente há mais de 27 anos, atendendo adultos, casais e famílias. Membro do Grupo I de Estudos Diálogos Científicos da APRTF, com ênfase no tema Infidelidade Conjugal.

ANDRÉA TONELI RODRIGUES

CRP 08/06450-2

Psicóloga graduada pela PUC PR (1996); formação em Terapia Familiar Sitêmica e de Casal pelo Intercef (2013); pós graduada em Neurociência e Comportamento pela PUC RS (2020); formação em Somatic Experiencing - SE - pela Associação Brasileira do Trauma (2020). Foi membro da diretoria da APRTF (2018/2020). Atua clinicamente no atendimento individual, casal e família há mais de 10 anos. Membro do Grupo I de Estudos Diálogos Científicos da APRTF, com ênfase no tema Infidelidade Conjugal

ELENISE FERNANDES XAVIER

CRP 08/0951

Psicóloga graduada pela UTP (1981); especialista em Psicologia Organizacional do Trabalho pelo CRP PR (2002); especialista em Psicologia Clínica pelo CRP PR (2002); formação em Psicologia Relacional Sistêmica (2005); Externship EFT-Terapia Focada nas Emoções pelo San Francisco Center for Emotionally Focused Therapy (2019); foi membro da diretoria da APRTF nos biênios (2006/2008) e (2018/2020). Atua clinicamente em atendimentos individuais, casal e família há mais de 35 anos. Membro do Grupo I de Estudos Diálogos Científicos APRTF, com ênfase no tema Infidelidade Conjugal.

JANICE STRIVIERI SOUZA MOREIRA

CRP 08/3374

Psicóloga graduada pela UTP (1987); formação em Residência Clínica (1989-1991) e Terapia Familiar Sistêmica (1992) pelo Núcleo de Psicologia Clínica; pós graduada em Adolescência (1998) e em Psicologia Jurídica (2005) pela PUC PR; mestre em educação pela PUC PR (2015); doutora em Educação pela PUC PR (2020). Membro da diretoria da APRTF (2002-2008); membro da Comissão de Psicologia Jurídica do CRP PR (2016-2019); cofundadora da Echos Consultoria em Psicologia; consultora em Psicologia Jurídica; docente no curso de Psicologia da PUC PR; coordenadora e docente do curso de especialização em Psicologia Jurídica da PUC PR; membro do Grupo de Pesquisa Políticas Públicas e Formação de Professores PUC PR. Atua na área clínica com famílias, casais e indivíduos. Membro do Grupo I de Estudos Diálogos Científicos da APRTF, com ênfase no tema Infidelidade Conjugal.

JOSIANE FOLTRAM LEAL

CRP 08/12883

Psicóloga graduada pela Universidade Paulistana Ciências e Letras-SP (1993); pós graduada em Gestão de Pessoas Udesc-SC (1997); formação em Terapia Familiar Sistêmica pelo Intercef (2011); Profissional da Saúde em Práticas Colaborativas pelo Instituto Brasileiro de Práticas Colaborativas (2018); formação em Terapia Cognitivo-Comportamental de Problemas de Casal e Sexualidade - IPTC-PR (2018). Consultora da Comissão de Advocacia Colaborativa OAB-PR (2018/2019). Externship EFT - Terapia Focada nas Emoções pelo San Francisco Center for Emotionally Focused Therapy (2019). Consultora em Saúde e Educação Sexual pelo Instituto Interferência - SP (2019). Foi Vice Presidente da diretoria da APRTF (2018/2020). Atua clinicamente com atendimento individual, de casal e familiar. Membro do Grupo I de Estudos Diálogos Científicos da APRTF, com ênfase no tema Infidelidade Conjugal.

LILIANE CASAGRANDE SABBAG

CRP 08/01407

Psicóloga graduada pela PUC PR (1982); formação em Terapia Relacional Sistêmica (2001); mestre em Administração pela PUC PR (2004); coach pela International Coaching Community (2014) e profissional da Saúde pelo Instituto Brasileiro de Práticas Colaborativas (2016). Foi Secretária Municipal da Educação de Curitiba (2011/2012) e Conselheira no CRP PR (2010/2013). Consultora da Comissão de Advocacia Colaborativa OAB-PR. Atua em consultório no atendimento individual, de casais e famílias, e como coach de saúde mental em processos de divórcio colaborativo. Membro do Grupo I de Estudos Diálogos Científicos da APRTF, com ênfase no tema Infidelidade Conjugal.

VERA LUCIA GERMANO SICURO

CRP 08/0222

Psicóloga graduada pela PUC PR (1975); formação em Psicologia Clínica Infantil pelo Grupo de Estudos de Psiquiatria e Psicoterapia da Infância - GEPPI (1978); pós graduada em Psicologia Escolar pela UFPR (1980); especialista em Terapia Sexual pela Federação Brasileira das Sociedades de Ginecologia e Obstetrícia - FEBRASGO (1984); formação em Terapia Familiar Sistêmica pela Clínica de Terapia Integrada (1988); formação em Teoria e Técnica de Grupos Operativos pelo Centro de Estudos Psicopedagógicos de Curitiba (1995); especialista em Psicologia Clínica pelo CRP (2002); sócia fundadora da APRTF, tendo sido presidente e tesoureira; membro do CDC da ABRATEF (2002/2004). Co-fundadora da Síntese, Centro de Estudos da Aprendizagem. Atua clinicamente, há mais de quarenta anos, em atendimentos individuais, casal, família e terapia sexual. Membro do Grupo I de Estudos Diálogos Científicos da APRTF, com ênfase no tema Infidelidade Conjugal.

Legendas:

ABRATEF - Associação Brasileira de Terapia Familiar.

APRTF - Associação Paranaense de Terapia Familiar.

CRP PR - Conselho Regional de Psicologia do Paraná.

Intercef - Instituto de Terapia e Centro de Estudos da Família.

IPTC - Instituto Paranaense de Terapia Cognitiva

OAB PR - Ordem dos Advogados do Brasil - Paraná

PUC PR - Pontifícia Universidade Católica do Paraná.

UFPR - Universidade Federal do Paraná.

UTP - Universidade Tuiuti do Paraná.

Construindo ideias
e conectando mentes

Este livro foi composto com tipografia ITC Berkeley Oldstyle Std
e impresso em papel pólen 80g em dezembro de 2025.